互联网金融
那些事儿

陈凯 / 编著

清华大学出版社

北　京

图书在版编目（CIP）数据

互联网金融那些事儿 / 陈凯编著. -- 北京 ： 清华大学出版社，2015

ISBN 978-7-302-39842-4

Ⅰ．①互… Ⅱ．①陈… Ⅲ．①互联网络-应用-金融-研究 Ⅳ．①F830.49

中国版本图书馆 CIP 数据核字（2015）第 075424 号

责任编辑：张　艳
封面设计：徐　超
版式设计：方加青
责任校对：胡玉玲
责任印制：沈　露

出版发行：清华大学出版社
　　　　　网　　址：http://www.tup.com.cn，http://www.wqbook.com
　　　　　地　　址：北京清华大学学研大厦 A 座　　邮　编：100084
　　　　　社总机：010-62770175　　　　　　　邮　购：010-62786544
　　　　　投稿与读者服务：010-62776969，c-service@tup.tsinghua.edu.cn
　　　　　质　量　反　馈：010-62772015，zhiliang@tup.tsinghua.edu.cn
印　刷　者：三河市君旺印务有限公司
装　订　者：三河市新茂装订有限公司
经　　销：全国新华书店
开　　本：170mm×230mm　　印　张：24.25　　字　数：250 千字
版　　次：2015 年 5 月第 1 版　　　　　　印　次：2015 年 5 月第 1 次印刷
定　　价：59.80 元

产品编号：061932-01

2013 年互联网金融开始兴起，电商小贷、P2P、便捷支付、在线理财、众筹、数据征信甚至互联网货币等多种表现形式进入公众视野，一方面提高了金融服务的效率，另一方面也降低了投资理财的门槛，给金融业带来了全新的互联网思维。

"如果银行不改变，我们就改变银行。"马云的话曾让整个传统银行界为之震动，更深刻的变革永远是正在发生。随着中国互联网金融浪潮高涨，余额宝、P2P、众筹、微信支付等新生事物层出不穷，加之大数据等时髦概念助阵，简直是"乱花渐欲迷人眼"，令媒体兴奋、公众狂热。互联网金融作为时下热点话题，吸引了互联网领域、金融领域以及相关领域人士的热烈关注。

到底互联网金融给传统金融机构带来了什么样的冲击？而传统金融机构又进行了怎样的反击？互联网金融真的能"颠覆"传统金融吗？其未来的发展趋势是什么？作者作为互联网金融的直接从业者和感受者，经历了整个互联网金融的兴起和发展过程，并有较深的感触。本书将带你直击大数据时代下互联网金融发展面临的热点和难点问题，领略这一场互联网与金融所带来的"颠覆式"的革命。

📦 本书特色

本书全面介绍了互联网金融兴起的全过程，摒弃理论说教，以鲜活的事件和案例，以及独到的分析，力求给读者带来一场全新的互联网金融视觉体验。

全书的特色在于采用了事件线索的方式，追根溯源，给读者展示了一个全面的互联网金融发展框架。每一篇文章都是针对一个特定的事件或者一个特定的发展趋势和业内特点而展开的，这样更有利于读者深入理解，阅读起来趣味性也更强。

📦 想让读者了解的重要信息

互联网金融没有那么"高大上"，作为提高信息透明度、降低金融服务门槛、激发大众理财投资意识的新改革者，互联网金融开始逐步进入了大众和监管的视野，在让金融服务变得更加平等的过程中，互联网金融与传统金融互相融合，共同促进金融服务水平的提高。

作为新金融改革和市场化、法制化改革背景下的新金融大众参与者，每一个个体的理财和投资、融资欲望都应该得到满足，而全面清晰了解互联网金融带来的业务模式和内容的冲击，以及传统金融机构的泛互联网化趋势，将给大众投资、理财者带来更好的理财、投资意识的教育和启蒙。本书的目的也正在于此：让互联网金融成为一个家喻户晓的名词，让理财、投资不再有门槛。

对于本书的定位

本书既适合对互联网金融感兴趣的普通大众阅读，也适合互联网金融从业者等专业金融人士阅读。全书从互联网金融的基本的发展历程讲述，并对各个事件进行分析，对于一般读者而言，通过本书的阅读，可以提高其对互联网金融的兴趣。因为书中有较多的趣味性的互联网金融知识，而不是传统的单纯讲述理论的书籍，相对而言，会增加本书的综合阅读性和读者的喜爱程度。而对于专业的金融人士而言，可以通过事件和分析的方式从本书了解整个互联网金融的发展脉络。

第1章
互联网金融走上台前

第2章
互联网金融百花齐放

((第3章))
互联网金融案例

((第4章))
互联网金融局部冲击金融业

((第5章))
传统金融机构的反击策略

((· 第6章 ·))
互联网金融监管趋势

((· 第7章 ·))
未来趋势探讨

((· 第8章 ·))
互联网金融与信用生态

第1章

互联网金融走上台前

┃ 1.1 ┃ 互联网金融：让金融趋向平等

笔者认为，互联网金融带来的最大好处就是让更多不了解金融运作和金融理财投资的人有了更深刻的认识、接触、参与金融理财和投资的机会。在传统的理财和投资观念中，投资者只有深入了解一个具体的金融产品，来解决双方之间信息不对称的问题。而互联网金融可以很好地提高产品的透明化和可视化程度，降低了投资的知识和能力上的门槛，在消费者终端将投资行为化繁为简，化零为整，最终提供给客户的是清晰化和可视化的接口，而用户则通过收益率和投资方式的自我匹配来实现余额理财、小额理财等。

1.1.1 中国的金融服务现状

在中国的社会融资体系中，长期由银行占据主要的地位，一方面造成了银行内部融资权利的垄断，另一方面造成了融资渠道的不畅和社会融资环境的恶化，同时也衍生出了规模庞大的影子银行和民间借贷。其主要原因在于社会融资效率低下：能融到资金的企业其融资成本很低，不能融到资金的融资成本很高，很多企业只有通过民间借贷和影子银行等不规范的融资渠道来实现融资的目的。

因此，目前中国金融服务的主要问题就是覆盖率相对不高，覆盖的层次也相对分布不均，在现有的传统金融服务框架下，对中小微企业和个人的金融服务有待进一步完善和提高。例如，2014 年 4 月 20 日，国内首份《中国农村金融发展报告 2014》显示，我国农村正规信贷需求旺盛，但正规信贷可得性约为 27.6%，低于 40.5% 的全国平均水平；同时也远低于农村的民间借贷渗透率(近 44%)。可见，在传统金融覆盖有限、民间借贷操作不规范、风险控制能力较低的情况下，互联网金融快捷高效的融资、理财方式有望成为服务中小企业和个人的新力量。

在这一点上，高层寄予了较大的期望，也在监管上逐步认可、规范国内的互联网金融企业。2014 年两会期间，互联网金融首度被写入政府工作报告。2014 年 4 月初，中国人民银行牵头组建的中国互联网金融协会已正式获得国务院批复。

1.1.2 互联网金融的概念

互联网金融，是指运用了互联网数据处理、云计算以及交易流程优化的金融产品运作方式，一方面是由互联网金融属性所延伸出的小额信贷、支付、理财、信息服务等金融属性的服务，另一方面也是传统金融在适应业务互联网化的条件下所进行的金融互联网化。就目前中国现有的金融监管条件和互联网金融的发展阶段而言，互联网金融的本质属性在于金融。

互联网金融的主要优势在于减少了交易双方的信息不对称问题，让交易通过互联网变得更加透明，同时也通过互联网的集中处理方式，利用数据和流程大幅降低了金融服务的成本和门槛。在互联网的思维中，利用客户的数据、流量以及平台的交易属性进行金融产品的创新和销售，是主要的业务模式。在目前的发展阶段中，第一个阶段是把传统金融的产品延伸到互联网金融的服务链条上，进行线上便捷、快速、安全的销售和服务，如在线理财；第二个阶段是建立在互联网数据的征信基础上，进行基于互联网数据征信的信贷服务，如电商小贷、P2P、金融服务平台等。

1.1.3 互联网金融分类

目前互联网金融大概可以分为六类，其中前三类是目前中国运行时间比较长、运作企业比较多、相对比较成熟的，主要是第三方支付以及所衍生出来的金融信贷服务、P2P 行业、互联网金融服务平台。

以第三方支付为主的电商金融主要表现是阿里金融、苏宁金融、京东供应链以及腾讯电商的金融服务等，主要依托于自身的支付核心开展客户和数据积累，并基于此开展小额信贷和平台的理财服务，这也是目前中国发展最为全面的表现形式之一。

P2P 行业是人人贷的表现形式，但在中国很少有绝对意义上的 P2P，行业发展也是参差不齐，还频繁出现风险控制体系和流

程缺失所引发的平台倒闭危机，造成了诸多负面影响。但部分
P2P 企业，如平安陆金所、拍拍贷、宜信、融至鼎等在资产管理
和流程风险控制方面较为严密，发展较为稳健。

互联网金融服务平台，如融 360、91 金融超市等，主要以
提供金融产品的搜索和数据处理服务为模式，以平台模式积累流
量，提高投资者和产品提供者之间的信息透明度和效率。

另外三类还不是很成熟的互联网金融类型是：众筹模式、数
据征信、互联网货币等。由于本身处在互联网金融的较高阶段，
特别是数据征信和互联网货币，需要完善的社会信用体系作支
撑，中国目前还处在社会信用建立的初期，包括人行的个人征信
和企业征信等标准都在统一之中，还不完善。而众筹模式在中国
缺乏法理支持，有非法集资风险，同时也受限于社会信用和风险
控制管理，短期内很难大规模推广。互联网货币以比特币为主要
代表，但是从大多数国家的货币发行和兑换规定来看，互联网货
币被各国央行认可并且支持的比例还不高，且存在较大的安全隐
患，虽然在网络电子化交易中存在一定的流通性，但是尚不能作
为一种通用的交易货币。在缺乏国家货币管制和安全性保障的前
提下，互联网货币更像是一种少数人之间的博弈游戏，最后接盘
的那一批人，将面临货币难以变现甚至是财富蒸发的高风险。

1.1.4　互联网金融带来平等

从过程而言，互联网金融通过自身平台和渠道的便捷性，以

提供便捷安全的理财和投资、融资需求为主，同时通过数据征信方式提供可以量化的分析模型，成为互联网时代的金融操作模式。这种模式的主要功能在于服务长尾客户，以小为美，在批量化和规模化的小业务中获得集成效应。它带来的金融平等化，是建立在有效降低了线下的金融服务成本的基础之上，也就是用互联网和平台的方式完成了传统金融机构所不愿意做的事情：重视中小客户。

对被传统金融机构所压抑的小、散、弱的投资理财客户而言，互联网金融是可以很好地激发这部分人理财热情的一种方式和渠道，因为它在提供便捷体验的同时，以简单化的前端入口来实现理财投资的嫁接功能，而通过后台与具体产品或者资金的对接来实现投资理财的收益。不论是在线理财、P2P，还是电商小贷、众筹、支付场景化等，互联网金融是以便捷的体验和简单的流程来满足客户的需求。与传统金融机构相比，主要的优势在于流程优化和过程简单，同时以线上互联网的方式大幅降低了用户的时间和物质成本。

当然，降低成本的过程中需要考虑风险控制，在风险和收益的匹配中实现平等化的融资和投资、理财体验，这也是互联网金融的主要生命力所在。

| 1.2 | 余额宝的爆炸效应

余额宝成为 2013 年互联网金融领域内的主要"明星"产品，第一，它满足了零散小额理财者的资产增值需要，提供了较高的收益率；第二，它是降低了金融理财的门槛，提供了标准化的、用户体验良好的购买和赎回方式；第三，余额宝借助了支付宝的沉淀资金和客户积累，在已有的电商支付生态圈内进行了合理的引流，成功地实现了货币基金对接原有生态圈内的资金的创新式实践。正是因为余额宝的光环效应，以其为代表的在线理财和其他互联网金融类型，开始逐步走入寻常百姓家。

1.2.1 余额宝的发展历程

2013 年 6 月 17 日，余额宝上线；2013 年 7 月 17 日，余额宝资金规模突破百亿，客户数突破 400 万；2013 年 11 月，余额宝规模突破千亿；2014 年 1 月 14 日，余额宝规模突破 2,500 亿，天弘基金成为最大的基金公司；2014 年 2 月，余额宝规模突破4,000 亿；天弘增利宝货币基金一季报显示，截至 2014 年 3 月31 日，余额宝规模为 5,413 亿元，客户数量突破 8,000 万。截至

2014 年 6 月底，余额宝规模达到了接近 6000 亿元，客户突破了 1 亿。

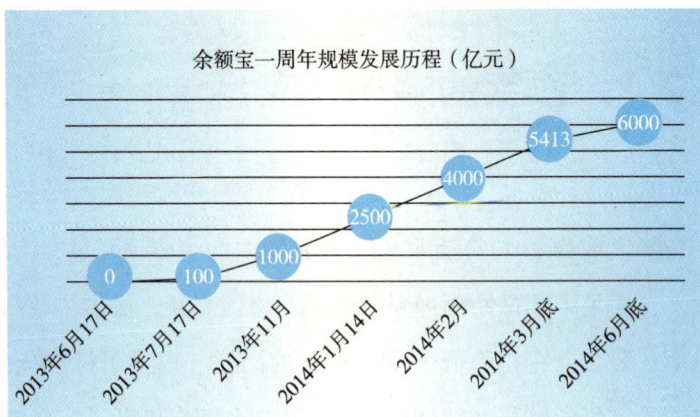

余额宝一周年规模发展历程（亿元）

日期	规模
2013年6月17日	0
2013年7月17日	100
2013年11月	1000
2014年1月14日	2500
2014年2月	4000
2014年3月底	5413
2014年6月底	6000

1.2.2　余额宝的本质

余额宝本质上是货币市场基金的渠道创新，其中支付宝在渠道变现过程中发挥了关键的作用，把一个普通的货币市场基金结合互联网思维，转变为如今大众耳熟能详的余额宝在线理财产品，并开启了中国互联网金融的一个发展趋势：传统基金公司与互联网、电商、银行等拥有线上平台的机构进行合作，衍生出了收益率较高、购买、赎回都十分便捷的理财产品。

以余额宝为代表的在线理财产品，由于投资的是银行间市场的同业存款、大额存单以及 1 年以内的债券，具有稳定的投资收益。同时银行间市场的资金成本随着 2013 年 6 月以来的钱荒事件的刺激，最高时保持在 7% 以上的同业拆借收益率，一方面提高了补充头寸的资金成本，另一方面也提高了货币市场基金的收益。所以，简单说，余额宝是利率市场化的必然趋势，是利率市场化的结果而不是原因，之前央视评论员关于"取缔"余额宝的言论是没有论据支持的，《人民日报》也曾专门发表文章肯定余额宝的积极作用。

余额宝目前的客户数量已经突破 8,000 万，规模已经超过 5,000 亿元，呈现快速的增长趋势，如无意外，将成为中国首个客户量破亿的理财产品，并超越股市的股民数量，成为 2014 年最值得期望的互联网金融创新产品。

1.2.3 余额宝的金融意义

结合我国的金融改革趋势，不难看出余额宝能够风靡中国在体制上的原因。正如前面所讲，在中国的社会融资体系中，长期由银行占据主要的地位，一方面造成了银行内部融资权利的垄断，另一方面造成了融资渠道的不畅和社会融资环境的恶化，同时也衍生出了规模庞大的影子银行和民间借贷。在于社会融资效率的低下：能融到资金的企业成本很低，不能融到资金的成本很高，大部分还游离于传统的融资体系之外，通过民间借贷和影子银行等不规范的融资渠道来实现融资的目的其中的根本原因。

在这种融资怪圈中，融资效能没有充分发挥出来，抑制了整个金融的流动，因为利率是管制的，管制之下的市场只能满足部分人的制度性红利性质的融资需求，却无法真正满足更多中小企业和底层社会的融资需求。在这种环境下，资本获得上的"马太效应"和穷者补贴富者的现象就会产生，不利于整个金融市场的公平水平和效率的提高。也正是在此背景下，中国的银行业从2000年以来在资产规模上迅速扩张，在数量级上已经远远甩开了信托、证券、基金、保险等行业。根据银监会的数据，截至2013年12月，中国银行业的总资产为151万亿，而同期的信托、保险业只有10万亿左右，证券基金规模更小。

那么余额宝在这其中起到了什么作用呢？当然，首先应该承认余额宝是借助了此次金融改革的宏观大环境，在创新的容忍度上获得了监管层的某种认可。因为上层的利率市场化大幕已经开启：2013年7月20日，中国人民银行决定，全面放开金融机构贷款利率管制；2013年10月25日，贷款基础利率（Loan Prime Rate，简称LPR）集中报价和发布机制正式运行；中国人民银行2013年12月8日公布了《同业存单管理暂行办法》，并自2013年12月9日起施行。此外，利率市场化的重要保障、存款保险制度，也将最晚于2014年推出。虽然余额宝是2013年6月上线的，早于利率市场化具体政策步骤的出台，但却是在金融改革与利率市场化的背景下孵化出来的。余额宝在某种意义上承载了管理层对利率市场化外部推动力寄托的美好愿望。或许这一切并不是排练好的预演，但在实际上的确很好地为整个金融市场的利率市场化"热了身"、"鼓了掌"。

1.2.4　余额宝逼迫银行"挥刀自宫"

虽然余额宝的资金投向了货币市场，最终还是流回了银行，但是这种操作方式打破了银行的固有资金的来源方式，改变了银行之间的博弈模式。以往银行间竞争的压力在于存款的流失和市场占有率丧失的风险，但由于银行间服务的同质化和监管的一刀切的问题，用户在不同银行间转移资金的价值黏性不强，往往迁移的成本较高，但是收益却不见得高（这里就限于小额的储蓄客户，对于大户来说可以通过资金掮客在月末、季末、年末冲存款来实现更高收益）。

余额宝改变了这种转移成本高的模式，通过支付宝快捷支付的绑定和货币市场的较高收益，小额、零散储户转移资金的积极性很高。银行业存款流动的方式也被改变了，如果不采取一些截留的措施，银行的资金获取将陷入一种悖论：通过货币市场获得的高成本资金将越来越多，而低成本的储蓄资金将越来越少。而这截留的方式，只能是顺应利率市场化的趋势，"挥刀自宫"——提高储蓄收益，由于目前存款利率上限还没有放开，只能将存款利率上浮到顶。事实上，2013年，大到四大行，小到中小商业银行，定期存款利率全部上浮到顶。

但这还不够，还不足以完全吸引小额储户的资金回流。最后银行业只能学习余额宝等在线理财的方式，开辟自己的货币市场基金产品，并提供当日赎回的快捷体验。2013年11月份，民生银行携手民生加银、汇添富两家基金公司推出电子银行卡，该卡为非实体储蓄卡，用户在该卡中的存款可享受超过 5% 的货币基金年化收益率，同时，该卡的跨行转入和转出业务不收取任何费用，也支持随时取现；平安银行推出基金理财产品"平安盈"，将其与平安集团保险等其他产品在支付通道上挂钩，并承诺可以一分钱起购，赎回资金可实时到账；交行推出"货币基金实时提现"业务，客户持有的货币基金份额可在数秒钟入账，实现 7×24 小时资金 T+0 到账，单一客户单日提现额度高达 20 万元。近日民生上线的直销银行，也为"随心存"、"如意宝"等产品提供了高收益和随时赎回的功能。

可见，在以余额宝为代表的负债端资金成本上升的趋势下，银行业已经不得不采用利率上浮和提供银行版的货币市场基金产品来提高资金回流的吸引力。一旦最后存款利率的上限放开，这种"挥刀自宫"的趋势将会更加明显。余额宝在特定的时间、地点成为逼迫银行业自我改革的一种外部压力，但必须明确的是，这是整体资金市场健康发展的结果，余额宝是一个步骤，只是加快了这个速度但不是决定者和操控者。

| 1.3 | 互联网金融的起底：电商与银行的博弈

　　银行和电商平台是两个数据积累比较翔实、具备大数据运用潜能的数据池。在表现上，银行数据积累时间长，结构化特征不明显，且大多数缺乏敏锐的数据意识；电商平台作为数据领域的后起之秀，本身就是天天和流量、数据打交道，靠网上的信息流获得商品销售和黏性聚集，因此层次化、结构化更加完整，对数据流的反应也比较敏捷。

　　银行和电商其实代表了两种流量，一个是资金流，一个是商品交易的信息流，当然，还有一个完善的物流作为支撑（顺丰、三通一达之类）。在电子化程度越来越高的生活趋势中，直接拥有商品交易平台的电商开始后发制人，因为消费者直接通过电商这个前端来实现消费，而不需要手握大量现金去市场做直接交易。因此，银行在骤然兴起的互联网金融面前，不能说噤若寒蝉，起码也是坐立不安。如果银行还是仗着传统的资金渠道，走大额对公业务，忽视小额资金流水和第三方支付的"一刀切"问题，那么银行对终端消费发展趋势的感知度会越来越差。

　　银行和电商，现在已经开始有了交集。银行需要学习电商的敏锐嗅觉，需要掌握零售客户的最新需求，也需要在市场转型中寻找到自身的差异化优势。未来的银行不会甘于被后台化，而要走向前端，民生银行的社区网点就是一个很好的例子。电商平台，除运营第三方支付外，更重要的是解决支付牌照下的资金来源问题。在备付金、资金流水、风险控制和流程优化方面，电商缺乏银行的合理、合法性。因此，在小贷业务上，大多数电商也不得不求助于银行解决资金流：京东和银行合作的供应链金融，还有B2B的敦煌网、慧聪网等；阿里小贷虽然没有直接求助于银行，但转手通过证券化和信托扩大资金来源，其本质还是一样的。

合作能成功固然好，但在面对竞争时，在分秒必争的金融创新面前，任何合作都避免不了自我膨胀的诱惑。阿里巴巴和建行、工行的合作就是因为标准不同、原则冲突而分道扬镳：电商生态的信用和银行生态的信用对接需要一个转换机制，而这个机制需要在互联网金融发展到一个比较成熟的阶段才能顺利产生。

于是，一方面银行想独自尝试电子商务的运营实践，另一方面银行和电商合作却避免不了冲突的本质：谁都想独自建立资金流、商务信息流、物流的统一体。银行尝试着开始搞电商，交行的交博汇、建行的善融商务（两者是信用卡商城发展的高级阶段），以及曾红极一时的民生电商等。银行如果真能建立一个流量、用户、平台都具规模的电商平台，那么对传统银行打造互联网创新以及电子化转型都是十分有利的。最重要的是能够避免被电商金融和第三方支付"后台化"，导致失去前端的话语权。

而中国200多张第三方支付牌照中，一些拥有电商平台作为支撑的互联网公司，一直在尝试类金融功能。以往，支付平台只能规规矩矩和银行之间进行结算和资金存管，同时对账户中的存量资金的类金融操作也是有心无力，充其量也只是做一些水、电、煤气以及转账的辅助业务。随着新任领导班子的开明监管和互联网趋势的发展，互联网的金融属性越来越明显。P2P、小贷、众筹、第三方支付、数据征信等形式开始冲击传统金融。允许成立风险自担的民营银行也给出无限的遐想空间，电商不满足于和银行合作开展小贷业务了，如能自食其力发起成立一家民营银行，不就可以直接向商户进行信用贷款了吗？于是，当苏宁云商申请成立苏宁银行的消息不胫而走，苏宁股价顿时大涨7%。

在银行和电商的博弈中，电商稍占优势，由于更贴近终端消费群体，即便暂时开办不了银行，电商依然可以把用户作为谈判筹码在众多银行间游刃有余。而银行当前可谓四面楚歌：利率市场化、金融脱媒、金融互联网化、民营资本虎视眈眈，现在就看监管体制能够改革到什么程度、有多大的操作空间。

阿里巴巴正是看到了电商和银行之间的竞争不可避免，早早开始尝试小贷业务，并用证券化手段绕开银行。阿里的下一步棋是经营好"菜鸟网络科技有限公司"，其中流转的物流信息则是资金流、信息流之后的另一个炙手可热的数据宝库。

| 1.4 | 互联网金融，让金融走向奔放

　　中国的金融体系开放吗？相信各有定论。但笔者认为，无论是对外还是对内，中国的金融体系都是目前最封闭的行业之一，这既有监管的考虑，也有底层的国家经济稳定的暂时性需求。但是从长远来说，一个对内、对外都不那么开放的金融体系是不利于金融要素的流动和效率的提高的，最终也有碍于整个经济的发展。

　　从和讯第 11 届财经风云榜发布的《和讯 2014 年宏观经济预测白皮书》可以看出，高层改革这种金融抑制状态的决心和努力。单从白皮书的 100 位经济学家的预测看，2014 年经济总体将保持稳定，货币持续偏紧，而金融体系内部自我管理、变革的趋势在增强，包括利率市场化、影子银行监管、存款保险以及外部民营资本、互联网金融的冲击。金融历来是国家经济之重器，将金融改革视为主要的改革对象，是中国金融走向奔放的前兆。

1.4.1　金融抑制的现状

　　所谓的金融抑制，是指金融内部要素的错配，一些本该通过市场风险定价来完成的资金流动，由于监管上的考核要求而被外

部因素切断，使得资本的流动在一定程度上被抑制，或者在原有的池子里接受监管内的流动管制，或者通过其他隐晦的途径（如影子银行）进行成本更高的融资性流动。对于整个金融体系来说，融资的效率降低了，投资者的收益渠道也被部分阻断。

从一组数据对比中可以看出中国金融体系效率的低下。中国的广义货币 M2 的存量与 GDP 之比接近 200%，在世界主要经济体中是最高的。这个比例在美国是 58%，日本是 140%，欧盟是61%，而我们是 200%。为什么？大部分货币投向低风险、中长期的项目，流动性不强，而最需要融资的企业、民间信贷却又得不到满足，可谓是一场资本错配的"盛宴"。

这种抑制的状况，虽然监管层面的风险把控能力是可控的，银行为主的资金流动下的风险也是在监管指标内可控的，但是幕后非银行信贷体系内的监管空白却是无法避免的。很大程度上，中国影子银行几十万亿的资产也是金融抑制的副产品，而且政府部分的平台债、房地产融资以及一些重工产业的信托，都直接通过幕后的资金流动规避了上层的监管。

在金融抑制下，银行的利率是受到政策管制的，不能自主根据市场风险程度决定利率：一方面存款利率设定了上限，客户存款收益率低，另一方面是贷款设定了下限（2013 年 7 月已经放开），银行也就不能用更低的实际贷款利率吸引哪些低收益和低风险项目。因此对生产性项目或高风险项目来说，要么得不到贷款，要么借助于信贷配给。对于生产企业来说，如果很难得到银行信贷，就只好求助于非正式或场外的市场，这样非正式的信贷市场（影子银行）就会产生。

📦 1.4.2 互联网金融的"福音"

金融抑制也对互联网金融构成了一定程度上的"福音"。以往被压抑了许久的收益率限制和投资门槛限制开始被互联网金融所逐步打开，并倒逼传统的银行体制开始改革营销和管理方式。对于互联网金融而言，正是传统金融在利率管制，服务缺失和抓大客户的思路下，才成就了对于互联网金融而言更为深厚的生存土壤。

互联网金融之所以能够在金融抑制的环境下突破限制，最主要的优势在于互联网金融建立了互联网平台化的运营基础，以快捷、安全、高收益和高效的投融资服务来满足了底层投融资服务群体的需求。例如，互联网金融典型的渠道式产品—"余额宝"目前已经成为中国规模和客户量最大的单只基金，电商小贷、P2P 也开始从信贷领域抢食银行眼界之外的中小客户市场，传统的 BAT 互联网公司也开始进入金融视角，一方面进行渠道变革，满足小额投资者需要，另一方面进行产品有限创新，满足融资者需要。

而在传统的金融抑制环境下，居民的投资理财渠道受限，收益受限，获取投资理财服务的信息渠道过少，在信息不对称的情况下还要忍受投资门槛上的"歧视"。从这个角度而言，互联网金融取得如今快速发展的成绩，还真要好好"感谢"以下传统金融造成的金融抑制的市场环境，否则，中国本土的互联网金融产业也不会取得引爆市场，震惊传统金融行业的效果。

换一个角度来说，如果国内的传统金融服务效率很高，覆盖面很广，支付渠道很便捷，获客方式也很多元化，那么对于国内的互联网金融产业而言，能够渗透的市场份额将会很少，这将是互联网金融一场挥之不去的噩梦。因此，互联网金融在蓬勃发展的同时，虽然对传统金融构成了部分冲击，但还应看到正是传统金融的"因"造成了互联网金融的"果"。

📦 1.4.3　在互动中走向奔放

互联网金融对传统金融的冲击，不应该解读为威胁，而是一种正面的改革冲击，而且更多的是经营理念和概念上的冲击。互联网金融的本质是金融，工具是互联网，核心是大数据征信与互联网化的用户体验。

传统金融的特点在于异常稳健的风险控制与流程管理，并在行业特定的旱涝保收的存贷利差下，实现对市场资金的扭曲定价与对融资客户的逆向选择，最后的结果就是金融体系吸纳了市场资金，投向最稳健的融资渠道，却只能满足一小部分的市场融资，并给储蓄客户提供很少的利息作为回报。

而互联网金融为什么能在 2013 年流行起来，并成为一股金融潮流呢？这即使是在善于金融创新的发达国家也是十分少见的。原因就在于互联网金融开始从投资者和融资者两个渠道实现了资金定价和收益的市场化，真正开始从局部打破了传统金融的抑制状态。通过普通理财者的带动与银行所服务不了的 80% 的中小融资客户的支持，互联网理财与融资成为互联网金融元年的最大力量。

可以看到，在互联网金融概念的冲击下，银行开始着力于业务和战略的互联网化，寄希望于通过互联网与银行的线下优势资源相配合，实现对未来零售客户的把握。于是，交行、建行、民生的网上商城，招行的微信银行、P2P，民生的直销银行以及广发银行成立的网络金融部，各银行都从业务和渠道上开始朝互联网方向发展。在这股趋势中，互联网金融承担着一定程度上的传道授业的角色，双方是一种良性的互动。

1.4.4　金融奔放后，互联网金融的走向

互联网金融在与传统金融的互动中，将传统金融的业务和服务漏洞慢慢补上，并用互联网化的思维和手法提高了效率，降低了成本，也提供了更简单便利的体验方式，这就让整个金融体系走向了更高效的"奔放"。

首先借用和讯网 CEO 章知方的话说，"互联网无法通吃金融"。

互联网金融和传统金融都会有自身的客户与业务定位。目前传统金融业虽是抑制状态的，也直接或间接导致了中国金融服务体系效率的低下，但毕竟它有适合它的客户定位。最流行的

"二八定律"的解释是，银行业服务好 20% 的大客户就衣食无忧，这在金融抑制的状态下成为一种可行的方式。

这种抑制牺牲的是金融服务的效率与大众储蓄者的回报率，随着利率市场化与金融改革的推动，以及互联网金融的业务冲击，银行业必然会慢慢失去这种温室环境，接受市场化的考验。最后的发展趋势很可能就是，银行存款利率在同业竞争中刷新高，贷款利率有上有下，浮动性增加，为增加收益，银行会和互联网金融抢客户，开始"全面反攻"。

那么，在金融抑制被打破后，互联网金融的"福音"开始慢慢散去，最佳时间段开始逝去，作为传道者的互联网金融该如何走呢？章知方的话"互联网无法通吃金融"可以提供一些深刻的思考。

笔者认为，互联网金融的最初政策或者机会红利会慢慢消失，站在管理层的角度，目前鼓励互联网金融更多是为了满足中小融资者的需要，同时将其作为传统金融改革的催化剂。对于互联网金融自身来说，后期行业的经营成本会更大（监管成本、竞争成本以及市场资金成本的上涨）。互联网金融的定位是服务好自己擅长的客户，并为互联网用户提供差异化的服务，而不应"大、快、干、上"，忽视了后期的金融风险。

希望看到这样的景象，传统金融这个"大哥"与互联网金融这个"小弟"相互搀扶着，共赴改革的险滩，发挥各自的优势，为中国整体金融效率的提高作出自己的贡献。

| 1.5 | 互联网金融的文化基因：知青文化

2014 年 2 月份以来的余额宝风波已经引起了整个社会的关注，舆论基本一边倒，也得到了广大群众的强烈支持，在线理财已经开启了一个理财的新时代。对于这股浩浩荡荡的网络金融大潮来说，任何企图扭转的努力都显得有点徒劳。互联网金融就像是一个打开潘多拉盒子的钥匙，一旦开启，连锁反应就会传导到整个金融体系，从具体的业务、流程，再到高层的政策监管。

对于互联网金融的本质、产品、营销方面的讨论已经有很多了，我们换一个角度来谈一谈互联网金融的文化基因。任何一个行业、企业都有属于自己的文化基因，那么作为具有互联网特色的金融或者是金融特色的互联网，它的文化有何特点呢？是像宏源证券研究所副所长易欢欢描述的"传统金融面前的野蛮人"那样"野蛮"呢，还是像阿里巴巴集团创始人马云所倡导的"银行不自己改变，我们就来改变银行"那样"激昂"呢？抑或是一些传统金融人士所认为的互联网金融是金融的分支，应该扮演好"儿子"的角色——"守规矩"呢？

笔者认为，互联网金融的基因不那么纯粹，这不是褒贬，而是目前互联网金融的组成群体实在是太复杂了，比任何一个传统的金融行业都复杂。单单是在线理财这一个分支，就有多少风格迥异的平台来参与？阿里、腾讯、百度、苏宁、银行、基金，甚至还有财经媒体都来掺和，形成了颇具多元色彩的景象。

文化和风险是需要同时考虑的，特别是对于金融行业来说。传统金融的监管体制已经很到位了，所以文化上比较一致，是审慎、规范的制度性文化，坚决不越雷池、不逾越政策的天花板，一旦出问题就要向监管机构打报告，否则就可能面临严厉的惩罚。

但是互联网金融却不一样，不同的平台、不同的类型，它们风险认知、防控手段，以及具体操作人的风险素养有很大差别。这样就形成了不同于传统金融的风险文化。传统金融需要考虑风险，互联网金融也首先需要考虑风险，风险文化的差别主要就在于对风险的容忍度。在一个稳健的经济体制中，传统金融的风险容忍度是很低的，因为没必要去冒险，躺着就能挣钱，何必去冒风险？而互联网金融却不一样，它的生存环境在没有最终定调之前，始终存在着较大的变数，而且被金融机构抢剩下的市场份额，相对来说具有较高的风险（高风险匹配高收益，这也是互联网金融对投资者的吸引力所在），必须保持较高的风险容忍度，不能因为有风险就不做，收益能覆盖风险就能解决自身的吃饭问题。

你说互联网金融野蛮也好，不守规矩也罢，其实背后都是基于自身独特的风险文化在起作用。如果没有这种相对较高的风险，互联网金融也不会有存在的空间了，剩下的市场份额早就被传统机构瓜分了。现在的问题是，互联网金融已经从零散的、相对高风险的市场中找到了自身的风险成本定价方式（数据征信的功劳），并开始向传统机构的阵地蔓延了，这就惹恼了金融大佬们，才有了取缔余额宝的言论，虽然华而不实，但至少代表了部分人士的想法。

既然互联网金融有可能出现较大的风险，出于高风险匹配高收益的逻辑，在实际操作上也要提高风险容忍度，获取更大的收益，那为什么目前几个主要的平台的运营还相对比较稳健呢？（除了少数一些P2P在操作上没有做好风险控制和流动性管理，电商小贷、在线理财、快捷支付、平台服务、大多数P2P还都能保持稳健的运行。）这就要谈到互联网的基因了。什么是互联网的基因？那就是开放、透明、信息、交互，再加上合理的技术工具，完全可以融入具体的金融形态，比如传统金融所不愿去服务（成本与收入的衡量）的那80%中的部分高风险小微客户，通过互联网的技术嫁接，来实现金融的风险容忍度和风险控制的协调，最后的混合物——互联网金融也就能跟跟跄跄学会了走步，并开始小跑了。在这个过程中，互联网的基因功不可没，从文化上说，这是一种开放与包容，而这种包容的背后是互联网的数据归集和征信处理，在降低成本的同时放大了信任约束。这种信任约束改变了中国传统的银行信贷抵押模式，也赋予了更多人建立信用记录的机会。

谈到这里，互联网金融的文化构成也就基本有了框架，去掉一个最低分——不守规矩的"野蛮人"，去掉一个最高分——严谨的"守规矩"，"野蛮人"的描述更适合高息、不规范的民间借贷，而"守规矩"则与传统金融机构比较匹配。

　　互联网金融文化是开放与风险的综合体，卖一个概念，干脆叫"知青"文化吧。因为当年上山下乡的知青，既带来了城市的开放与新鲜知识，也承担着个人的命运坎坷之风险，这和目前互联网金融风险与开放并存的状态有相似点。

　　从长期来看，社会的融资市场是多元化的，传统机构的比重会下降，互联网金融的比重会有所上升，而民间借贷则会更多地走向透明。"野蛮人"将会越来越少，"知青"将会走向成熟，而"守规矩"的人也会更有活力，这也是金融市场化应该带来的结果：利率水平的市场化和融资渠道的多元化。

| 1.6 | 互联网金融春风再起，财经资讯网站入局

2013 年为互联网金融元年，金融与互联网的界限开始模糊，跨界者的行动不绝于耳。从纯粹的电商类小贷业务、理财业务到风靡全国的 P2P 平台，以及业内炙手可热的网络公司申请银行的热潮，金融的互联网式玩法既成了消费、融资市场的新宠，也成为风投资金竞相追逐的对象。

具体日期，和讯网宣布成立基于财经资讯的互联网金融频道，并开发了旗下包括 7 大项目的金融服务矩阵，成为布局互联网金融的财经类网站之一。而新浪财经等也在谋划自己的互联网金融业务，开展资讯流量变现和基金产品销售，逻辑与和讯不谋而合。主流财经资讯网站，其实都有开展互联网金融业务的冲动，其逻辑是利用浏览者和用户基数进行数据分析以及线上流量变现的典型。那么主流财经网站的互联网环境如何？后路又该如何走？

1.6.1　内外冲击，迫切转型

财经资讯网站的盛行，是门户网站时代的遗留资产，门户网

站时代，专业的资讯类网站利用自身的信息优势，特别是依托于具体的金融产品交易而衍生出的信息服务，获得了金融消费者的喜爱。

和讯财经，最早就是从全国证券交易自助报价系统（简称STAQ）变身过来的。STAQ就是一个场外交易市场，场外交易市场就是借助网络，仿造的美国纳斯达克系统。从具体的产品交易到财经媒体的定位转变，财经资讯网站获得了上一个生长期的红利，也积累了大批相对忠实的财经用户。新浪财经、东方财富网等也都拥有长期的财经资讯整合和研究经验，拥有具有一定黏性的客户群。

所谓"成也萧何，败也萧何"，在媒体转型理念和新兴的社交媒体冲击下，传统媒体，包括财经媒体受到的客户分流的冲击影响较大。从微博、微信的大众化再到自媒体和公众媒体的兴起，获取金融资讯的渠道多元化、精准化的趋势开始显现。作为主流财经媒体，既拥有部分专业、高端的财经忠实用户，也面临行业内、外部的用户冲击。因此，提供多元化的财经服务成为必然：不仅仅是资讯的获取渠道，用户希望集合资讯获取、产品交易和评价于一身的综合资讯网站，实现在某一个领域的安全、便捷的金融闭环。

1.6.2 打造金融服务平台，取长补短

互联网资讯网站，本质上也是互联网的组成部分，只不过专业定位有所差别。和其他提供电商交易（阿里金融）、社交服务（腾讯）和搜索技术服务（百度）的平台不同，财经资讯网站提

供的是专业的信息资源整合服务，其赢利点在于门户网站的流量换取的广告收益，以及内部资讯的价值交换，如机构专家的研究报告、股市分析软件、金融证券类报刊、传送证券行情资讯的 IT 产品等。

在互联网金融的冲击和影响下，资讯网站必然要提供多元化服务以应对内外忧患。通过嫁接平台的用户数据、流量和金融机构的具体产品，资讯网站可以成为产品销售的媒介和对接平台，在财经这个细分领域内实现互联网金融的转型。

互联网金融的平台模式是流行的互联网金融模式之一，和 P2P、电商的第三方支付模式形成了三种主要的互联网金融表现形式。目前存在的互联网金融对接平台，有完全独立的、没有嫁接任何历史优势的平台（如融 360），等于说是白手起家，也有利用自身已有的业务优势，开展针对性较强的对接实践的平台，如和讯网的理财客、放心保，以及新浪即将推出的在线理财等。就后一类而言，优势是明显的，但相对的劣势也很突出。

财经网站和 BAT 等互联网寡头相比，相对比较小众，也缺乏一个稳定、持续、活动性较高的账户体系。而在互联网金融时代，得账户者得天下，拥有稳定的、海量的账户资源就意味着拥有未来可以持续变现的资产，成为企业核心竞争力的持久动力。在这一方面，财经网站的用户黏性相对较差。此外，财经资讯不是直接的产品交易过程，没有电商的精准、高频度的资金交易流和商品信息流，不能建立基于自身用户的信用评估体系，也就无法开展电商模式的信贷。对于这些主流资讯网站来说，从最合适的，直接利用平台信息和上游金融产品的交易平台做起，不失为一种理智的选择。

至少在以下几个方面，和讯等资讯网站做金融服务平台还是有一定优势的：

其一，资讯网站的受众人群的质量比一般网站要高、精、尖，也有一定存量的忠实客户，把这部分客户转化成为平台产品的消费者应该不成问题。当然，前提是提供安全、便捷的支付和良好的用户体验，以及注重对投资者的权益保护。

其二，资讯网站拥有海量的金融市场的趋势的信息，以及相关预测，在新闻报道、产品推介和相关研究方面占据绝对优势，可以利用大数据分析方法对网站的资讯流量进行分析，给金融机构提供产品设计建议，推出符合市场预期的产品。

其三，可以在一定程度上打造自身网站的商业闭环，引入资金流。并非只有电商才能绑定资金流，资讯信息也可以绑定资金流。如可以在一篇深度的股票分析文章中，直接提供相对合适的股票或基金产品，并提供链接，进入后台的"理财客"等金融平台，将文章的投资建议直接转化为用户的购买需求，并积累资金，实现交易的闭环。这和在微信朋友圈里植入购物链接，直接用微信支付完成支付是一个逻辑。

1.6.3 未来定位：差异化竞争，数据思维

金融机构的优势在于信用和风险控制，互联网企业（主要是

电商）的优势在于集成化、批量化交易的低成本和信息透明。财经网站媒体可以说是"二不像"的媒体，既没有金融的直接运作经验，也没有互联网的运作机制。其产业链条的最初地位处在金融机构的下游与产品购买的上游之间。

作为财经资讯的服务者，其定位应该在于差异化竞争，不求全求大，而应在自身最适合的专业细分领域尝试开展业务。任何一种互联网金融模式都不可能穷尽互联网的所有用户、所有数据，每一种平台的存在都有一定的合理性。

和讯财经于 2013 年 10 月 23 日上线的互联网金融频道以及相关平台产品（理财客），必然可以吸引一部分自有客户。在当前的线上理财市场进入多方混战的时期，阿里余额宝、百度百发以及其余各种宝都是消费者的潜在选择对象。对于产品的提供者而言，始终应当明确的是：产品的收益率和安全性是吸引投资者的最大构成因素。百度百发以 8% 的首期收益率以及获益保证取得了首批 10 亿元产品遭暴抢的局面，充分说明了这一点。

对于财经资讯网站而言，潜在的市场很大，但注重自身的差异化优势才是获取用户信任和提供高收益、安全产品的保证。利用网站积累的历史分析数据、客户阅读分析数据、产品研究数据，以及对最新金融趋势的研判，辅助投资者进行针对性更强的投资，而这部分产品则是自身搭建平台的产品设计来源。从目前的发展趋势来看，几个主要财经媒体都有发展互联网金融平台的冲动。

|1.7| 互联网金融的另一种魅力：全民理财意识的觉醒

　　都说互联网金融改变了原有的金融业态，给传统金融带来了概念上的冲击，也部分分流了银行系统的零散资金，迫使银行开始慢慢学习、接受，并从战略和组织架构上剖析互联网思维对金融业务的新改造。的确，互联网金融通过网络渠道的新方式，为传统金融连接客户的渠道提供了多元化的窗口。如果把金融业与客户的连接看成是一扇门的话，互联网金融等于是打开了另一扇门，可以为"意识觉醒"的投资者带来效率、便捷程度相对更高的服务。

　　但是，站在银行的角度来说，除了这种压制的冲击之外，银行是否就缺乏这种互联网式的创新能力呢？非也。银行也一直在朝着业务互联网化的方向发展，包括网上银行、手机银行以及线上的业务普及等，一些大行的柜面业务也已经在很大程度上被电子业务所替代，高的已经达到80%以上。按理说，银行完全可以自成体系，没必要担心外部的互联网公司和平台把原来属于传统金融的产品"打个包"再卖给消费者，而且这种打包之后再转卖的效果还很好。

但事实上，银行却在在线理财面前显得手足无措，主要是由于银行在在线理财面前表现出了渠道上的不足和用户体验上的缺陷，另外银行在组织流程的反应速度、能力上也没有互联网在线理财那么便捷、高效和"亲民化"。

比如现在逢人必说的余额宝，8000多万客户，5000多亿的规模，足可以笑傲天下。余额宝正是体现出了互联网在线理财的便捷性、高效性。余额宝的核心功能并非完全是金融产品的创新，而是渠道的创新，在于给全民上了一堂很好的理财课。或者说，把概念放大一点讲，互联网金融成功了，即便是存在这样那样的问题，但是除了模式上的成功外，还有一点是功不可没的，那就是带来了一场全民理财的意识启蒙。这种启蒙，不亚于一场思想运动，想想，一个互联网平台在短短半年内就能培育出8000多万客户，积小河以成江海，成为国内最大的基金。这如果不是带来了一场意识上的转变和社会化的传播，是绝对不可能完成对传统金融之逆袭的。银行缺少的也就是这种全民理财的决心和魄力。

理财意识的启蒙，或许是以余额宝为代表的在线理财市场所带来的最大贡献。正如投资者以后不仅仅是选择稳健、安全的资金存放渠道，对资金回报和理财的考虑程度也会慢慢加大，直至彻底放下对银行活期、定期存款利息的期望，在整体公平、多元化的资金投向渠道中选择适合自己的投资方向或高风险的体系外的理财渠道。全民理财意识的觉醒，对互联网金融是福音，对传统金融则是一种倒逼转型的压力。即便利率市场化没有到来，银行也必然会在互联网金融的压力下逐步抬高资金成本，如抬高不及时，客户的钱都聚到互联网金融里了，就很有可能出现银行向互联网金融融资的局面，银行就彻底变成资金的后台运作方。

📖 1.7.1　银行推理财，为融资而不为理财意识

有人要说了，银行也有理财啊。是的，银行有理财，但和目前市场上的各种在线理财相比，银行的理财显得不那么亲民，动机也比较自我。对于传统银行来说，开发理财业务，一方面是为了满足自有集团客户的体外融资需要（在银行授信额度已满或者达不到银行融资要求的情况下，由信托或者券商等资产管理方来设立具体的资产池项目，然后由银行代销），另一方面是为了少量满足投资者较高回报的投资需求。注意，只是少量，毕竟大多数人还不能做到银行的 5 万元或者更高门槛的投资起点要求。可以看出，即便是银行的理财，更多的也是为了满足银行业务的需要，取悦于大客户，而不是为了真正满足全民的理财需求。

2013 年是互联网金融元年，那么从理论上来说，银行在这之前有大把的时间来考虑自己的客户战略，在做好大客户生意的同时，尽量为小众客户带来更多的收益。但是很可惜，在存贷利差的保护下，银行失去了服务好零散小额客户的动力，这本身就是一种悖论，一种帕累托次优的选择。在这种融资成本与收益被政策圈定的情况下，银行可以稳定收益，而理财产品也只能服务于这种固定的业务模式，不会带来更多的正面效果，也发挥不了互联网在线理财的理财启蒙作用。

📚 1.7.2 互联网理财意识：收益简单、通俗易懂

目前的各种宝、BAT 的在线理财，基本都是衔接基金公司的货币市场基金，所谓的货币市场，是由同行业拆借市场、票据市场、大额可转让定期存单市场、国库券市场、消费信贷市场和回购协议市场六个子市场构成。收益相对稳定，随着当时资金市场的松紧程度而波动。简单点说，在线理财从客户那里融过来的钱，大多数还是投资于银行的存款，只不过银行愿意给出更高的资金成本，这也就有了余额宝年收益率最高时有 7% 左右的原因，彼时上海银行间同业拆借利率（简称 Shibor）也早已达到或者超过这一水平，所以没必要太过惊讶。

互联网理财的作用就是通过积少成多，汇小流以成江海，然后合力产生拳头般的力量，并由专业的平台代表来和银行等融资方进行对等的谈判。本质上是利用了资金的运作逻辑，规模越大，议价能力越强，同时满足了小众投资者的理财需要。融资过程中，平台方和融资方之间的系统对接，资金匹配都事先通过流程设计确定，并满足资金兑现的最大峰值。虽然融资过程复杂，但在面对理财者的 C 端，过程是简单的，收益是明显的，赎回也是十分轻松的。也许这种收益简单、通俗易懂正是所谓的"互联网思维"。

理财不再成为一种专业，不再是懂行者的专利，而是普通大

众的福利，互联网把这个门槛降低了，把这个渠道磨平了。如果再用传统金融的客户分类方法，按照资产和规模的大小来划分，按照客户的知识水平来供给产品，那么就永远不能让普通大众都能来体验。在互联网上，没有所谓的客户等级，没有资金规模大小的限制，取而代之的是一体均沾的投资收益权和一视同仁的服务。互联网取代了人的主观，用客观的数据集成和批量化运作实现了成本和效益之间的合理嫁接。

1.7.3 理财启蒙，对传统金融的积极意义

互联网金融带来的全民理财意识，给银行带来了某些烦恼，但对银行业整体的效率提升是有某些积极意义的。最简单地说，随着利率市场化的进行，银行获取资金的通道发生了变化，银行必然要面临资金成本上升的压力，互联网理财不过是提前给他们打了预防针。就银行眼前 140 万亿的资产来说，确实没必要太过担心互联网金融的所谓"致命"威胁，毕竟眼前的威胁只是某些渠道上的，没有威胁到根本。

银行应该考虑如何通过互联网理财的冲击来重塑自身，真正应对利率市场化的资金挑战，寻找符合自身的业务与利润增长点，而不是千篇一律地靠存贷利差来实现业务和利润的增长。与其等到上层监管迫使你去市场上找资金，为何不利用互联网金融给银行带来更多的练身机会呢？

或许，这也正是金融改革背后的另一层意义所在，我们一直

都在说中国金融体系的效率不够高，只服务了一小部分客户，还有大比例的资金都通过期限错配留在了项目和资金池里，真正服务民生、实业的资本相对较少。金融改革，包括利率市场化、银监会 2013 年 8 号文和国办 107 号文等的发布，都有提高金融运作的效率，用有限的资本服务更多的人群的目的。从这个角度考虑，互联网金融的在线理财，虽然总体规模不过是银行业的九牛一毛，但就趋势而言，确实发挥了提升金融效率的作用，也在某种程度上实现了监管层的改革意图。

第2章

互联网金融百花齐放

| 2.1 | 在线理财进入多方混战

阿里金融旗下的余额宝自成立以来运行效果十分突出，既为自身平台上的客户提供了多样化的金融理财服务，迎合了普通金融消费者的需求，增加了平台的黏性，同时也为基金业开辟了全新的网络销售渠道，部分摆脱了银行的销售渠道垄断。

互联网领域从来不缺乏快速复制和创新，理财资讯网站、电商，甚至连游戏平台都开始跟进。百度的"百度金融中心——理财"平台于 2013 年 10 月 28 日正式上线，联合华夏基金推出目标年化收益率 8% 的理财计划"百发"。银联商务也正式宣布，经过近 1 年的系统开发与测试，银联商务"天天富"互联网金融理财平台于 2013 年 10 月 18 日正式启动，首期与光大保德信基金合作。

在线理财市场进入一场市场争夺战，阿里拔得头筹，占得先机，其他企业虽然布局较晚，却也仍然有一定的市场机会。

2.1.1　在线理财的本质

作为互联网金融服务平台表现方式的一种，在线理财平台本质上是产品的销售渠道。作为渠道两边的互联网企业平台和产品的提供者之间通过内部协调，对后台数据、流程和工作方法进行统一，把产品、渠道和消费者结合起来，给用户提供便捷、安全的全新投资体验。

这和传统的金融产品的营销渠道相比，更能迎合互联网背景下消费者的用户体验和消费方式转变的需求，将以往被动的产品接受式营销转化为自主的平台式操作管理。同时将受益短期化、量化、可视化，满足了普通消费者期待投资得到快速回报的愿望。

在线理财的运作，无一例外地需要平台方掌握活跃度高、数量众多的用户，并且通过账户关联方式把用户稳定下来。所以，除了"销售渠道"的本质，在线理财更有"流量变现"的性质。而这一个性质和大多数互联网企业是一致的。只不过，对于有小额金融信贷和风险控制经验的平台来说，运作起来更加顺利，如阿里金融的余额宝；而对于金融业务涉及不深的平台，如百度，就没有那么顺利，计划推出的"百发"也因为过度渲染8%的高收益率而被监管层调查。

在线理财的本质和银行销售基金、理财产品的通道作用是类似的，只不过银行的客户资源是靠线下的传统渠道获得的，而在线理财则变现的是线上的客户，两者有一定的差异。随着互联网时代的发展和网上金融操作安全性的增强，银行的部分业务也在往互联网方向迁移，所以从未来趋势看，在线理财的市场增长空间更大。

2.1.2 在线理财对银行业的威胁

互联网企业的在线平台衍生出的金融属性，除了将流量变现，发挥平台销售渠道的作用外，也从另一个意义上构成了对银行"代销"角色的威胁。在传统的理财和基金产品的销售渠道中，除了基金和券商、信托的自由渠道，绝大部分是通过银行的产品销售渠道实现的，产品研发方不仅掌握不了前端客户，还需要给银行较高比例的销售费用，部分产品的销售返佣甚至高达50%，严重影响了利润空间，也间接养肥了银行的中间业务，助长了银行的渠道垄断地位。

而阿里、百度、银联、东方财富网以及融360等平台则通过互联网的用户积累，实现产品的线上销售，能够大幅度降低营销成本，在激烈的市场竞争中通过良好的用户体验扩大市场占有率，实现了基金等产品销售渠道的多元化，自身的盈利空间有所扩大。

在线理财平台对银行业的威胁，更多的是表现在零售业务上，面对相同级别的理财投资，未来的客户必然会在线上和线下之间做一个选择，而线上通道的安全性、便捷性和受众程度都在增加，客户增长速度也很快；线下业务则受制于银行物理网点服务流程、距离、等候时间等机会成本，对用户的吸引力下降了。所以，在线理财将直接威胁银行的个人零售业务，侵蚀银行的线下客户。大批普通用户将在这一轮选择中涌入线上理财。

2.1.3　在线平台风险需要控制

互联网理财平台并不意味着没有风险，在某种程度上，互联网企业由于缺乏金融操作经验，在金融风险控制上有一定的缺失。而金融产品提供方，有较为丰富的产品，特别是资产管理的经验，但在合作方式和流程细化上，未免会出现一定的纰漏，造成一定的系统风险。这种风险主要体现在金融和互联网的对接上。

基于金融产品的销售平台不是一个简单的渠道问题，更多的是后续的资金划转、投资与赎回、系统安全性防护以及用户资金安全等。互联网金融的消费者既需要便捷的投资体验，更需要安全保障。支付宝开发出的余额宝产品，在正式推出之前，就与天弘基金开展了长期的产品试验和后台对接系统的试错试验，在确定平台风险得到控制后，才最终面市。可见，在线理财平台的命门在于良好的风险管控，否则，一旦平台出现风险，用户将会一去不复返。

2.1.4　做好细分，萝卜青菜各有所爱

在线理财产品，需要对接的是各个平台上的用户和流量，而不同平台之间的用户流量在组成、属性和平台自身特色方面是有一定差异的。在进行互联网金融的操作之前，最好能对自身平台的客户做一定的细分，按特色分类，并有针对性地开展产品的上

线和营销活动。

俗话说，萝卜青菜各有所爱，不同金融消费群体对理财产品的需求是不尽相同的。高富帅可能更喜欢大额的、风险收益比较稳妥的项目型理财产品，如银行理财、信托理财以及高端私人理财；而普通用户可能就更喜欢小额、量化、可视化的短期资金流动性理财。对于即将开展在线理财的众多参与者来说，道理也是一样的。

尤其是在互联网竞争逻辑中，"赢者通吃"成为主要的生存逻辑，行业第一位往往占据了绝对的寡头地位，而后来者则只能在留下的细分领域中获得一定的业务支撑。正如余额宝目前的客户数已经达到 8,000 多万，远远超过中国规模最大的华夏基金，在累计购买规模上已经达到 5,000 多亿元。对于后来者来说，不论是百度的"百发"、银联的"天天富"，还是苏宁金融筹划中的在线理财，以及之前已经出现的各种"宝"，获得自身平台上的特定细分市场中的用户关注，或许是制胜法宝之一。在线理财进入多方混战，要做好自己的客户定位，发挥优势，让萝卜青菜各寻其主。

2.1.5 银联商务的菜：旗下商户企业

正如银联商务在谋划中的客户群体定位一样，其线上理财平台并不专注于个人投资的货币基金产品，而是针对旗下第三方支付的商户企业。"天天富"的客户群将主要面向银联商务近 230 万的商户企业，未来潜在的市场规模巨大。根据银联商务方面透露的数据，银联的签约商户数的年增长率过去几年连续超过

30%，这批天量商户数将有可能在"天天富"平台上产生巨额的资金沉淀。

此外，作为线下传统的第三方支付的头把交椅，银联商务可以利用旗下的数百万家商户资源，利用基金公司的产品优势，更多地为小微企业带来全面的金融服务。而提供货币基金等类似的理财服务只是其一，等平台的信誉、流量和操作经验成熟之后，银联完全可以利用这部分商户资源开展专业细分领域的金融服务。

2.1.6 银行的菜：高净值理财

银行在互联网在线理财业务的冲击下，也并非无力反抗，在客户结构的分层和定位上，银行还是能发掘一些优势的，如银行5万元起步的理财以及部分高净值客户的理财。在线理财业务更多的是迎合了小额投资者的需要，希望通过便捷安全的简单投资渠道实现财产的增值，而这部分客户一般是被银行的理财门槛所排斥的。

在高净值客户面前，互联网在线理财的优势就不那么明显了，银行可以利用自己的品牌和服务，特别是高私密性和安全性，为高净值客户提供专业化的私人银行服务。服务既可以在线下网点完成，也可以通过与客户系统的对接，让高净值客户在安全性极高的网上私人银行实现自我理财。银行其实早就在探索在线理财（如网银），只不过由于客户定位不一样，更多的是满足高净值人群的需要。

| 2.2 | 在线理财的本质：流量变现

互联网平台上的在线理财是越来越热闹了，参与者也从最初的阿里等电商扩展到了搜索、门户、游戏、资讯网站。一句话，只要有用户浏览黏性和习惯，就可以利用自身的互联网平台做流量的变现，把阅读和浏览量转化、变现为购买基金等理财产品的金融消费人群。这样的逻辑在互联网里面已经不是稀奇的事情了，但正是互联网金融这个概念，让"流量变现"再次成为业界频繁使用的变现手段。

正如新浪 2013 年 12 月初以 10% 高收益的"浪淘金"产品来进行流量变现一样。在经历了数月的后台测试和与基金公司的合作对接后，新浪于去年年底推出了新浪自身的基金理财产品，称为"浪淘金"，大有再次掀起网上争锋抢购的气势，而对投资者的收益则许诺高达 10%，对于货币市场基金来说，新浪用高收益给自己赚了眼球和评价，而少于 10% 的部分，则由基金公司补足。这是用互联网高收益理财产品来进行流量变现的典型表现。

眼下在线理财市场已经进入了多方混战的局面，银行活期存款利息的吸引力大大下降，重要的是这些存款流向了哪里，通过流量变现沉淀在哪个在线理财平台上。

2.2.1　流量变现的几个条件

对于拥有海量客户和数据的大电商平台而言，流量变现显得非常简单，因为本来就有一定的第三方支付存款沉淀在平台上，以满足客户的日常购物需要。在电商这个环节上，在线理财的黏性和使用频率更活跃，也更能成为投资者的关注焦点。例如余额宝，其实成功的不是它的收益率，不是它的货币市场基金，而是它满足了一般电商购物者的沉淀资金增值的需要，同时具备了很好的流动性（由支付宝承担基金赎回空档期间的资金垫付责任），就这一项，使得余额宝成为兼具流动性与投资性的理财工具。

对于后来进入在线理财市场的平台而言，不论是新浪、百度、搜狐、和讯还是其他游戏、支付平台，都不具有阿里大电商平台的独一无二的优势，没有这么大的资金体量，也满足不了类似于余额宝的"随买随赎"的活期性质的流动性，因此，后继者们在进行流量变现的同时需要满足以下几个条件，为自己加分：

1. 和基金公司进行渠道对接。由于大多数网络平台不拥有第三方支付牌照和基金的支付结算牌照，因此在结算上，不能跨越"雷池"，而主要是做渠道的引入，结算还是需要把流量引流到基金公司的网页上，或是其他有基金支付结算功能的支付网关上。

2. 在收益上做好定位。从目前的趋势看，后继者如果不在收益上作出更高的允诺，便很难从余额宝等"先吃螃蟹"的平台手中把客户引流过来。因此，百度挂出了8%的收益，新浪挂出了

10% 的收益，搜狐抢钱节也打出了高收益的牌子，对于投资者来说，抢到这些定额、定期的高收益产品的概率是相对比较小的，但在互联网上至少形成了一定的影响力和冲击波。

3. 做好第一波之后的产品设计和维护。只靠第一波高收益的产品，体量毕竟很小，也很难承担起平台所有流量变现的需要，在这个关口上，就需要特别注重对后续正常收益的基金产品的维护工作。货币市场基金已经成为在线理财的主要标的，而其收益率相差无几，不会因为基金公司的差别就呈现出很大的收益"倒挂"。所以，后续需要对接的是持续的关注和良好的用户体验。要懂得一锤子买卖不会长久，时时刻刻才能天长地久。

2.2.2　流动性是恒久的命题

对于一般的互联网平台来说，需要用一种很好的增强用户黏性的方式来实现和用户可持续的相互关注，以保持用户在自身平台上的浏览、使用、消费活性。互联网金融只不过是这种变现方式的一种，但变现的背后其实是一个很大的隐忧：流动性。互联网尤其如此，目前在线理财已然进入了多方混战的局面，除了余额宝这个绝对的老大，其他的对手还在争夺市场的第二、三把交椅，流动性是横在它们面前的最大威胁。

理由很简单，资本是逐利的，高富帅是这样，在线理财的普通用户们也是这样，哪里的收益高、体验好，资金就会流向哪里。余额宝靠的就是满足普通用户们可视化的投资欲望，目前余额宝单只基金规模已达 5,000 多亿元，而中国目前总体的货币市场基金规模才 1.7 万亿元左右，可见余额宝在这一市场上绝对的主导地位。

流动性可以变现，但前提是你的平台有利可图，有良好的体验，一旦这种体验被透支、被厌倦，流动性就会丧失，活性也会下降。对于余额宝之外的其他各种在线理财来说，目前的紧要任务倒不是想要从余额宝那里抢来多少市场份额，而是思考如何保持自身平台的流动性的稳定，不至于出现流量的大起大落，来得快，去得也快，这也就考验各个平台的创新能力和与基金公司的对接能力了。

下面分别是互联网金融和金融互联网化中主要的在线理财产品：

互联网金融	名称	上线时间	发起人
在线理财	余额宝	2013.6	阿里
	理财通	2014.1.15	腾讯
	零钱宝	2014.1.15	苏宁
	现金宝	2013.12.18	网易
	百发、百赚	2013.10.28	百度
	浪淘金	2013.12	新浪

金融互联网化	名称	上线时间	发起人
其他"宝宝"类产品	如意宝	2014.2	民生
	智能金账户	2013.7.16	广发
	活期宝	2014.2	中行
	平安盈	2013.11	平安
	薪金宝	2014.1	工行
	天天益	2014.1	工行（浙江）
	快溢通	2013.7	交行
	货币基金 T+0	2013.12	建行
	微信银行闪电理财	2014.1	浦发

其他"宝宝"类产品	活期通	2013.8	华夏基金
	E 钱包	2014.1	易方达基金
	现金宝	2013.9	汇添富基金
直销银行	民生直销银行	2014.2	民生
	随心存		
	如意宝		
	轻松汇		

| 2.3 | P2P 尚缺乏最重要的入局者：电商平台

2013 年 9 月，招商银行低调涉水 P2P 业务的新闻引发了资本市场的极大关注，一直引领银行业触网、跨界、创新的招行，此次尝试开展 P2P 业务，给当时风波不定的 P2P 行业带来了一些积极因素。毕竟招行是一家传统银行，银行在流动性管理、风险控制合规和资金实力方面都更胜一筹，银行大佬入局 P2P，被 P2P 行业从业者解读为积极因素，同时也被认为是高层加强对 P2P 行业整合的信号。

传统银行开始进入人人贷行业了，有可能会引发新一轮的互联网金融创新热潮，更多的银行势必会在这一方面加强尝试。那么，除了银行，是否还有其他适合进入 P2P 行业的公司呢？哪种类型的参与者才最符合真正的本质意义上的 P2P 呢？笔者认为，P2P 行业尚缺乏一个最重要的参与者：能熟练积累数据和运用互联网信用审核方式的大电商数据平台，如阿里、京东等。

2.3.1　P2P行业参与者分类

对于 P2P 行业，目前国内存在的数百家运营中的网贷平台中，绝大多数是由第三方、民间资本成立的借贷撮合平台，规模较小，抵御风险能力差，且大多以金融信息服务公司或者信息技术公司名义注册，缺乏一致的行业准则。这也和P2P行业存在很大的监管漏洞有关。

目前的P2P行业，依据参与主体进行分类，主要存在以下几种参与者：

第一种是无任何背景，民间、第三方的网上撮合交易平台，其规模、实力、资金量、信用审核方式千差万别，大多数提供保本赔偿的承诺，具有较大的系统性风险。

第二种有一定政府或者国企背景，如2013年正式上线运行的开鑫贷是江苏政府和国家开发银行合作的尝试小微贷网上交易的机构，平安陆金所是专门对接投资者和具体项目融资方的P2P撮合平台，由平安旗下担保公司担保交易。

第三种是以招行为代表的传统银行。利用银行的信贷审核和信用评估方式，把银行现有的小微、零售客户原本线下的信贷交易转移到P2P的线上，同时扩大平台交易量，形成银行特色优势的P2P平台。

2.3.2 潜在的入局者： 电商平台

在招行低调涉足P2P业务的举动被市场获知之前，阿里巴巴小微金融研究院院长陈达伟就曾表示，目前国内P2P模式还未成熟，主要表现在高坏账率。如果未来阿里能将P2P的坏账率控制到1%以内（因为目前阿里小贷的不良率一直控制在1%以下），是可以尝试做P2P的。此外，京东在金融战略方面，目前只是布局了京东小贷，也没明确表示有申请银行的意愿。据业内人士透露，京东金融很有可能会布局P2P行业。

众所周知，以阿里金融为代表的电商平台企业，已经开始利用自身所积累的数据和平台优势，开展各种金融业务。平台、数据、金融、生态成为电商大金融框架中的核心概念。从目前的发展趋势来看，大电商平台衍生出的金融属性包括：快捷汇兑服务、小额信贷、类存款服务（表现为"存、贷、汇"，围绕第三方支付展开），开展数据合规和信用审核，搭建金融理财服务平台等，却唯独没有开展P2P业务的电商平台。

从拥有较好的互联网信用生态的电商平台来看，开展基于电商大数据分析的P2P业务是很有前景的，也正符合P2P行业发展的本质：利用互联网技术提供基于数据分析的信用审核，而不是目前大多数P2P从业者的传统审核方式：线下调查和有限的担保等方式。电商平台是一个很大的潜在入局者。

2.3.3 电商平台的疑虑：风险与业务搭配

那么电商平台这个一直在跨界和创新的互联网金融主要参与者，为什么一直就没有触碰P2P行业，而是采用其他的互联网金融方式，来解决平台的金融属性业务问题呢？主要原因在于P2P行业的政策风险和自身平台的业务搭配问题。

　　在 P2P 行业进入央行、银监会、公安部、证监会等机构联合密集调研的这个阶段之前，P2P 行业一直存在很大的市场和政策风险。尤其是高层的态度，一方面是一直没有出台相关的监管法律和组建相应的机构进行匹配，另一方面高层对 P2P 行业也一直没有明确表态，直至 P2P 行业混乱发展，曝出平台倒闭危机之后，监管层才开始高调介入，并开展全国性的、广泛的 P2P 行业调研。此后，P2P 行业的政策风险才算是开始慢慢消退，高层不会叫停 P2P 业务，而后期通过严厉和密集的监管介入的可能性是很大的。所以，电商在前一个阶段，市场处于混乱的时候，不会也不敢轻易介入 P2P 行业。

　　此外，电商没有进入 P2P 业务，还与本身的业务搭配有关。电商的金融属性很大一块是电商商户的信贷需求，而这一块需求通过阿里小贷、京东小贷、苏宁小贷等已经基本上完成了对商户的信贷操作，且风险相对可控。通过资产证券化等手段，小贷产品还能实现金融杠杆的扩大，打通融资需求端和资本投资端，完成 P2P 的基本功能，只不过比 P2P 绕了更弯的路。所以，即便是开展 P2P 业务，短期内也会和小贷产品部分冲突，还要冒很大的市场和政策风险，如不先搁置。

2.3.4　未来发展：电商入局P2P可能性极大

　　针对 P2P 行业的高层密集调研正在进行中，有理由相信 P2P 行业会进入一轮整合兼并甚至是蜕变期，此后相应的 P2P 行业监管办法也会出台。在相对规范的政策空间之下，互联网电商平台的疑虑会慢慢消失。况且对于绝大多数电商平台来说，像阿里那样用小贷的资产证券化产品以扩大金融杠杆的方法在短期内还难以实现。因此，采用P2P这种相对不受资金杠杆限制的操作方式来进一步满足自身平台的信贷需求成为一种极大的可能。

对于P2P行业来说，银行是很重要的入局者，但是大电商平台是最重要的入局者。银行具有风险控制和资金优势，流动性管理也更完善，可以在很大程度上降低P2P的系统性风险和市场风险。但是电商平台作为参与者，在数据分析、信用审核和互联网化交易中更胜一筹，而P2P最本质上的定义在于利用信用和征信来解决陌生人之间的信贷问题，而且这种信用和数据征信是纯粹线上的，和目前电商平台的信用处理方式是一致的、不谋而合的。从P2P的本质这个角度来说，电商是未来最重要的参与者之一。

P2P行业整合在加快，银行开始入局，大电商入局的可能性也在渐渐提高。

| 2.4 | P2P 还可以这样做：本土化的信用嫁接

P2P，也就是人对人的贷款，从概念上说，是典型的舶来品。P2P 从 2007 年开始登上国内金融舞台，并逐步开枝散叶，衍生出当前国内数量众多、模式各异的数百家 P2P 平台。就中国的总体融资环境而言，P2P 是小额融资市场和理财投资渠道的有益补充，也是互联网金融最重要的运营模式之一。

在中国的信贷市场中，传统银行的服务受制于运营成本与盈利指标，服务半径毕竟有限，对部分"游离"于银行金融服务生态之外的中小微企业和无信用记录的个人，很难开展基于银行信贷审核标准的金融服务。这也为国内互联网金融企业的发展提供了一定的生存空间，P2P 也是在这种信贷资源的结构性错配的情况下逐步发展起来的。

那么问题就出现了，中国的 P2P 行业该如何发展，是否一定要移植国外 P2P"线上、点对点、第三方"的模式呢？众所周知，中国的传统商业社会依靠的是熟人和由此产生的信用关系，而缺乏开源式的社会信用作为支撑，不可能在短期内造就一个信用记录完全良好的社会以开展 P2P 的业务。所以，一个必须面对的问题就是 P2P 在中国如何做本土化？如何走出中国的模式。

2.4.1　P2P：本土化的困境

国内众多的 P2P 公司，大部分是线上的 P2P，线下的小贷，或者把线下的业务搬到互联网上，并在网上罗列各种招投标项目，为平台导流量、造广告。这种发展模式本身无可厚非，但却忽视了一个核心的问题：如何做好平台的风险控制和市场定位，如何匹配中国目前并不完善的商业信用环境。

也不排除一些 P2P 公司，所开展的业务基本上是通过互联网的营销渠道获得的，并且利用数据征信开展基于互联网的数据征信，可以和线下的模型做一定的区隔。但这种类型的 P2P 在业务规模上需要经历一个较为漫长的蛰伏期，平台积累了足够的市场信用后才能获得量的增长。此外，P2P 在初创期必须要经历一段风险和利益的协调期，纯线上的 P2P 在目前不仅凤毛麟角，也很难获得投资者的足够信任。由于对借款人缺乏一定的线下约束，一旦违约率上升，P2P 的资金回笼渠道就很容易被掐断。

所以，国内的 P2P，要么是在试图效仿国外的纯线上模式，但在风险控制和流动性风险上，特别是发展速度上很难获得优势；因为国内社会信用机制不完善，纯线上模式短期内难以获得用户认可；要么是借着 P2P 开展线上线下相结合的模式，但在具体的风险控制体系建设上却缺乏在线下信贷审核和线上的数据征信之间做一个良好的信用链接，也就是说线上项目和线下的风险控制容易产生脱节。

2.4.2 P2P还可以这样做

跳出 P2P 的思路来看 P2P，在 P2P 的本土化过程中，如何利用 P2P 的本质融资属性和中国社会信用缺失的特点来做一个有利的嫁接，是中国的 P2P 行业可以借鉴的方法。在这一点上，不妨来看一看杭州的融至鼎模式，这是笔者在观察 P2P 众多平台之后总结出的一个信用链接较为明显的 P2P 模式。

既然国内的 P2P 平台大都绕不开线下的审核和线上的信用转换，那么索性就在两者的信用之间做一个良好的对接。正如杭州这家 P2P 的思路，为线上、线下的投资者和借贷者提供一个安全、可靠的信用背书，这种背书绝非惯常宣传中所见的"保本、保息"之类的口头承诺，而是实实在在的信用嫁接机制。作为国内首家由银行高管团队打造的 P2P，其特色也在于信用对接功能，这种独特的商业模式也引起了当地政府的关注，中小企业局和金融办等机构相继考察了这种风险可控的 P2P 模式。

它的信用嫁接模式在于把线下的商业信用和平台的 P2P 征信结合起来。在为线下中小企业提供 P2P 贷款业务时，借款人用一定的物品做货物质押，同时在贷后管理中保持对存货的流动性管理，如借款人无法偿还贷款，可以把流动性较强的质押物快速进行变现，以保障投资者的收益。在现实的操作中，由于融至鼎模式的运营方是由国内成熟的银行家团队组成的，拥有丰富的银行信贷和质押流程风险控制经验，因此在日常业务开展中，获得了很好的细分市场开拓效果。

2.4.3　P2P本土化的关键：风险控制、市场定位

相比于国内的P2P行业，国外并没有这么多"非法集资、自融、诈骗跑路、圈钱"的负面新闻报道。而2013年下半年以来，国内P2P行业的负面新闻却不绝于耳，10月份甚至出现了日均2~3家平台倒闭的现象。主要的原因在于中国的市场信用环境还不足以支撑起这么多管理并不专业的P2P公司，很多P2P公司也缺乏核心的风险控制和贷后管理能力，不良率居高不下，几单大额不良贷款就可能直接把平台拖入绝境。

之所以国外的P2P不存在这样的问题，一是社会信用足够完善，线上的信用数据积累能够起到足够的约束和惩戒作用，二是国外的平台一般是点对点，只提供信息中介服务，不提供保本赔偿，因此信用背书压力很小。

国内的P2P行业要想在不健全的社会信用生态中获得发展，最稳健的方式是先找到适合自身的风险控制流程方式，在具体信贷过程中能够真正做到较低的不良率和及时的风险补救。风险控制不仅是贷后管理，更是事前的风险甄别和预测。一个稳定、安全的P2P平台给投资者的回报不会以高得离谱的收益来表现，最

终的回报都会趋向稳定（12%~18%），且大多为短期的借贷，道理很简单，中国的实体经济远远承担不起动辄年化20%~30%的P2P借贷利率，一般实体行业的净利润也只有4%~6%左右。一般情况下，给投资者的收益率越高，意味着平台背后蕴藏着的风险也会越高。

此外，明确的市场定位也是P2P本土化过程中必须面对的，P2P应该立足于银行服务不了的那部分小微企业和个人客户，不要贪大求全，去涉足P2P并不擅长的部分大客户、大项目。P2P本质上是点对点的融资，也取代不了银行，抢不了银行的核心客户，否则在触犯底线的同时也容易"引火烧身"。P2P的市场定位永远也不要脱离自身的核心优势，要把线上的投资和线下的融资对接起来，真正做成一项事业，而不是为了追逐所谓的"暴利"。小微市场也根本没有那么多暴利可以深挖，提供优质的金融服务和适当的融资成本是P2P应该有的考虑之一。

融至鼎的模式可以说是众多P2P模式中的一道独特的风景。在本土化的过程中，P2P如果只注重于业务扩张和平台放贷规模，就有可能造成"虚胖"的结果，只有做好风险控制和市场定位，才能成功为P2P行业瘦身，去掉多余的脂肪，甩掉过多的不良和风险。

2.4.4　P2P本土化的监管策略

一切金融创新都应该保持一定的风险控制水平，金融改革也一样,十八届三中全会明确提出要发展普惠金融,鼓励金融创新,丰富金融市场层次和产品。同时也提出要加强金融基础设施建设,保障金融市场安全高效运行和整体稳定。

对于P2P行业来说,目前最紧要的任务是把行业内部无序、紊乱的现状转变过来,并把不良率降下来,把行业内的信用体系建设提升上去,在不同的项目和客户渠道之间做好嫁接机制和对接的协调。P2P借鉴国外的运营模式,是一种尝试的方式,但不是唯一。就眼前的市场情况来说,不论是投资者和借贷者,都更能接受符合中国融资环境现实的P2P平台。在这一方面,平安陆金所、宜信等的模式都做了中国化的实践,而融至鼎的银行团队模式则是另一种独特的线上线下结合,以此来完成信用嫁接的P2P模式。

管理层目前也正在加紧对国内互联网金融,特别是P2P行业的调研,后期也一定会出台相关的监管办法。从P2P行业的发展规律来看,监管层很有可能在以下几个方面制定严格的行业管理办法,以整顿国内混乱无序的行业现状。

其一,以第三方账户托管来保证客户账户资金安全,这也是P2P公司真正开展点对点业务的保证。严格的账户监管可以引导P2P业务的发展方向,降低行业的系统性操作风险。目前,以平安银行为代表的银行业已经开始尝试建立P2P的资金托管账户,以保障P2P网站的资金安全,降低行业性风险。

其二,对团队的运营、管理能力做出标准化的界定。P2P不是一个没有门槛的行业,P2P行业的从业者,特别是平台负责人、运营人需要具备一定的资金运作经验、金融行业从业经验和风险控制操作经验。

其三，平台风险控制能力审核。金融业是运营风险的行业，P2P是运营高风险的行业，风险控制尤为重要。风险控制能力的高低将直接影响平台业务的规模和质量。

对于监管层来说，总的原则是在把握监管底线原则的同时，对符合风险控制原则和小微金融服务宗旨的P2P平台给予足够的鼓励，以完善多层次的融资市场，解决中小企业和个人的融资问题。

| 2.5 | P2P 的困境：理想国与现实之间的纠葛

在互联网金融各个门类里面，P2P 算是监管上比较吃力的典型了，不仅是由于目前国内的 P2P 类型多样，数量众多，难以用统一的标准化的指标和准入来进行监管上的考量，更深层次的原因在于 P2P 是一个没有任何传统金融企业的实践经验可以作为标杆进行对照的金融新行业。也正是因为如此，P2P 的行业监管问题一直在需不需要金融牌照，由银监会、央行还是其他金融监管部门来进行监管之间游移不定。

2014 年 3 月份，有财经媒体爆出消息，P2P 将归入银监会进行对口监管，并且将不会实行牌照准入制度。这也给雾里看花的互联网金融从业者和投资者一个较为明确的监管信号。P2P 无监管、无门槛、无准入的历史最好时期即将过去，而迎来的将是上层监管部门的对口性考核与评价，包括准入、评级、区域等。

但是，笔者一直认为，即便存在上层的监管意愿和监管的具体指标细则（从目前的发展趋势来看，还难以给 P2P 行业做出量化的监管指标），也存在另一个较大的监管困境，那就是监管上的理想国和国内 P2P 行业发展的社会环境之间的差异。事实上，这种差异直接导致了 P2P 在本土化的过程中衍生出了类型各异、市场迥然不同的各种 P2P 类型。

2.5.1 P2P的"理想国"应该是这样的

就国外的成熟模式而言，结合 P2P 的本质服务模式，它的特点应该是"点对点、第三方、数据征信"的结合。

点对点是指 P2P 平台在借款人和融资者之间只是承担信息的沟通和透明化工作，将融资者的需求和信用数据进行公布，而投资者结合自身的风险定位和承受能力进行具体投资项目的选择。也就是说，P2P 归根结底还是一个运营和经营风险的行业，只不过这种风险需要靠 P2P 平台的数据征信和信息收集能力来尽可能地减少，以提高平台的信誉度。在运营过程中，P2P 平台的职责应该是严格的中介，而非担保服务。即便是国外比较成熟的 P2P 模式，早期的运营风险也是较大的，如美国 P2P 平台 Lending Club 2011 年的综合违约率就达到 3.9%。

第三方，是指出于对投资者利益的保护和 P2P 平台的系统性流程风险控制的需要，账户需要托管在有资金管理能力的第三方。这一点是 P2P 资金管理模式的核心，为防止 P2P 平台自身的道德风险，以及尽可能降低期限错配和自融的风险，第三方账户的托管也需要在匹配每笔业务的基础上，进行业务的全面流程管理。在风险的流程设置上，第三方应该坚持自己的资金管理流程，而不能只是简单的账户托管而已，更应该体现的是第三方的资金监督和管理。

数据征信，也就是目前互联网金融的发展趋势之一，对于 P2P 行业的发展尤为重要。数据征信就是改变以往商业银行的线下征信模式，改变抵押担保的单一信贷模式，而借助互联网的信用数据和个人的征信表现来进行综合评价。在大数据和互联网金融的发展趋势下，个人征信的线上化趋势会越来越明显，各种征信数据库也会越加丰富，只要在其中建立链接通道，便可以进行数据的交叉验证，提高个人征信的能力和水平。

2.5.2　P2P的现实却是这样的

目前国内的 P2P 和理想中的境况有很大的差异，甚至是天壤之别。这主要是由于目前中国社会信用不健全，线上征信也只是碎片化，而保守的线下担保抵押征信模式却成为可信度比较高的征信行为模式。打个比较形象的比喻，理想中的 P2P 是风口上的猪，可以迎空飞翔，借助的是数据征信的动力。而现实中的 P2P 是艰难地在地上跑着的猪，累不说，还随时可能掉进各种预设的陷阱，后面还有监管的压力在鞭策。

所以，现实中国内的 P2P 不仅面临社会信用不完善、信任危机所导致的平台挤兑危机，以及由个别借贷者违约而引发的系统性递延风险；还面临征信数据缺乏和失真、数据库之间相对封闭难以共享，以及央行的征信数据库难以接入等各种现实上的制约。

P2P 有很好的市场前景，目前国内保守平台成交量已经突破千亿元，但是却缺乏征信水平更高的线上能力，以及更好的信用社会约束机制，这就直接导致 P2P 平台在国内产生了各种变异，或者说是 P2P 本土化的转型。有通过线上线下综合征信来实现资金匹配的，有通过项目批发和依靠大金融集团来实现征信能力的，也有通过完全的线上融资和线下征信来实现的，更有甚者，通过借款人和融资者之间的期限错位来实现自身的资产管理功能，进行债权转让。这些模式的共同点就是用其他方式来填补数据征信的缺失，提高平台的征信能力，尽可能降低风险，提高投资者的收益水平和风险控制能力。

此外，在业务的发展模式上，国内的 P2P 也并不都遵循纯粹的点对点，而是通过项目对项目，点对项目，甚至项目对点的方式来实现各种投资和融资的需求匹配。这本质上是由国内的金融需求现状决定的，在长期的利率管制下，融资需求得不到满足，而投资需求也很难找到适合的、稳定的投资渠道。这种错位的投资和融资的需求匹配就形成了目前 P2P 在业务模式上的多元化特点。P2P 的高收益特点吸引了投资者，而融资者在传统信贷难以满足融资需求的情况下通过 P2P 来实现资金的借贷，即便融资成本提高也蜂拥而入，毕竟相比民间借贷，P2P，有更大的优势。

2.5.3 监管口中的P2P是怎样的？

那么，在 P2P 行业的理想和现实差异之间，监管是否意识到了呢，又是否能根据中国的环境化差异来进行适度的监管呢。来看看监管口中的 P2P，由于目前只是划定了监管部门，银监会还没有最终出台监管细则。但是，在监管的大原则上，基本上可以确定是以下一些监管原则，正如 2014 年 9 月 27 日，在中国互联网金融创新与发展论坛上，中国银监会创新监管部主任王岩岫对 P2P 行业提出了十条监管原则：

1. 项目要一一对应；

2. 坚持实名制原则，明确资金流向；

3. 明确 p2p 机构不是信用中介，也不是交易平台，而是提供信息服务的信息中介，应该与其他法定的金融业务界定好业务边界；

4. 应该设定行业门槛，对从业机构资质，高管人员从业背景，以及资金托管、甚至 IT 设备提出要求；

5. 在投资金和投资人资金应进行第三方托管，不能以存管代替托管，p2P 机构自己不能碰钱，这也对打击非法集资有意义；

6. 不得为投资人提供担保，不得为借款本金和收益做出承诺，不得从事贷款和受托业务，不得自保自融，而且不能承担过多的流动性风险；

7. 要有明确的收费方式和可持续的发展道路，防止过度追求高额利润；

8. 应该充分做好信息披露，做好风险提示；

9. 应推进行业的规范制定，行业自律、资源共享；

10. 必须坚持小微化，坚持普惠金融，不得分标拆标。

以上的一些原则对 P2P 平台的业务模式、运营流程、平台属性以及进入门槛等方面进行了原则上的规定，但是这些规定就目前 P2P 行业的实际经营情况而言，还存在一定的"理想主义"色彩，因为国内的具体经济和信用环境尚不支持"点对点、第三方托管、平台不担保以及小微化"的纯 P2P 模式。而根据媒体报道的上层监管解读来看，包括央行、银监会也已明确了解国内 P2P 行业的特殊性，也多次流露出如果将国内 P2P 完全定义为无担保的纯中介的模式，难免会给全行业带来负面作用，也不利于行业发展。

所以，从监管层的态度可以臆测，即便上层一贯坚持 P2P 应该坚守中介作用，不能提供担保，但不免除 P2P 在目前这个阶段发展的特殊性。P2P 可以在目前社会信用不健全、征信数据缺失的情况下进行有限的平台担保服务，但是必须进行明确的风险提示和良好的征信系统建立。这种监管的可能性是存在的，从长期看，对于 P2P，监管方面还是希望能做到真正的 P2P，前提是投资者教育和信用约束的增强。

目前这个阶段，监管的困境也主要存在于这两个方面，一个是理想中的 P2P 和现实中的 P2P 的差异，另一个是监管的程度要和现阶段的社会环境和行业发展水平相适应，以免监管过严直接造成行业生存空间的缩小。

2.5.4 P2P行业自身应如何做？

在目前的社会信用机制和碎片化的征信水平下，P2P 的发展观念应该是做好风险控制，同时进行细分市场的开拓，发挥自身

团队的优势，进行经验的积累。在和监管的对接上，要避免触碰雷区，尽量在监管可以容忍的情况下进行适度的金融创新。互联网金融进入 2014 年，随着纵深发展的不断推进，监管的力度和脚步也会加大，这个阶段已经不再适用大踏步的、猛烈冲击式的互联网金融创新文化，而应代之以步履稳健、边走边回头的稳健创新文化。

具体来说，P2P 在自身平台能力建设上，可以进行以下的自查。

其一、以第三方账户托管来保证客户账户资金安全，也是 P2P 公司真正开展点对点业务的保证。严格的账户监管可以引导 P2P 业务的发展方向，降低行业的系统性操作风险。

其二、对团队的运营、管理能力做出标准化的界定。P2P 不是一个没有门槛的行业，P2P 行业的从业者，特别是平台负责人、运营人需要具备一定的资金运作经验、金融行业从业经验和风险控制操作经验。

其三、提高平台风险控制能力的审核。金融业是运营风险的行业，P2P 是运营高风险的行业，风险控制尤为重要。风险控制能力的高低将直接影响平台业务的规模和质量。

I 2.6 I P2P 行业的悬梁之剑：如何破解征信难题

2014 年上半年，有资深民间金融人士透露，宜信有一笔较大规模坏账或为属实，且远不止 8 亿元，而是"达到 10 亿元，其中涉及了几单项目，包括房地产、能源以及大宗商品类项目"（消息来源：TechWeb）。P2P 行业的风险控制和征信的重要性再次凸显了出来，特别是在目前中国这个信用违约约束机制并不完善，借款人线上信用核实难度较大的情况下，出现大额的资金违约成了 P2P 平台必须要直接面对的系统性风险。

在互联网金融中，与传统电商信贷的信用征信和银行的信贷标准相比，P2P 的融资人信用审核是相对具有较大风险的，目前也最不完善。因为电商自己有一套成熟的生态圈内的惩罚约束机制，银行有标准严苛的线下担保、抵押以及信用贷款的审核机制，唯独 P2P 目前的信用情况相对比较碎片化：线上的数据库不完善，没有成熟的生态圈；线下的信贷审核在某些领域也不专业。所以，就 P2P 而言，目前首先要解决的不是市场扩张，而是自身的风险控制模型建设，也就是能使平台在扩张的同时保持较低的不良率，至少要保证平台的收益能覆盖违约造成的损失。

首先来看看互联网金融领域内的集中典型的征信情况。

2.6.1 互联网金融的数据征信表现

在互联网金融的具体业务模式中，第三方支付的电商金融之所以能够依赖电商平台开展内部的商户信贷业务，并通过频繁的资产交易做大规模，最本质的优势在于电商用户的交易数据和频率，能够确保平台的信贷不良率控制在 1% 以下，在一定程度上领先于银行的小微贷业务。

如阿里金融，通过数据化的平台进行征信操作，将商户的信贷风险控制在较低的程度，从而能够实现日均 100 万左右的利息收入（消息来源：和讯科技）。其他电商，苏宁、腾讯、京东等，不管是自己开展小贷业务，还是和银行合作开发信贷产品，所利用的也无非是电商平台上的客户数据，因为这部分数据是开展类银行业务、进行征信的最好数据范本。

此外，P2P 公司作为互联网金融的重要类型，本质上也需要利用平台或者其他渠道的互联网数据进行数据征信分析。P2P 在不相识的人之间开展借贷业务，投资者就需要借助对借款人的数据分析来完成信用评估。目前国内的 P2P 公司还没有达到完全的网上数据征信，一方面是数据库不完善，各个平台之间数据库相对封闭，另一方面是中国的社会信用体制还不完善，存在很大程度上的道德风险。

因此，P2P 在国内的发展呈现出千差万别的混乱现象，既有线上无担保模式，也有线下担保模式，既有纯中介的模式，也有债权债务转让的模式，既有做个人与个人的模式，也有做项目对接的模式，其中最大的问题是缺乏一个完善的、可靠的数据源进行数据征信分析。这也使得目前国内大多数 P2P 不得不走回银行信贷审核的老路：开展线下的资产抵押，债务等信贷材料的审核，以确定借款人的信用情况和还款能力。而互联网金融的最大竞争力在于数据分析和征信，国内 P2P 行业在这一方面亟待加强。

除了电商金融和 P2P，数据征信还是互联网金融的一种单独类别。国外就存在专门为互联网公司提供数据征信服务的公司，它们通过搜集数据源，或自我挖掘，或从其他平台购买，利用自身数据分析工具，开展数据分析，形成分析结果，并卖给需要这些征信数据的公司。数据征信在信用数据积累相对比较完善的国家发展较快，在国内，由于数据库建设和各个平台之间的数据封闭，开展此项业务相对比较困难。央行目前就在逐渐放开对个人的数据征信查询。2013 年 10 月 28 日，央行宣布，9 省市公民可以查询自己的个人征信，这也是破例推动社会整体征信的表现。

2.6.2　内部征信精细化：　运营与风险控制

就征信而论征信，P2P 可谓是先天不足，包括数据库的不完善，不能接入央行等正规的信用生态，也在线下的审核方面存在较大问题。在这种情况下，P2P 该如何来维护好自身平台的风险控制建设呢？发展的思路有两个，内部和外部。

就内部而言，P2P必须要解决发展的速度和质量问题，在自身平台的运营和风险控制模式未成熟之前，不建议开展大规模的市场推广。因为就目前中国社会的理财、投资市场而言，对市场的开发力度的紧迫性还不足以与P2P平台建设的紧迫性相比。道理很简单，社会上不缺乏高收益的理财资金来源，缺少的是稳定的、可靠的、安全的P2P投资平台，这个行业很大程度上就是一个信誉行业，由征信能力不足所带来的信誉和信用危机是P2P行业最大的危机之一。

所以，P2P可以在众多的细分市场中选择与本平台风险控制体系和能力最匹配的作为突破口，这也是小微市场融资的特点：模式不一样，风险控制手段、标准都不一样。在征信的手段上，可以在短期内选择相对比较完善的线下方式，并和线上的方式相配合。也就是说，P2P平台除了尽可能完善数据库之外，更需要衡量和评价自身的细分行业定位，用最优势的长板部分来带动其他短板部分的发展，在方式上也要灵活配置，最终的目的都是防止出现大额的信用违约。

2.6.3 外部征信开源：引入其他机构

就外部而言，P2P是否有可能引入外部的征信机构，或者是相关的业务保险机构呢？在自身平台缺乏完善可靠的信用征信机制的情况下，通过引入第三方参与方来进行征信链条的完善，在某种程度上确实可以提高平台的征信能力以减少发生违约情况时的损失。

在这方面，可以把 P2P 的征信服务看成是一个较为完善的产业链条，由于国内目前缺乏专业的提供第三方征信服务的公司，对于数据处理的完善也就需要 P2P 平台主动去和现有的其他有数据和征信能力的机构建立一定的合作关系。只不过在国外，这种建立征信合作关系的工作外包给了外部的征信公司，而国内尚缺乏这种服务的资源和途径，需要通过自主的资源引进来实现。

2.6.4　来看看银行的保证保险业务

银行在最开始涉足、开拓小微融资领域市场的时候，同样面临风险控制标准不一和不良率较高的问题，在自身征信能力尚不足的情况下，银行业通过引入保险公司的模式来降低违约造成的损失。

保证保险是指在约定的保险事故发生时，被保险人需在约定的条件和程序成熟时方能获得赔偿的一种保险方式，其主体包括投保人、被保险人和保险人。投保人和被保险人就是贷款合同的借款方和贷款方，保险人是依据保险法取得经营保证保险业务的商业保险公司，保证保险常见的有诚实保证保险和消费贷款保证保险。

小微企业面临的问题很多，财务报表不完善、抵押担保物不足等问题直接制约了这类企业的发展。这也是小微企业的自身行业特性所决定的，银行通过引入保险公司的模式来共同承担风险，降低违约造成的损失。商业银行的保证保险业务以保险公司的信誉和银行的实力为基础，使得个人消费者、中小企业主及个体经营者能获得申请门槛低、到款速度快的贷款，极大地满足了客户的需求。

2.6.5　P2P行业引入保证保险的可能性

单单从融资流程来看，由于 P2P 的主体融资属性和银行相差无几，同样是为了解决中小企业和个人的融资问题。就目前的不良率而言，部分 P2P 的平台相对可控，剔除一些不自律的平台，大多数平台在风险控制模型的建立上基本能遵行一般的信贷标准。也就是说，在国内信用数据不完善的情况下，完全用线上的数据征信来实现业务开发是不现实的。既然大多数平台还是采用线下方式为主或者线上、线下相结合的方式，那么用保证保险业务来介入融资环节也就具有了现实操作上的可能性。

在这个外部机构的引入上，目前需要考虑的就是保险机构的业务准入门槛，也就是保险公司自身参与 P2P 业务征信的意愿，主要是收益和风险的衡量。对于 P2P 公司而言，全部业务都进行 P2P 的保证保险也大可不必，因为 P2P 平台的各个细分行业的风险控制标准不一，在精细化管理的条件下，需要引入外部保证保险的基本上是平台自身难以确定风险程度的细分业务，比如有可能出现大额违约的部分大宗业务。在这一点上，P2P 还需要和外部机构进行一个细致的合作谈判过程。

| 2.7 | 数据征信，互联网金融的拿手好戏

　　说到互联网金融，一般的理解是金融结合了互联网的运作方式，或者是互联网企业在平台上衍生出的金融属性，在这种理解中，互联网金融充当的是传统金融的渠道作用。但互联网金融能够在短时间内满足众多投资者的需求，所依靠的也不仅仅是这个看似简单的"渠道"作用，背后隐藏的是大数据时代下的互联网特征：数据的积累和挖掘分析，简称数据征信。银行要发放贷款，需要对借款人进行信用审核，而互联网金融的逻辑则是借助数据进行征信评估。

　　传统金融业的放贷流程则需要对实体资产、债务、流动性情况做严密分析从而做出评估，对数据的依赖程度相对不高。与传统金融业相比，互联网公司，特别是电商平台，其掌握的核心优势在于支付渠道和海量的数据积累，活性高，变化频繁，能够对借款人的资本信用做即时、快捷的评估，并进入贷款操作流程。所以说，互联网金融的拿手好戏在于基于互联网数据的征信。

2.7.1　互联网金融的数据征信表现

在互联网金融的业务类型和操作模式中，运用数据征信相对比较深入主要有以下几种表现，分别是以第三方支付和电商架构为基础的电商金融（如阿里、京东金融等）；以 P2P 公司为平台模式的线上数据征信以及线上线下数据配合的征信模式；以及以互联网金融产业链条的某一环节而存在的数据征信行业（在国内发展相对比较滞后）。

在互联网金融的具体业务模式中，第三方支付的电商金融，其本质优势在于积累了海量电商用户的交易数据和频率，并能通过大数据模块的数据指标分析确保平台的信贷不良率控制在 1%以下，大幅领先于银行的小微贷业务。如阿里金融，通过数据化的平台开展征信操作，将商户的信贷风险控制在较低的程度，从而能够实现日均 100 万左右的利息收入。其他电商平台也用类似的电商数据征信来为平台的商户提供快捷的订单和应收账款融资，以满足平台商户的投融资活动。

另外，P2P 公司作为互联网金融的重要类型，本质上也需要利用平台或者其他渠道的互联网数据进行数据征信分析。相对而言，国内的 P2P 行业的数据征信水平并没有大电商平台那么全面和专业，即便是一些纯线上的数据征信 P2P 平台，其征信水平也还没有达到完全意义上的纯线上化和纯数据化。P2P 行业数据征信正在起步阶段，一方面是各个平台掌握的数据库并不完善，各个平台之间数据库相对封闭；另一方面是中国的社会信用体制还不完善，存在可能性很大的道德冒险，也就是说，即便是平台的数据，也有失真的可能性。也正因为国内P2P行业数据的破碎、不完整甚至是失真，导致了目前模式和发展方向上的"千奇百怪"。既有线上无担保的，也有线下担保的，既有纯中介的，也有债权债务转让的，既有做个人与个人的，也有做项目的。从发展趋势上看，P2P行业的数据征信能力还有待提高，目前处于一个征信能力的过渡阶段。

除了电商金融和P2P，数据征信还可以作为互联网金融的一种细分产业链，成为一种单独的互联网金融类别，国外就存在专门为互联网公司提供数据征信服务的公司。其原理在于搜集数据源，或自我挖掘，或从其他平台购买，利用自身数据分析工具，开展数据分析，形成分析结果，并卖给需要这些征信数据公司。相对而言，数据征信能够成为一种独立的互联网金融产业类别，意味着一个国家的社会信用水平较高或是数据分布比较集中，各个平台之间的数据能够做交叉验证和分析。国外的数据征信公司就是以整合社会、商务、经济、民生等各领域的数据为前提的，而提供金融服务的金融机构可以从专业的数据征信公司获取或者查询相关数据材料，以将征信环节融入金融活动之中。

2.7.2　互联网VS银行，哪种征信更长远？

一般来说，银行和互联网的征信体制存在较多的差异点。当初阿里巴巴和建行合作开发信贷产品的时候，也正是因为银行信用审核机制和阿里自有数据审核之间的差异，导致业务上的隔阂和冲突，才不得不放弃与银行合作，开发自己的阿里小贷产品。从特点上看，银行的征信注重实物资产和债务水平，而互联网的征信注重消费数据、频率和地位，一个是线下的，另一个是线上的。当然，两种方式都能完成征信目标，针对自有体系内的客户做好信贷服务，两种征信体制也不是没有结合的可能，只是需要一个对接窗口。

从银行的数据结构来看，在电商平台以及其他互联网金融没有成熟之前，大多数交易数据还是通过银行渠道进行的，但是银行内部的 IT 后台系统并没有对这部分数据进行配比、分析和挖掘，在开展外部业务时往往是用相对简单的信贷审核方法：资产、债务、现金流水等，大多数数据都躺在银行里面"睡觉"。以电商平台为主的数据平台崛起之后，银行的资金流和数据流开始被分流了，大部分商品的交易信息流开始转移到电商平台上，银行慢慢被"后台化"，成为简单的资金提供者和汇兑方，失去了对部分数据的掌握。所以，银行在开展小微信贷和消费信贷等需要频繁数据作支撑的信贷时，就没有电商那么得心应手。但无可否认，在一些大额核心客户的服务上，银行还是掌握绝对的优势，传统的信用合规方法也管用。

简单说，就是银行有一定开展数据征信的条件，但是自己没有充分利用。久而久之，也就失去了这种能力。2013 年 8 月，民生银行关联股东之所以开设民生电商平台，将民生银行业务和电商平台结合起来，它的逻辑也许正在于此：用电商的方式使得银行获得数据的前端，使银行获得这种数据征信的能力，并和传统的以看重资产和负债、抵押物等为主的征信方法结合起来，共同推动银行业务的发展。从这个角度来说，基于互联网数据思维的大数据征信有更持久的生命力，也更能符合企业实时了解经营状况的要求。互联网金融的数据征信是未来，也是银行在努力学习的方向，站在的未来发展前景的角度看，互联网的数据征信无疑更长远。

2.7.3 未来前景： 数据征信融入金融

目前，国内的互联网征信环境在逐步完善中，P2P 行业，小贷行业、电商平台都有部分接入银行或者央行征信数据的需求。因为，并不是所有的平台都有阿里金融这样的海量用户数据，很多互联网平台还缺乏一定的数据积累。但是，始终明确的一点是，互联网金融的"拿手好戏"在于数据分析和征信，渠道是外在的表现，内在的核心是数据和信用。未来，不论是传统金融或者互联网金融，都会借鉴吸收这种基于互联网数据的征信模式。

目前金融业发展的趋势之一是业务的网络化和电子化，特别是传统金融机构，这几年开展电子化的趋势十分明显。从网上银行、手机银行到微信银行、网上商城，从券商机构改革到网上开户的过程，从基金的传统线下销售，到余额宝、百发等线上互联网平台的销售，不论是产品还是结构，金融机构都开始了互联网化的过程，以实现业务转型，为用户提供更好的服务。而随着网络化的加快，网络平台成熟过程中所积累的数据和信用就成为其业务发展的下一个重要领域：数据征信。

大胆预测一句：未来数据征信不仅仅是互联网金融的拿手好戏，传统金融机构也可以成为数据分析的高手！

| 2.8 | 千呼万唤始出来，电商平台即将吹响 P2P 的号角

笔者一直认为，中国的 P2P 行业始终缺乏一个最重要的入局者，那就是现在电商金融化的主角：各大电商，其中以阿里、京东、腾讯等为主。

电商通过频繁的商品实时交易和数据流的积累，无形中形成了一个基于互联网的大数据仓库，可以开展纯线上的互联网数据征信，而这种征信正是眼下大多数 P2P 平台所缺乏的。

从目前互联网金融的发展趋势看，电商平台化金融基本上承担了冲锋队的角色，而且也尝试了除 P2P 以外的几乎各种互联网金融业态。随着 P2P 行业整顿进入监管时代，行业内秩序的稳定，大电商平台进入 P2P 行业将成为一种选择。

2.8.1　中国的P2P行业异化明显

从中国的 P2P 行业构成来看，大多数中小平台是基于线下的，通过资金池和具体标的之间的期限错配来实现资金的融通，这就蕴藏着很大的风险：经济周期风险、系统风险以及由之产生

的挤兑风险。可以说，中国的 P2P 大多是借了 P2P 的名义而开展了非 P2P，或者是变异的线上、线下融资业务。

除了少数的平台能够坚守 P2P 线上、数据征信和账户第三方托管的原则，大多数的网贷平台都游离于监管的漏洞之间，爆发风险的可能性很大。在这一方面，消息中传言的阿里、腾讯所观察的拍拍贷、人人贷在风险控制建设和账户管理方面相对比较完善，也因此成为两家互联网巨头的重点关注对象。

类似于拍拍贷的纯线上，以线上项目和资金来源为主的 P2P 公司虽然起步慢，纯线上的模式也难以在短期内把资金球滚大，但长期来看，是有利于风险控制的。因为具体投标的项目、期限和资金是一一对应的，暂时不存在因流动性而产生的挤兑风险，只是一个资产不良率的风险，前提是做好平台的风险控制和不良率水平的控制。

2.8.2　P2P为什么需要电商平台？

相对于电商平台的数据库来说，P2P 的数据征信还是不太完善和不够充实的。其实，部分 P2P 公司已经开始借鉴电商的数据征信模式，给电商商户放贷的同时也要求对方提供在电商上的账户流水和订单数据，并进行核实。大部分 P2P 还没有意识到电商征信的重要性，在处理平台业务时仍然采用类似银行的线下审核方法，调查房产、土地、抵押和债权债务，既提高了成本，也违背了 P2P 的初衷：用互联网的数据征信降低交易成本，增加信息的透明度，并加强信用约束力。

在 2014 年上半年的风雨飘摇期，P2P 行业也一直呼吁希望接入央行的征信系统，为本行业的数据征信提供支持，却没有意识到民间还有若干数据庞大的电商数据没有加以采集和利用。而且，和银行的数据相比，电商的数据具有更高的活性、频率和参考价值，对商户和消费者的征信制约能力也更强。银行的数据大多是沉睡着的，如果没有一定的激活机制对其加以排列重组，并接入社会商品，是很难获取高价值的征信借鉴的，而电商平台就正好在这一方面具有无与伦比的优势。

2.8.3 电商平台为何现在才走向台前？

两个理由，一是避嫌，二是在自建和收购之间难以抉择。

阿里为什么在金融创新上一开始就没有选择 P2P，而是通过资产证券化实现了资金杠杆的突破和阿里小贷贷款规模的扩大。主要原因是 P2P 行业当时政策风险不明（阿里作为领军人物，面临的舆论和监管压力一直很大，需要采用有所为，有所不为的方式来避嫌），有较大的冒险性，且对阿里金融的实际业务帮助有限。相反，阿里小贷的政策阻力小，从习惯上而言更有利于操作。

此后，随着 P2P 行业部分平台倒闭和央行、银监会牵头的中央监管部门的几轮密集的市场调研，P2P 行业才得以正式成为监管层的积极调整对象。

作为电商平台的代表，阿里金融的考虑也代表了整个电商行业的心路历程：前期出于避嫌或者了解不深的原因，没有开发 P2P 业务。而一旦 P2P 行业进入调整和秩序化的阶段，随着不良率的降低和平台风险控制能力的加强，电商平台必将进入 P2P 行业并成为互联网金融内部联姻的最佳典范。阿里金融集团 CEO 彭蕾在面对媒体就曾表示，"阿里金融没有禁区，小微客户需要什么，就做什么"，阿里小微金融研究院院长陈达伟也曾表示，P2P 行业目前的坏账率有点高，等降低下来之后阿里会考虑去做。

接下来就是怎么介入的问题了，是自建 P2P 平台还是直接收购？或者控制一家平台完善的 P2P，类似于浙江阿里控股天宏基金的模式？笔者认为，在这一点上，电商现在仍在犹豫，从短期看，入股带来的实际效果更好，而自建则会对自身较为完善的平台金融业务造成一定冲击，且不一定比现有的 P2P 行业优秀公司做得好。

2.8.4 电商金融将成为全金融模式？

从目前金融改革的趋势来看，传统金融业混业监管的趋势在加强，2013 年 8 月，央行就牵头银监会、证监会、保监会成立了协调议事机构，以保证跨部门之间的监管合作。那么互联网金融领域能否出现跨越各种互联网金融模式的大平台呢？如果以阿里金融为代表的电商能够顺利进入 P2P 领域，是不是标志着电商开始成为全金融模式的互联网平台？

从目前的业务现状分析，电商金融已经横跨了银行业务的

"存、贷、汇"，也就是在线理财，小贷业务和第三方支付业务。除了这些，互联网金融的代表模式还有P2P、数据征信、众筹、金融服务平台等。其中，数据征信，目前已经融入阿里电商的信贷业务中，而且电商未来还可以买卖数据，做数据交换。金融服务平台，目前阿里金融的淘宝理财已经开始尝试，其他平台的在线理财业务都在完善中。如果P2P业务能够被整合进电商大数据，那么未来的电商平台将成为一个全面的互联网金融生态圈，里面可以同时存在多种互联网金融业态！

所以，从这个角度上来说，电商金融的创新是没有"禁区"的。由于电商在金融圈中的独特地位，法律和政策监管往往难以通过明确的细则来限制，而这也正是大电商频繁进行金融创新的前提：只要不突破政策底线，在适当的空间内是可以允许自主创新的。

| 2.9 | P2P 分化趋势开始显露

对于目前的 P2P 行业，可以用模式各异、参与者众多以及监管难以入手这几个特点来概括。在网贷行业的失序和混沌中，对于一些平台而言是力争在这个监管较少的时代尽量做大平台规模，用成交量带动平台人气，近而培养自己的忠实客户。而对于另一些有政府和国有企业背景的 P2P 而言，短期内更重要的是建立自己的风险控制和业务模式，由于提供了隐形或者显性的体制内担保，因此相对而言对投资者的吸引力更大。

从 P2P 这个行业的起源而言，主要是满足了资金供给和资金需求在场外的对接，而这种对接在没有官方介入的情况下，已经通过比较市场化的手段实现了社会融资供需之间的更好匹配。或者说，在利率管制的时代，监管的要求只能停留在几个监管机构对口的下属行业之内，而对于监管体系之外的市场化的资金市场而言，既缺乏监管名义，也缺乏管理经验。

和国外的金融衍生品市场不同，美国的金融体系，除了银行业以外，主要是通过依附于银行的诸多证券化产品和回购，通过对一个融资流程的延伸和不断的资产与收益权的抵押与回购来实现社会资金的参与。然而，在中国，资产证券化并没有成为一个很好的金融衍生方式，一是由于监管层对风险控制的考量，二是由于利率管制和金融业务上的分业监管。在这种情况下，社会资金参与金融的方式除了管制的银行以外，只能借道信托、理财、小贷、担保、委托贷款等场外的，具有影子银行的通道特色。P2P 也就是在这种背景下，成为一种新型的资金供需之间的对接方式。

2.9.1　P2P参与主体、模式有哪些?

首先来看看中国 P2P 的构成结构，就参与主体而言，可以分为以下几种，这里为简写，详细分类见 2.3.1。

第一种是无任何官方背景，线上，第三方的网上贷款交易平台，大多数提供保本赔偿的承诺，但在规模、实力、资金量、信用审核方式千差万别。

第二种是有一定政府或者国企背景，并依托于政府或者集团的金融资源背景而进行的 P2P 业务操作，具备一定的市场公信力。

第三种是以招行为代表的传统银行，并依托于银行的信贷资产和风险控制能力进行有选择性的业务推广，其目的在于提高银行信贷资产的证券化能力，并加强整体的投融资服务水平。

另外，从平台操作的业务模式而言，还存在债权担保模式、项目批发模式、线上业务模式、线下担保模式、线上线下结合模式及银行 P2P 模式等。

2.9.2 P2P为何开始分化？

相对而言，各种模式、各种参与主体之间所组成的具体 P2P 平台，在中国目前的社会信用机制中的融资效果和风险控制安全机制是有所不同的。受制于中国数据信用经验不足，社会信用有效违约追溯力不足以及各个信用体系之间的孤岛隔离状况，想在中国的本土上进行完全线上的、点对点的个人 P2P 业务，实际上具有较大的市场风险。也就是说，纯粹依靠数据处理分析来实现风险控制能力的 P2P 平台，除非能够获得极其广阔的数据源和个人征信资料，并拥有非常强大的征信分析工具，不然很难开展没有任何担保的线上 P2P 业务。

在这种比较尴尬的情况之下，大多数 P2P 平台实际上是在线上的 P2P 本质概念和线下的传统信用征信之间做了一个比较好的平衡。例如，资金来源于线上，而项目则来源于线下，原因就在于很多 P2P 平台是由线下的小贷款、担保、融资公司设立的，本身具有比较充实的线下风险控制经验。因此在平台设立初期，通过这种 O2O 的方式来进行 P2P 业务的发展是具有较好的可行性的。

所以，目前的情况是，P2P 行业在发展趋势上出现了模式上的分化。第一类是主要做线上业务的，其单笔金额较小，有利于风险控制的把握和小额的追偿，违约成本也较低。这类平台以学习国外的本质 P2P 业务为目的，希望通过社交、电商、搜索的流量导入，通过大量的长尾效应来实现 P2P 的逆袭；第二类是上述的 O2O 业务，也就是通过线上资金和线下项目之间的匹配来实现资金供需的平衡，其目的在于利用自身线下风险控制能力和资源的优势来进行更多的线上资金导入，做大规模；第三类是纯粹做线下的，资金来源主要是线下，项目来源也主要是线下，而线上的平台只不过是做一个 P2P 的外在表现，并没有起到很好的线上中介作用，这种方式等于是用 P2P 的壳来实现线下的资金供需。

2.9.3　P2P的两极化

由于各个平台所掌握的信贷融资需求的项目不同，各自所熟悉的细分行业不同，平台运营者的经营能力不同，以及提供隐性的担保程度的不同，各个平台在模式运营上出现分化的同时，也呈现出 P2P 市场竞争上的两极化。

当然，目前的两极化还相对不是特别明显，还达不到"马太效应"的效果，最明显的表现是一些有国有企业和大金融集团做背后资源支撑的 P2P 平台，在获得较大的市场关注和投资者认可之后，由于具备了更好的担保能力和风险控制能力，成为目前 P2P 市场中的主要参与者。

公开数据显示，截至 2013 年年底，国内 P2P 机构已经达到 500 ~ 600 家，而这一行业为个人提供的贷款总量，到 2014 年一季度末已接近 1,200 亿元，一季度贷款量同比增幅高达 59%，发展可谓神速。另一现象则是，由于市场监管空缺和无序竞争以及出现的恶意诈骗、圈钱等现象，这个行业去年已经有多达 100 家机构或破产倒闭，或卷款逃跑，一时间，P2P 市场风声鹤唳，人人自危。但是，对于陆金所等具有大金融集团背景的平台而言，却能逆势上扬，上演中国 P2P 行业中的逆势神话。目前，平安陆金所市场交易规模已排名全球第三，在国内市场份额已占到近 50%。甚至有内部人士透露，平安有意将其名列全球第三的 P2P 网上借贷业务陆金所分拆上市，美国一家 P2P 研究机构甚至都已经为其计算好融资规模和估值模式。

所以，笔者认为，在目前金融改革的推进过程中，一旦出现了经济波动和行业周期性风险，P2P 的行业承受能力将出现较大的差异性，这也正是 P2P 两极化的一种外在表现。纯粹民间、第三方的 P2P 公司相对而言在市场占有和资产安全性上弱于国有力量担保的平台。在日后的发展趋势上，有国有企业和资源背景作为支撑的 P2P，在发展的速度和规模上，将占有更大的优势，而一般的 P2P 平台，则会在自己的细分市场中建立行业优势，在规模和速度之间保持一个相对的平衡。也就是说，一个是往大而全的路线走，用传统金融资源做大 P2P 规模，建立全行业的经验，另一个是在自己的优势领域做好小而美的突破，两者各得其所。

| 2.10 | 电商金融将打通任督二脉

2014 年 3 月，银监会主席尚福林透露，经过反复论证和筛选，并报国务院同意，目前已确定 5 个民营银行试点方案。试点采取共同发起人制度，每个试点银行至少有 2 个发起人，同时遵守单一股东股比规定，分别由参与设计试点方案的阿里巴巴、万向、腾讯、百业源、均瑶、复星、商汇、华北、正泰、华峰等民营资本参与试点工作。

而以阿里、腾讯为代表的大电商平台获得主要发起人的资格，说明电商金融化已经从分裂的、首尾不能相顾的、简单的"存、贷、汇"进入了综合的电商金融模式，这种模式的特点在于，建立在便捷和安全支付基础上的电商平台可以把存款这个负债端和贷款这个资产端匹配起来，进行结构更完整的金融服务。而在电商获准进入民营银行之前，大电商平台即便有条块上的金融业务，也大多仅涉及传统银行业务的几个点，还不能称为是传统的银行业务条线。

那么，此次阿里、腾讯获得高层认可的民营银行发起人资格，意味着什么呢？和一般的线下企业获得发起人资格相比又有什么优势呢？笔者认为，作为互联网金融的主要存在形式之一，电商金融获准进入传统银行的信贷业务，标志着互联网金融和大数据的操作流程和金融服务功能将成为整体国家金融服务的一部分。而互联网金融也将超越电商小贷，进入更高层次的银行信贷层面，获得更大的市场机遇。

2.10.1　电商金融传统模式

电商金融，作为互联网金融的主要模式，最开始是依托于第三方支付和电商平台进行流量和客户的积累，同时通过平台频繁的交易次数和记录积累了丰富的数据库资源，可以依据大数据的思维和标准对数据库内的客户身份进行信用征信和评估，并以此为依据开展电商小贷业务，为平台提供更多的金融属性。

为了维持平台日常资金沉淀，为用户提供资金收益，电商平台又首创电商联姻货币基金的方式，如阿里的余额宝，提供存取方便的理财增值服务，并大幅高于银行的活期存款利息。以余额宝为代表的在线理财产品成为2013年电商金融的主要代表，并开启了全民理财意识的觉醒，为其他互联网金融产品的跟进提供了更好的市场环境和客户认知度。可以看到，在线理财、电商小贷、第三方支付、P2P、众筹、金融服务平台等多种形式的互联网金融细分领域开始慢慢进入大众视野，并在金融改革和利率市场化的大背景中慢慢寻找到了自身的定位。

传统的电商金融，类似于结构最完善的阿里金融，一个是存款端，就是在线理财，但是不能自主放贷，目前只能投资于稳定收益的货币市场基金，绕了一个圈子还是给了银行，只不过抬高了银行的资金成本；一个是贷款端，类似阿里小贷，但是小贷公司的牌照并不是严谨意义上的金融牌照，放贷的规模杠杆为 1.5 倍，且不能吸收公众存款，只能操作自由资金；还有一个就是支付端，目前算是电商金融最成功的一种实践，通过绑定银行卡和快捷支付，使第三方支付的资金流量和消费频率大幅上升，并成为主要的网上支付、移动支付方式，银行卡开始虚拟化，银行在资金、消费信息的博弈中处于劣势。

所以，简单说，传统的电商金融就是不完整的存款功能 + 不完整的贷款功能 + 支付服务。除了不完整，由于存款和贷款之间不能交汇，贷款的资金规模受限，而存款的投向渠道也有限（出于安全和收益的比价考虑），所以无法建立一个更加完善、自由的内部体系，整个电商金融不能融会贯通。这样的结果就是：管存款的管存款，也就是在线理财；管贷款的管贷款，也就是电商小贷；管支付的管支付，也就是类似快捷支付、支付钱包等。

2.10.2　电商金融新模式：融入银行牌照

对于传统的电商金融来说，获得一张有信贷准入资格和储蓄资格的银行牌照，是内部运营体系、建立通畅的打造效率更高的金融业务服务能力的关键，即便是有限的银行牌照。而此次阿里、腾讯获得民营银行发起人资格，无疑将为 2014 年的互联网金融注入更多的新鲜血液和创新空间。

有了银行牌照，电商金融的存、贷、汇将能直接连成一条线，在一个流程中运作，提高效率的同时，扩大操作空间和收益空间。更有意义的是，基于大电商的金融模式和传统银行业务相结合，将会衍生出一个全新的银行类别——网络银行，这也和电商自身的业务诉求相一致。

电商金融的主要诉求点在于获得一张基于网络电商平台的银行牌照，以便开展小贷业务时解决资产规模难以放大的问题，而以往只能通过资产证券化的手段来实现（目前也只有阿里有这个资质和市场认可）。所以，对于电商金融来说，获得一张银行牌照，所以，对于电商金融来说，任何银行牌照，即便是简单的电商信贷的牌照，都将是电商金融的灵丹妙药。

从高层透露的消息看，以电商为主的民营银行主办方获得的银行牌照要么是"小存小贷"，要么是"大存小贷"，可见监管层的意图和电商金融平台的意图有不谋而合之处。在利率市场化背景下，存款保险制度即将出台，银行也将成为一个以风险运营能力为核心能力的行业，利差缩减，成本抬升，盈利空间将大幅缩减，部分区域性银行还存在破产重组的可能性。对于电商金融来说，获得有限的银行牌照首先要结合自身平台优势，目前商户类型的小贷客户是其可以获得业务推广和规模扩大的直接途径。因此，即便获得了银行的牌照，从监管意图和大电商自身的欲求来看，重点发展电商小贷业务也将是一种很好的策略。

📕 2.10.3 互联网金融再上高峰

对于互联网金融来说，2013 年主要是通过横向的覆盖面进行扩张，包括市场的初步开拓，各种类型的延伸，以及框架的初步完善，以余额宝为代表的在线理财，以 P2P 为主的网络信贷，以及阿里小贷为代表的电商小贷，都基本跨越了从初创到行业蓬勃发展的阶段。

进入 2014 年，随着模式运作的成熟，互联网金融将更多从纵向的深度上进行扩展，比如各种互联网金融的应用场景，又比如此次监管对大电商平台给予的有限的网络银行牌照，都是互联网金融在深度"发酵"的表现。特别是阿里、腾讯获得的民营银行牌照，将直接推进其内部的金融业务整合、创新。

对于获得传统银行牌照的互联网金融，即便是有限的银行牌照，如"小存小贷"，也将扩大电商平台的资金来源，并提供更多的信贷投向选择。那么，这将呈现出怎样的一番景象呢？

以阿里为例，余额宝里的钱除了可以投资货币市场基金，还可以根据储户投资回报的需要，进行差异化的收益匹配，并把资金投向阿里生态圈内部的小贷客户，这样，不仅解决了余额宝短期收益下降的局面（货币市场基金受市场资金松紧情况的影响），还可以匹配小贷客户的贷款收益提供比货币市场基金更高的收益水平，同时进行良好的流动性管理，满足资金提现的需要。如此，不仅余额宝的客户资金可以稳定，还可以应对日后可能出现的银行减少对余额宝的拆借而造成收益下降的局面。

更重要的是，通过匹配余额宝的资金，阿里的小贷项目可以获得非常丰富的资金来源，并不需要通过手续烦琐、评级严格的资产证券化来实现小贷资产的转让，进而扩大资产规模。由于银行的牌照使得小贷摆脱了 1.5 倍的放贷杠杆，因而足以解决目前电商小贷的主要问题，扩大规模，提高收益。

2.10.4 电商金融获牌，P2P可否？

对于互联网金融的另一个主要群体 P2P 来说，获得金融牌照是否有必要呢，或者说是否需要进行银行信贷式的合法化呢？从 P2P 的本质来看，它是提供借贷者和资金提供者之间的交易平台，并通过数据征信或者线下审核、担保的方式来实现对投资者的保本、保息的承诺，只要平台的收益率能够覆盖不良率，并控制好流动性风险，P2P 就可以在中国特有的信用社会环境中生存下来。

对于 P2P 平台来说，其主要业务是需求的匹配和平台的中介服务，如果介入类银行的"先存款，再匹配项目"的模式，也就是建立资金池的话，也就触碰了 P2P 互联网金融的底线：不能建资金池，不能非法集资。目前虽然对 P2P 还没有明确的监管细则，但金融创新的底线不能突破，否则就不是创新，而是涉嫌违法了。追寻 P2P 行业的本质，以及目前国内银行业竞争的现状，获得升格进入银行业的可能性不大，而更多是被管理层视为小微金融的补充。

　　P2P 金融服务主要的监管标准应该是是否期限错配，是否建资金池，是否涉及频繁的债券转让，账户是否由第三方托管。也就说，P2P 更多的是，需要从流程和风险控制上进行管理，短期内并不需要获得金融牌照，因为这种 P2P 的模式并没有传统金融的实体可以参照，即便是银行的委托贷款业务，也只是银行业务的延伸，并不是主要业务。所以，P2P 行业需要的是针对本行业的原则性监管规定，在接受监管的同时获得高层认可，并在可能的情况下接入征信数据库。

| 2.11 | 资产证券化绕道 SPV，阿里小贷可否?

2013 年春节前后，中国平安旗下的网络投融资平台"陆金所"正式上线理财频道，推出"财富汇"和"彩虹"两大项目。"彩虹"项目与陆金所去年停发的"金盈通"极为类似，均为将平安子公司之间的债权转让给投资人，资金投入不动产等领域，这使陆金所得以跳出 P2P 的范畴，跨入资产管理核心领域。

这是站在传统金融角度的解读，从互联网金融角度来解读的话，理财频道的推出等于是进一步降低了平台投资的门槛，和集合信托计划募资一般要求的"最低 100 万起、最多 200 人"相比，彩虹系列产品的投资门槛可低至 2.5 万元，年化收益率高达7% 以上。而且通过平安陆金所的网上认购平台进行资金端的募集，等于是把原先需要通过 SPV 进行资产隔离，并需要有一定资质的机构投资者进行认购的操作下沉到了自然人投资者都可以购买的程度。当然，这背后是债权人和平安旗下担保公司的履约担保。

传统金融和互联网金融的创新，很大程度上并不是谁先于谁的逻辑，而是相互启发、相互借鉴的逻辑，这就产生了所谓的互联网金融和金融互联网的辩证关系。互联网金融在本质上，也是先有金融需求、金融的操作可能性，而后才有基于互联网的渠道和产品建设。所以，由此及彼，我们可以推想，平安陆金所的这种绕开 SPV 进行类似于资产证券化操作的模式是否可以引用到互联网金融。

2.11.1　电商小贷与证券化

目前，几大主要的电商平台都已经基本设立了小贷公司，如阿里小贷、京东小贷、苏宁小贷，腾讯、百度等互联网公司也已涉及。电商小额贷款的第一个阶段是为了满足线上商户在自有平台商圈里面的短时融资需求，包括对订单融资、信用融资以及部分有限抵押产品的业务开发。对于电商来说，一来可以提高平台的金融属性，并利用商户的数据开展征信服务，降低征信服务的成本，二来也可以开辟电商渠道以外的盈利途径。

此外，基于电商的小贷公司同样需要接受一般小贷公司的监管要求，所以说，电商小贷的业务前段是线上的特色比较鲜明，而业务后端则是线下的特色比较明显，比如贷款的回收、催缴、不良率的控制以及满足小贷公司的规模和监管限制。从规模上说，电商小贷仅仅局限在有限的电商生态圈内部，缺乏外溢的通道，受制于 1.5 倍的杠杆，规模往往不大，如果只是流转一次，阿里小贷的规模才 24 亿，远远满足不了频繁的线上融资需求。

　　这就需要引入证券化的概念，所谓的证券化，就是把债权提前转让，通过类似SPV的资产处理平台把转让的债权隔离出来，并采用优先级、次级或者代持的方式来进行某种意义上的担保，同时还需要律所、会计师事务所以及评级机构的参与。目前电商小贷能够成功操作证券化的只有阿里小贷一家，所以阿里的小贷规模才能迅速滚起来，乐观估计已经快达到千亿规模。在目前的金融改革趋势下，资产证券化是个趋势，但短期内能够顺利发行证券化产品的少之又少，即便是传统企业、金融机构也一样，所以这也基本上堵死了其他电商进行证券化的道路。可想而知，阿里的小贷能够进行证券化是近乎特权的特批了，毕竟在很多券商都没有资质进行证券化操作的情况下，互联网金融产品进行证券化的空间很小。

2.11.2　平安陆金所模式可否普及？

　　对于金融创新，互联网金融还是具有一定的优势的，特别是在当前互联网金融监管还没有完全成形的情况下，只要不触及几个根本的底线，互联网金融完全可以借用传统金融的某些业务模式进行创造式变革。其意义正如余额宝改变了资金的渠道，提高了银行的使用成本，但把收益返还给客户。

　　平安陆金所虽然依托于平安集团这个大的传统金融综合企业，但陆金所的P2P模式具备互联网金融的特征，也是几个典型的案例之一。为什么传统的资产证券化没能绕开SPV，而平安陆金所就可以呢，是不是意味着以后在比较宽松的互联网金融创新环境下，这种模式可以复制到其他平台呢？笔者的理解是，平安集团一来拥有丰富的金融资源，二来有一定的创新勇气，因此，这次绕开进行证券化更多的是一种个案，能不能继续推行下去很难说，毕竟在中国现有的金融流程里面，资产证券化还不是一个成熟的体系。在目前的金融信用生态环境下，还不足以成熟到绕开 SPV 进行操作的阶段。所以，正如阿里能够进行小贷资产证券化一样，平安陆金所的这种避开 SPV 的方式短时期还普及不了。

2.11.3 对电商小贷意味着什么？

既然短时间看不到绕开 SPV 的希望，那么对于电商平台来说，是否就没有意义了呢。至少是在资金的流向上，这种避开机构进行证券化的操作，可以为在线理财增加更多内容的同时，满足电商平台资金流向的自我闭环。当然，闭环不是封闭，而是能够为电商的生态圈沉淀更多的资金。这和互联网平台沉淀流量是类似的道理，流量可以变现，资金同样可以重复使用，多流动几次，提高一下复合的价值。

如果电商平台可以采用这种绕开 SPV 的方式进行证券化，那么电商小贷贷款端的资金就可以和在线理财的存款端的资金匹配起来，一个电商化的银行的基本模型就出来了，只不过是避开了证券化的道路，少转了一圈。而在眼前的证券化的道路上，贷款端的资金和存款端的资金是严格分开的,很难交汇到一起,因为眼前的互联网金融更多的是一种渠道的再现,而不是产品的创造,这也涉及监管的底线问题。

所以,绕开SPV,能够为电商建立一个独立的资金沉淀圈,但眼前这只是一种美好的遐想。

| 2.12 | 众筹咖啡馆，创新还是噱头？

2013 年互联网金融发展可以用如火如荼来形容，除了电商金融、P2P、支付金融以及互联网货币之外，另一种主流的、尚未在国内寻找到本土化的运营方式的类型就是众筹了。众筹是以线上为主吸纳股东资金进行项目创业的一种方式，相对于目前的国内信用体系而言，众筹模式对信用约束的要求最大，承受道德风险的能力也最弱。也正是因为众筹已经突破了现有的融资约束和抵押、担保等有形信用的约束，使得众筹模式一到本土市场便呈现出"难产"的现象。

咖啡与众筹的结合，成为小型创业项目的最好试验场。为什么众筹和咖啡馆能够结合起来，成为多数众筹项目的实验内容？一来，咖啡馆作为一种休闲和创意文化，具有一定的市场增值空间，投入也较低，如运营得当，短期内收回股东投资，获取利润的可能性较大。二来，国内已有少数成功运行的类似众筹咖啡馆的模式，如北京的 3W 咖啡，最开始就是用众筹的模式换取客户的门票、服务等内容，等于是介乎会员制与众筹模式之间的一种方式，由于在众筹成功之后建立了良好的运营模式，目前已经步入正轨。

但是，国内其他更为小众的、更为平民化的众筹咖啡馆，其命运就没有这么好了，从目前的统计结果看，倒闭、转让甚至运营人消失的都大有人在。继东莞"很多人咖啡馆"宣告危机之后，上海兴国路上的"玫瑰与独角兽咖啡馆"也于2014年6月倒闭。这一"舶来品"，缘何在中国快速落地？又为何"昙花一现"？众筹咖啡馆，到底是创新还是噱头？

2.12.1 众筹咖啡馆的模式分析

从众筹的运营模式来看，国内主要有会员式、天使式、凭证式，各种模式之间的风险和法律约束力都存在较大的差异。

会员式，主要变现为以众筹的模式来进行会员的服务和营销，也就是说，只有通过众筹的方式成为会员，才具有股东的原始权益，这和目前国内其他的以影音、娱乐、门票等具体的实物产品和服务来对应股东的出资金额，最终规避非法集资风险的方式异曲同工。

天使式，主要是以传统的项目风投和融资为基础，把项目搬到线上，同时起到融资和宣传的作用，但领头人和跟投人需要在线下签署合伙制或者股份制企业的合作协议，目前的市场受众面相对较大，主要以风投公司运作为主。

凭证式主要是向股东发放收益权的凭证，类似于股票、债券，具有发行债券的性质，因此难以逾越证监会关于发债的规定，被监管叫停的可能性较大。

"很多人咖啡馆"和"玫瑰与独角兽咖啡馆"的商业模式属于比较纯粹的众筹，股东之间主要以网上的方式保持联络，进行股东的权益表决，既没有线下的合作协议，也没有给予明确的收益保证，没有明确的企业经营利润和发展指标。因此，这种以兴趣和公益为出发点的众筹模式，实际上很难对接市场化条件下的商业与运营模式。

就如"玫瑰与独角兽咖啡馆"，于 2012 年 12 月开张。最初由一个核心的朋友圈发起，大约有 10 人左右，随后，消息以网络传播的形式向外扩张、筹资。2013 年 7 月，店主发出招募股东启事。2014 年 1 月 19 日，这家咖啡馆发起第二次招募启事。但是，但到了 5 月，群内忽然安静了下来。一位名叫"风中之鹰"的网友问：咖啡馆是不是倒闭了？群内网友"蚊子"回答："是的，转让了"。但是具体转让的细节，是否征得了主要股东的同意，以及转让后的收益又如何分配，都没有交代清楚，而这些问题都折射了咖啡馆企业化运营的种种困境。

2.12.2　先天不足，创新不接地气

对于国内的众筹行业而言，普遍遇到的一个问题是如何"采信"或者"征信"，也就是如何给众筹项目建立信用，以获得股东的投资和认可。在传统的融资方式中，往往以严格的收益率保障、担保、兜底或者是风险与收益的搭配来解决这个问题，而背后需要流程化的金融运作和企业管理制度作为保障。

但是，对于比较纯粹的咖啡众筹模式而言，虽然满足了单个个体的创业和融资需求，也激发了社会融资和资金分配的活性，打破了地域的隔阂和融资的高门槛，但是，作为缺乏有效的违约偿还机制和公司治理机制的众筹咖啡模式，往往面临着诸多的困难，归纳到一点，也就是：众筹咖啡是一种超脱于现有社会信用机制和融资环境的创新手法，但是没有足够的机制和信用保障，难以有效解决法律、企业管理以及利润分配等诸多问题，实际上是先天不足，最后导致了创新不接地气。最后的结果便是众筹咖啡馆模式的失败和大部分咖啡馆的倒闭、转让。

所以，在众筹模式本土化的过程中，众筹原有的优势其实未能充分发挥，主要原因在于众筹模式很难适应中国的水土，除非在引入的过程中进行某种本土化的改良，也就是模仿上述的天使模式以及会员模式，以具体的产品、实物作为回报，或者通过严格的线下的企业合伙制、股份制章程的拟定，成立共同的运营企业实体来作为众筹咖啡馆的经营管理保障，从而建立股东和管理者之间的信用，通过更可靠的线下企业管理和商品交易方式来约束双方，以最终实现咖啡馆的稳健运营。

📖 2.12.3 如何引领创新，做好咖啡众筹本土化？

无论如何，应该看到众筹模式在本土化的过程中，为社会融资提供了更多样化的选择方式，也成为创业者解决原始资本的一个重要渠道，尽管目前还存在种种众筹难题，但是这种模式在中国还将有更多的试验机会。

就咖啡的众筹模式而言，需要做好以下工作，包括股东和管理者之间的约束机制，经营的收支监督机制，以及咖啡馆的市场化企业运营制度。简单点说，就是股东要能约束咖啡馆主，收支要透明化，运营要市场化。

第一点，明确众筹咖啡馆的所有权和经营权的定位，以及股东和经营者双方的权力义务。完全依靠线上 QQ 和电话联系的方式，难以在众筹者之间建立紧密道德，相互约束的利益机制，最好是能采用线上众筹，线下注册合作制企业的方式，明确双方的利益诉求。

第二点，就是要建立咖啡馆的监督运营机制，及时公开咖啡馆的营业状况、收支情况、纳税情况以及客户群体的定位和市场营销工作等相关的运营内容。股东要发挥一定的监督作用，如果众筹咖啡馆只是为了满足少数人的公益和文艺需求，而不以市场化的竞争需求来管理和运营的话，咖啡馆就很难在科学化的企业管理和市场化的竞争中生存下来。

最后一点，在众筹咖啡馆步入稳健运营之后，还需要考虑长远的发展，如何让区域化的众筹咖啡馆走向异地，同时扩大品牌影响？到了这个阶段，众筹所代表的创业阶段也就基本结束了，原始股东和经营者需要考虑的是引入更大的风投资本，在股本结构和产权结构上进行多元化的探索，并建立长期的加盟或者自建渠道的运营机制，建立咖啡馆的品牌。

第3章

互联网金融案例

| 3.1 | 阿里控股天弘基金，做自主金融

2013 年 10 月 9 日，一则互联网金融的重磅消息再次触动了市场的神经，阿里巴巴拟出资 11.8 亿元认购天弘基金 26,230 万元的注册资本，完成后占其股本的 51%，持有天弘基金 51% 的股权，将成为天弘基金的新主人。作为互联网金融最成熟的倡导者，阿里金融控股天弘基金的行为再次被市场解读为互联网金融的跨界冲击，从被动销售基金产品转型到可以自主操作基金产品，具备了销售产品和资产管理业务的双重资质。虽然上述认购行为最终仍有待证监会的批准，但市场舆论再次被点燃，对阿里控股基金公司的讨论也开始热烈起来。

3.1.1　阿里的考虑：获得更多空间

对于阿里金融来说，从电商衍生出来的金融属性，包括阿里小贷、快捷支付汇兑、具有类存款性质的余额宝，以及即将开始全面铺开的阿里信用支付等，阿里金融的主要业务目前是围绕在和银行类似的"存、贷、汇"上，以及和类银行业务有关联的担保、保险等业务。可以说，阿里金融的金融属性目前还是主要

以银行为主，还没有大量扩展到金融的其他业态，比如证券、基金、信托等，而是承担起这些金融业态的销售渠道，起到的更多是平台的作用，而非产品设计和运作。所以，阿里现在考虑的是在跨界的层次和内容上，除了跨到银行，还能不能跨到其他领域，服务好其他金融业态内的客户。

控股天弘基金，阿里在互联网金融的跨界空间、金融业态延伸和互联网金融的新方向等方面可以做一些更深入的操作，进一步清理阿里金融的跨界障碍，探索由互联网公司整体改造传统金融的新案例。此外，对于阿里来说，天弘基金虽小，但也五脏俱全，可以为阿里涉足基金操作、资产管理业务，变成真正意义上的金融操作主体提供更多经验。

3.1.2 天弘的考虑：稳定现有利益

对于天弘基金，收益更加明显。一个国内不知名的小基金公司，通过研发和国内互联网金融巨头合作的基金理财产品，在保持良好用户体验的同时实现了基金公司管理规模迅速扩大。时至 2014 年 6 月，天弘基金借道余额宝已经积累了 5,000 多亿的基金管理规模，并获得了数百万的客户，成为国内规模最大的货币市场基金操作方，互联网为基金带来了质的变化。如果不采用互联网金融的营销和平台方式，一个小基金公司想要获得现在的成绩，可谓是天方夜谭。

天弘基金成为阿里金融的关联公司，至少在利益共同体上可以确定下来，因为阿里金融在和天弘基金合作之前一直没有排除和其他基金公司合作的可能。合作之后，天弘基金就可以得益于支付宝的海量用户，并且借助即买即赎的便捷操作，通过支付宝这个核心的营销渠道来实现基金交易规模的放大。相对而言，目前国内还没有其他互联网平台可以取而代之，起到更好的互联网基金平台销售的作用。因此，在双方合作之前，天弘基金是有求于阿里，能和阿里捆绑在一起，便可以确保其合作始终处于优先地位，况且在此轮认购中，天弘基金高管层还能持有 11% 的股权，何乐而不为？

简单说，阿里金融获得了更多试验的可能和机会，而天弘则将利益稳定了下来。

3.1.3　阿里金融再次破门： 做自主金融

阿里控股天弘的意义不在于控股本身，而在于一个互联网销售平台可以反客为主，成为产品的设计和生产方。这在国内尚属首次。这有点类似于产业链条的上下游扩张，经销商开始往上游发展，收购生产商和原料产地，并开始将产业链条体系化、流程化。

在互联网的社会生态内，由 BAT 等互联网大佬收购小互联网公司的案例并不稀奇，并购案也此起彼伏，如阿里入股新浪微博、UC、丁丁网以及高德地图等，但这是互联网业界内公认的竞争逻辑：培养一个竞争对手不如在合适的时机收购。但此次收购，对于阿里来说，不再局限于互联网，而是把目光瞄准了传统的金融机构。

阿里金融的核心媒介在于支付宝，这一点是毋庸置疑的，而支付宝背后是平台积累的海量数据。支付宝是整个阿里生态的神经，余额宝的成功要义也在于通过支付宝的数据分析，提炼出资金流动的规律和级别，从而推出基金随买随赎的用户体验，获得了普通用户的极大喜爱。这也是阿里入主基金的先天条件，方式是通过关联业务来扩大对金融机构的操作空间。

阿里这次撞开的是传统金融机构的门户，既完成了跨界，也完成了入主的要求。在金融改革口子开始拉大的政策红利下，阿里也在谋划成立网络银行，获得基于网络的银行牌照，但从目前趋势看，短期之内很难顺利拿到。既然一条路直走不同，索性就通过阿里金融业务的触角来控股一些金融机构，从曲线路经获得真正意义上的金融牌照，一样可以获得金融操作的自主权。

在这一轮认购中，阿里的内心独白已经开始显露：阿里不再只满足于做传统金融机构的营销渠道，更想做自主金融。

| 3.2 | 阿里该办网络银行还是 P2P？

2013 年 9 月的第二个周末，坊间传闻阿里向央行汇报有关成立网络银行的事项，外界便认为这是阿里开始大力冲击传统银行业务，阿里金融开始再揽局。笔者看来未必如此。阿里目前已经通过小贷证券化等手段实现了金融杠杆的局部放大，短期来看，并没有成立银行的实际打算，最多是一种设想。况且，第一个在公开场合明确承认有意申办民营银行的电商是苏宁云商，阿里此举恐怕是和管理层之间做进一步的网络银行探讨，或者说是试探。

3.2.1 对传闻的简要分析

从监管角度来说，央行此次和阿里详谈关于成立网络银行事宜，可能更多的是一种管理者的视角。或者说是管理层主动约谈阿里这些电商的大平台，对近期民营银行以及电商可能成立的网络银行就一些细节进行探讨。这种双向的联系其实早在 2 年之前就已经开始了。2013 年 8 月初，由央行牵头，央行、银监会、证监会、保监会、工信部、公安部、法制办等七部委组成的"互联网金融发展与监管研究小组"也对阿里金融进行了调研。管理者对互联网金融的关注和规范性的要求开始进入重要工作日程。

从阿里的角度来说，自身的一举一动都处于社会舆论的风口浪尖，虽说民营银行的政策空间开始放开，监管层对互联网金融的容忍程度也在一直放大。但阿里金融路线的优势在于"曲折盘桓"，阿里目前的金融格局也是在政策没有放开的前提下逐步搭建起来的。短期来看，阿里不想和银行起正面冲突，对于网络银行的设想也仅限于内部研究中，从来不公开承认。正如 2014 年 9 月 7 日的互联网金融外滩论坛上，阿里巴巴小微集团 CEO 彭蕾公开否认已经正式提交"设立网络银行"的申请一样。

所以，笔者认为，这次传闻并非空穴来风，但也并非如市场上传言的那样：阿里金融又要出大动作，又要大搅局传统银行业了。可以这么说，网络银行只是一个框架中的东西，涉及的业务类型、监管条件、准入门槛、资本充足率等都没有经验可以借鉴，管理层不会轻易放行。更何况，立足于线下的民营银行现在也没有很明确的获批意向。电商的网络银行恐怕要好事多磨了！

3.2.2 网络银行本质在于解决资金

网络银行就是完全依赖于互联网的无形的电子银行，也即"虚拟银行"，没有实际的物理柜台作为支持的网上银行。网络银行的由来，本质上还是为了解决电商平台开展信贷业务的资金渠道问题和资金杠杆问题。对于电商系的金融业务平台来说，虽然苦于没有银行牌照，不能吸储放贷，但是也绝没有必要开设一家和传统实体银行一样的银行。摊子铺大了，一个是监管更加严格，另一个是核心优势不突出，难以差异化竞争。

从网络银行的基本业务来看，阿里金融和管理层之间的设想是基本一致的：基本的存款、贷款和汇兑业务，等于是一个精简版的小银行模型，没有资金、同业、国际业务，多余的不要，就要适合电商的存贷业务。从这一点来看，双方是基本合拍的，既然网络银行主要解决的是互联网金融的资金渠道问题，那么只要满足了资金汇集功能，有了银行牌照的最基本业务，电商金融也就算是打通了自己的任督二脉。毕竟，国内能够像阿里这样发行小贷证券化产品的电商寥寥无几。

3.2.3　网络银行和P2P?

既然网络银行的本质在于解决资金问题，为什么没有做P2P呢？

目前和网络银行相类似的金融操作平台就是遍布全国的P2P公司了。P2P简称人人贷，是舶来品，初衷是为了解决小微企业和个人的贷款问题：由P2P公司提供信息对接平台，借款人提供自己的征信报告和其他证明，就可以在平台上获得小额贷款；而投资者通过浏览网站的借款人信息，经由P2P的中介渠道把资金贷给借款人。P2P公司承担的是中介功能。但在中国的金融实践中，P2P已经逐渐显露出了类银行的功能。

由于借款人和贷款人之间的信息对接存在时滞，P2P大都是先发布项目信息，然后从市场上收集资金，扩大资产池，或者招标，或者发行理财产品，这就是一个简单的银行的存贷业务。由于中国信用体制缺乏，借款人的道德风险不可避免，一旦遭遇经济寒流，P2P的资金链就极有可能断裂。而在国外，P2P中介是不会过多承担保本职能的，更多的是发挥中介功能。

P2P在中国主要面临信用缺乏和系统风险难以控制的难题。但在阿里金融的生态圈内，信用是相对完善的，系统风险也是相对可控的，这也是阿里小贷的证券化产品受市场追捧的原因。目前来看，这也是阿里独有的，其他的电商短期内难以复制。其实，对于阿里生态圈内的商户和用户来说，P2P一样可以解决资金渠道问题，本质上和开银行、开小贷公司是一样的，而且杠杆基本不受限制。况且还可以利用阿里生态圈内成熟的信用体系。缘何阿里没有涉足P2P呢？

笔者认为有以下几个原因：

1. P2P目前行业混乱，监管层一直不太放心这一块虚拟的信贷业务，虽然没有叫停，但后期出台密集的监管措施是必然的。阿里一直在互联网金融领域引领创新，但是出于舆论以及监管考虑，不想去触碰P2P这块烫手的山芋。

2. 阿里金融通过阿里小贷、阿里信用支付已经基本打通了对生态圈内商户和个人的贷款、授信，如果再开发P2P平台，对圈内的用户能够提供的实际帮助相对有限，而且会打乱原有的布局。金融创新不在多，能够解决实际问题就可以了。

3. 阿里小贷是有实体做支撑的，信用支付是和银行合作的，政策阻力相对较小，且更为安全。而 P2P 对金融风险控制的要求更高，对资金流动的监管程度更高，阿里不会轻易冒险。

阿里目前已经有了小贷、余额宝、支付宝等，分别行使了银行的"存、贷、汇"的功能。虽然少了一张银行牌照，但监管层对阿里目前的金融状况是默许的，也就是说，阿里可以在现行的框架内实现资金流的流通。对于开办网络银行，有则用之，无则加勉吧，千万不要因小失大，给自己带来过多麻烦。对于 P2P 似乎阿里没有开设的必要。

| 3.3 | 阿里双十一出击线下，想圆线下支付梦

2013 年 11 月 5 日，北京居然之家投资控股集团有限公司、红星美凯龙家居集团股份有限公司等 19 家传统家居卖场，联名签署了一份抵制意见，剑指天猫今年双十一新玩法——打破线上线下商业界限的线下体验店。天猫的线上线下联动，可谓是触动了大卖场运营方的核心利益：商户、资金流和人气。如果天猫的二维码支付将线下支付流量转为线上，卖场的运营就会遭遇核心的危机：支付资金沉淀减少，自有体系也被分流。

与以往双十一的玩法不同的是，此次阿里电商系希望通过支付宝的快捷支付方式绑定线下的商铺，通过红包等极具诱惑的消费引导方式，结合线下的商铺布局和产品结构，开展线下引流的电商交易，这种交易是以支付宝作为支付核心的。这也直接威胁到了卖场的利益。

3.3.1 阿里出击线下，争夺潜在市场

作为电商企业的龙头，阿里旗下的淘宝、天猫一直在围绕着自有体系内的电商交易，为商户提供平台的作用，支付宝的交易

渠道和范围也一直处于阿里的电商生态之内，对阿里平台之外，特别是线下的传统卖场商户影响力较小。一方面是大卖场有自己的资金结算和商户管理办法，对商户会有一定的结算要求；另一方面也是由于电商长期以来还没有将重心转移到线上和线下的融合上，毕竟目前线上的商品电子交易占总的社会零售品消费的总额还比较小（2012 的数据是占比 6%~7%），传统零售还是在交易量和渠道上占有优势。

但是，未来线下的零售品交易将是线上电商的重点争夺范围之一。马云与王健林那个家喻户晓的赌约也反映了电商势必会保持持续增长的现实，而传统零售的交易量势必会下降到一个相对均衡的程度。即便网上电商交易规模达不到占社会零售品总额一半的水平，占比 30%~40% 在乐观情况下是完全可以达到的。依据目前电子零售市场的增长率来看，传统零售占比下降的市场份额就是电商争夺的市场空间，而争夺这部分市场并不一定需要商户直接开淘宝店，支付宝敞开支付接口，利用二维码支付同样可以完成商户信息收集和数据累积，同时扩大支付宝的线下市场，一举多得。

3.3.2　用支付形成O2O闭环

从电商的 O2O 之路来看，无非是采用以下几种方法：

1.自有体系内的 O2O，整合平台上的商户，对于有线下资源的商户鼓励采用线上购买、线下体验的联动方式。

2.外部商户的拓展，把卖场、商业街上的商户引流到电商平台上，提供核心、安全的支付服务，并给消费者一定回馈，鼓励流量转移。

3.与现有的O2O平台合作，提供其他后台服务，如定位、渠道、客户引流和支付服务等。

就阿里而言，第1种选择已经尝试过了，淘宝点点已经开始运营，虽然其核心缺陷在于线下资源和商户合作的缺乏，短时间难以在体量和流量上赶上大众点评等一线O2O网站，但至少在结构上还是相对完整的。有一定商户资源，有核心的支付优势和淘宝的巨大客户引流，这些都是一般O2O平台所不具备的。淘宝点点需要的是一个流量转化和用户沉淀的过程。第3种目前也早已在尝试和推行了，主要表现为支付宝的跨平台支付中介作用，其他O2O平台可以直接接上支付宝的支付接口，获取支付宝的大量用户黏性和安全的支付环境，同时缴纳一定的手续费，而支付宝可以通过消费行为挖取具体O2O行为的数据。

第1、3种方式是从线上到线下的，对于还没有被整合进电商的部分传统大卖场而言，影响力较小。而第2种方式是由线下引流到线上的，随着移动支付的普及，各种移动支付媒介开始抢占市场，微信支付、手机NFC支付、通信运营商的号码支付、支付宝二维码支付等，都在抢占未来移动领域的支付市场。阿里对线下商户的支付服务，在抢占移动支付市场的同时，也对卖场经营模式的核心形成了覆盖，卖场反而成为后端，而阿里则通过支付的连接形成了O2O的闭环。

🎲 3.3.3　线下POS机被封杀，线上支付替代

对于电商O2O来说，难度最大的是如何把广阔的线下零售市场整合进电商交易的逻辑，这部分将直接触动卖场和商场的利益。原因很简单，原先卖场里面的商户是捆绑在卖场的消费和支付环节里面的，卖场可以对内部的销售行为进行辅助性的引导和引流，并通过卖场的支付系统进行资金沉淀和流通，获得一定的资金存留期。这在生态系统上是形成了一定的闭环的，外部的网上交易一开始很难介入。

而阿里的线下业务，主要是以提供安全的支付业务为核心，并通过支付业务形成线下的交易数据信息流。之前阿里在线下发行的部分POS机，用于物流和部分商户的支付结算，就被银联强力封杀，理由是支付宝违规操作绕开了银联，违反了线下收单市场必须要绕经银联清算系统的规定。表面上银联义正词严，手握央行的支付管理办法，事实上是对支付宝涉足线下业务，冲击银联在线下收单市场的垄断地位的担心。

天猫此次双十一的二维码支付，其实是完成了和线下POS机收单业务差不多的使命。消费者去线下商户消费，可能就不用银联或者第三方的POS刷卡机了，而是拿着天猫的红包去扫码支付了，本质上替代了线下的支付功能。所以，从这个意义上说，阿里完成了曲线救国的使命，照样拓展了线下市场。只不过，这次对于一些大卖场管理方来说，则是相对致命的一击。

┃3.4┃ 微信理财，腾讯金融战略的启航

　　谈到互联网金融，2013 年可以称为它的元年，而在这个元年之中，风头最大的莫过于阿里金融了。事实上，阿里金融确实是在互联网公司里面第一个吃到螃蟹的，并通过大电商和大数据平台进行金融业务的互联网化。相比而言，腾讯在 2013 年并没有取得实质性的市场红利，而是在 2014 年伊始开始逐渐推出在线理财产品，并进入大众视野，姑且把 2013 年作为腾讯金融的蛰伏期，而把 2014 年作为厚积薄发、点石成金的成长期吧。

　　互联网金融，本质上是利用互联网快捷、透明的信息建构方式来互通有无，减少信息不对称，降低传统金融服务的门槛和成本。金融的作用是融通资金来提高资金的流转和使用效率，互联网金融也一样，目的是为了满足传统金融覆盖不了的弱势客户，并通过数量级规模的增长来实现平台方和融资方的共赢。

　　作为互联网金融的主要参与者，腾讯拥有庞大的互联网产业链条，数亿级别的互联网消费群体和社交人群，并有旗下腾讯电商作为电子购物的延伸，在互联网金融圈里面具备了很好的底层架构，开展基于互联网的金融业务也相对比较便捷。拥有良好的

先天条件，还得需要后天的战略加以引导，包括自身的金融资源配置、和传统金融的合作、与竞争对手的市场争夺等。

3.4.1　腾讯理财是什么？

腾讯理财是利用互联网的流量进行金融化的变现，并结合微信的社交平台提供极其便利的应用场景化理财。腾讯的理财通和余额宝类似，客户可以绑定银行卡，并通过快捷支付将银行卡中的现金存入理财通，腾讯通过将资金投资于货币市场基金来实现稳定的收益，一般在年化收益 3% ~ 5%，2013 年下半年以来紧张的资金市场推高了货币市场基金的收益率，年底已经高达 7% 左右，是活期存款收益率的 10~20 倍。"及时赎回，购买便捷，收益每日量化，简单清晰"成为微信理财通等在线理财产品的亲民特色，获得了极大的市场认可度。

简单说，微信理财就是把散户的钱集中起来，通过基金公司的渠道来购买货币市场基金，获得稳定的收益，提高了散户群体在资金市场的议价能力。

下一步，腾信理财将进一步通过微信这个庞大的社交圈，进行更多理财产品在线销售的尝试，除了货币市场基金，还可以把保险、基金、银行理财等产品搬上微信的理财频道，前提是获得监管当局的认可，并和相关的金融机构做好产品的在线销售系统对接。

3.4.2 腾讯理财，迈出了关键一步

从市场表现来看，微信理财取得了不错的反响，特别是基于银行卡绑定的微信红包在2013年春节引爆了微信圈，成功地开展了一次近乎零成本的微信金融宣传。从侧面也反应出微信理财在微信生态圈内部独一无二的生态优势：社交人群和频繁往复的基于社交的金融需求。在互联网，腾讯金融拥有和阿里一样难以匹敌的生态流量，这种流量是进行互联网金融产品变现的绝佳优势条件。可以说，腾讯金融是从在线理财开始正式启航的，这也标志着腾讯金融迈出了关键的一步。

在金融领域，腾讯在2013年并没有像阿里那样大张旗鼓、赚足眼球，主要是在战略认知上落后于阿里，在阿里金融形成了比较清晰的金融战略框架之后，腾讯才开始慢慢推出自己的平台金融项目，暂且还称不上战略。来看看腾讯都涉足过哪些金融细分行业吧。

2011年，腾讯收购了益盟操盘手20.2%的股权，双方共同推出证券软件"腾讯操盘手"，该软件可使用QQ号登录、并植入了微博炒股等功能。

2013年5月18日，首只互联网媒体发布的A股指数腾安价值100指数启动仪式在京举行，该指数由腾讯网与济安金信联袂推出，基点为1000.00点。

2013年7月，微信发布了5.0版本，并融入了微信支付功能，

而后逐渐向电商和微信公众号以及线下商场开放支付权限，移动支付意图开始显露。

2013年8月，市场传出腾讯与长城证券合资成立了网络证券公司，正在申请牌照的消息，随后双方均表示此传言并不属实。

2013年9月，有消息传出腾讯有意申请民营银行，腾讯虽然未予正式承认，但反映出腾讯在银行业的某种意图。

2014年初，微信理财通上线，正式开通了的在线理财市场，腾讯金融进入互联网金融的主要理财阵营。同年传统春节期间的微信红包，以及近2个月的线下打车移动支付之争，都开始了以微信为支付媒介的互联网金融应用场景化尝试。

腾讯金融第一个能够形成市场影响力的产品是微信理财通，而其他的金融产品大多是"雷声大，雨点小"，缺乏一以贯之的产品开发实力和真正的市场占有率。微信理财是基于微信的一种互联网金融在线理财产品应用，和余额宝的原理相同，因此也是腾讯金融能够迅速出彩，获得市场认可的原因所在。腾讯的金融战略一直缺乏一个全面清晰的框架，野心是有的，但在微信以及支付功能出来之前，腾讯金融一直没有找到核心。

3.4.3 腾讯金融战略如何走？

腾讯理财通以及微信支付，是从互联网金融的"存、贷、汇"中的"存"一端开始发力，并利用财付通的第三方支付底层架构来满足支付的便捷性需求。对于腾讯来说，这是找到了一个最佳的战略切入点，因为和阿里相比，如果再从"贷"的资产端开始做起，已经很难取得优势了，因为腾讯电商的数据积累和平台信用环境还不足以支撑起电商小贷的需求。

因此，和百度选择用百发理财来引爆市场黏性一样，腾讯的战略重点也是相似的，利用自身优势最大的板块——互联网社交群体黏性来快速推广在线理财，并提供快捷购买与取现服务，在货币市场基金的互联网化过程中，市场还没有完全饱和的情况下，尽早地利用腾讯的社交优势来圈占更多的客户群体，实现规模的几何级增长。要知道，互联网领域内的竞争逻辑就是寡头定律，第一个吃螃蟹的往往占据50%以上的市场，第二名则在20%左右，第三名则往往只有10%，剩下的公司来分享为数不多的20%。

腾讯金融战略目前在在线理财市场总算是赶上了末班车，取得了不错的市场效果，打响了腾讯理财的第一枪，但仍然需要在其他的细分领域内做更多文章，比如电商小贷、P2P、金融服务平台以及更多的互联网金融应用场景化。笔者认为，腾讯的金融战略完全没必要照搬阿里的"存、贷、汇"模式，而应该进行借鉴式的吸收，可在此基础上结合自身的优势资源进行互联网流量的"金融化"变现。

第一步，整合腾讯集团内部的金融资源，包括底层的支付结构、和传统金融部门之间的产品合作，以及和集团内部其他产品之间的金融化对接。这一步，相信腾讯集团在2013年的蛰伏期已经做了很多工作。

第二步，先声夺人，需要找到一个可以引爆市场热点的腾讯式金融产品。从目前来看，基于微信支付的理财通以及后续的在线理财产品是不错的选择，通过基于微信的金融产品来实现腾讯金融的战略起步。

第三步，不求盲目完整，而求做精做细。目前互联网金融BAT中，阿里是最完善的金融模式，涵盖了从贷款端到存款端的金融服务，并和传统金融机构之间进行了很好的服务对接，甚至控股了传统基金，以实现对渠道的掌控。腾讯金融则应在立足于自身优势的前提下进行有选择性的尝试。这是一种从下至上的战略突破方法，先集中优势兵力突破几个核心的优势产品，而后再考虑产品的全局化和战略化布局。

在后续的金融产品推出上，腾讯金融仍应该保持这种思路，集合整个腾讯的平台资源，找到合适的突破口，并以腾讯的平台性为底层架构，开展方便快捷的金融服务。在产品的表现上，这很有可能是碎片化的，但是纵观全局，这些碎片正好成为腾讯金融的支架，支撑起整个金融服务平台的运作。在这个平台中，支付的快捷和便利是前提条件。因此，腾讯金融应该抓住"平台、碎片化、支付"这几个关键词，进行金融框架的搭建。

|3.5| 腾讯申请银行，主要解决战略布局

2013 年下半年以来，市场有关民营银行的申请可谓是高潮迭起，传统实体企业、电商、商会等民间资本无一不想"拔得头筹"，将民营银行的牌照尽快揽入怀中。7 月份又有媒体爆出某地方银监局已将筹办民营银行的细则报备至银监会，更加点燃了市场对民营银行的激情。期间，腾讯申请银行的消息也不胫而走，据说已经得到广东银监局的批准，正在上报，准备落户深圳。

腾讯，作为一个互联网产业链跨度极大的巨无霸，如果顺利成立了网络银行或者依托于实体的电商银行，那么，对于传统金融来说，一个颠覆性的角色可能又出现了。而且，在某种程度上来说，腾讯的改造和冲击力度不会小于阿里。

3.5.1 腾讯也走低调路线

阿里在电商企业里面，算是低调做人、高调做事的典型了，阿里金融的框架也是在监管层的默许和市场的关注之中慢慢搭建起来的，期间还走了一些效率较高的弯路。阿里也一直不愿大张旗鼓，把市场舆论点燃，一直维持和传统银行的合作关系。关于

网络银行的问题，阿里即便是心中有意，也坚持在公开场合否认这方面的传言。腾讯看来也是低调的类型，至少在布局互联网金融这一块，之前没有任何开办银行的消息，不鸣则已，一鸣惊人。大多数人对腾讯开办银行的申请也是颇为意外。其实大可不必哗然，腾讯布局互联网金融，条件同样不差，要平台有平台，要用户有用户，要流量有流量，以后的摊子恐怕不会比阿里小。

3.5.2　腾讯申请银行的优势

1. 电商平台的优势。国内几大电商基本都开始布局金融了，阿里金融、京东供应链、苏宁银行，现在也该轮到腾讯了。在国内的电商市场排行中，阿里是老大，京东随其后，苏宁易购为第三，而腾讯电商则挤在第四的位置。对于一个以社交平台称霸互联网的公司，旗下电商业务能挤进前五，实属难能可贵。腾讯电商目前已经开展了针对平台电商的小额信贷业务，在电商数据和信用审核方面积累了一定经验。和其他电商平台一样，腾讯通过电商交易能够聚拢商户的金融需求，积累数据，做好征信规范。此外，腾讯还拥有交易规模仅次于支付宝的支付中介——财付通，可以更加便利地促进基于电商的金融服务，和电商之外的银行对接，打通资金流的渠道。

2. 用户的优势。腾讯做社交起家，目前仍是国内社交行业的霸主。QQ 常年有 8 亿用户，微信有 4 亿用户，还有腾讯微博以及其他产品。腾讯牢牢抓住了 PC 端和手机移动端的用户入口，体系保持着庞大的用户数量。这些都是银行的潜在客户，对于腾讯开展线上的银行业务具有得天独厚的优势。腾讯完全可以把线上的用户变现成为银行客户，并且提供用户体验良好的金融产品，正如余额宝一样。对于重点在于长尾理论尾巴部分的互联网金融来说，用户就是市场规模的标准之一，得用户者得天下。

3. 腾讯产业链条长，产品多，涉及金融服务的需求也大，未来可以不必仅限于电商领域。类似于传统银行的事业部制，每一个事业部都对口服务一个细分的行业，并为特定行业提供整体融资服务。对于腾讯而言，有电商、通讯、门户、客户端软件、搜索、视频以及游戏娱乐等各个细分行业的涉足，可以在这些方面大做文章。

3.5.3　申请银行主要解决战略布局

腾讯该申请什么样的银行，解决什么问题？来看看其他电商，苏宁云商申请的银行更像是O2O的银行，因为苏宁易购是传统电商大卖场转型做电商的，苏宁还有上千家的实体门店，这是很大的线下资源优势。而传闻中的阿里网络银行是纯线上的，主要解决的是阿里金融的资金来源和信贷业务杠杆问题，业务一般是简单的存、贷、汇。腾讯呢？笔者认为，也应该是线上的银行，因为腾讯的业务和优势主要是在线上。

腾讯最大的优势是自身的线上客户数量和流量优势，以及旗下各个产品的配套营销推广。互联网金融的模式有通道模式、平台模式和互联网货币模式，腾讯最擅长的是做金融产品的平台销售，比如在 QQ 和微信上卖基金等，当然，这不需要银行牌照，一纸基金代销执照就可以了。银行牌照主要的价值在于可以放贷，可以揽存。因此目前的腾讯，在没有银行牌照的情况下，依然可以开展互联网金融业务。

那么，腾讯申请银行，除了欲获得银行牌照进入金融业外，考虑的更多还是从战略上确立未来互联网金融的布局。短期来看，腾讯电商的信贷业务还没有发展到阿里这个程度，刚开始起步，在金融框架的搭建上也远没有阿里成熟。所以，腾讯申请银行，顺应了电商金融化的趋势，在适当时机获得银行牌照，取得主动权，而后快马加鞭，发展电商和其他板块的信贷需求。简单说，腾讯申办银行，长远意义大于眼前意义，主要是解决战略布局问题。而拥有金融业务的腾讯，想必又是一个颠覆者的角色。

| 3.6 | 京东金融，后电商时代的逆袭

传统电商发展到今天，已经从单纯的电商销售，转变为电商、支付、综合金融、物流为载体的一个综合的网上销售、理财、支付平台，而对于主流电商而言，如何做好以金融为依托的电商业务，提高用户活性和黏性，也成为发展的一个必要阶段。

就电商的发展轨迹而言，如今的电商已经不再那么纯粹了，而是走向了复合与跨界，后电商时代的电商平台如何发展，从京东集团的模式可以得出更多的借鉴。上市之后，通过一系列的股东权益合作，京东集团目前已经通过"电商、金融、物流"三个主干网络朝着后电商时代转型。

3.6.1 电商为始，金融为续

作为以家电 3C 起家的京东商城，通过京东集团的布局，以集团旗下京东金融的产品和业务来提升对自有生态圈内 B 端商户和 C 端客户的金融服务合作，进而通过网银钱包的支付工具来实现两端的金融服务链接，实际上是以电商金融的思路在扩大平台的内部交易活性。电商产业链，不是一个隔离的、破碎的组成部

分，而是一个成体系的、一环扣一环的整体业务流程。从供应商进货，到平台上架、产品业务描述、客户购买、支付以及物流，其中还包括对供应商和终端客户的融资与消费金融服务，在互联网技术和大数据的发展趋势之下，电商、物流与金融之间的融合程度在日益加深。

从2014年1月30号提交赴美上市的IPO申请，到5月22日，京东在纳斯达克挂牌交易，京东集团这次的上市资产包括了旗下的京东商城集团、京东金融集团、拍拍网、海外事业部4部分业务架构，首次公开募股获得了15倍的超额认购，这次公开发行共募集17.8亿美元，是迄今为止中国企业在美融资规模最大的首次公开募股。

从京东集团的上市架构来看，京东金融是京东电商业务一个密不可分的协同部分，而作为京东主营电商业务的有力支撑，京东金融将成为一个很好的衍生服务，通过金融服务提高平台的电商消费黏性，并建立自身的金融服务体系。

3.6.2　"6·18"大促来临，购·省party on

作为京东商城一年一度的电商消费盛宴，"6·18"成为京东商城进行电商消费展示的一个节日，期间，电商平台会推出一系列的电商购物打折、促销和优惠活动，以提高平台的成交量，获得更大流量。京东高级副总裁徐雷在"6·18"媒体沟通会上透露，2014年"6·18"大促销期间，京东将会陆续在微信、手机

QQ 和京东手机客户端上推出"10 亿红包全民抢"活动。

作为京东集团上市后的首秀,"6·18"购物节日将成为京东商城给投资者的一份答卷,而在此期间,京东商城将通过与京东金融的紧密配合,来全面打造京东集团内部的电商金融。

从京东今年的"6·18"活动主题看,购·省 party on,其中"购"是京东商城以及小金库、白条带来的快捷购物体验,"省"就是京东商城的优惠折扣力度以及小金库的理财增值功能。金融和电商之间的相互配合,是国内主流电商的一致选择,而京东商城则是通过业务流程和产品的组合,架构的调整,实现了以金融为依托的,以电商为生态的电商金融框架。

3.6.3 京东金融发力: 四位一体

京东金融包括四大部分:供应链金融(产品:京宝贝)、消费金融(京东白条)、网银在线(网银钱包是支付工具)、平台业务(小金库)。就一个完整的互联网金融架构而言,上述京东金融的四大部分也已经基本实现了全覆盖。也就是说,京东金融通过"四位一体"的产品建立了自己的互联网金融服务网络。

从 B 端来看,有京东的供应链金融服务,通过与银行的授信合作,以京东商城的电商数据和订单、预付款作为授信依据,以银行资金为授信来源,为商户提供全面的融资服务。随着京东小贷的成立和后期业务的开展,京东商城的授信金融服务将更为独立。2014 年第一个月,京东供应链金融贷款规模再创新高,超过

10亿。

从C端来看，京东白条和小金库的配合，将给京东的1亿多电商用户带来更好的互联网购物、理财体验，也就是边买边赚，消费、增值两不误。这是目前比较完善的对于C端客户的金融服务方式，也就是通过白条的赊购来刺激用户在京东消费的欲望，同时让客户的闲散资金留存在小金库之中，获取4%~5%的年化收益率，为京东金融的C端带来更大的资金流量。

而作为京东金融的核心，网银钱包将成为日后连接上述金融服务的一个支点，也就是京东金融未来的支付核心，通过这个核心，可以为B端、C端的融资和消费提供更好的支付基础。同时，在完善自有支付流程和生态圈内应用场景的情况下，京东金融的网银钱包可以通过更多应用场景的尝试，以支付为触角，整合外部的商业形态，为京东的供应链金融、消费金融和在线理财业务带来更多的场景。

3.6.4　京东金融逆袭之路：内外兼修

京东集团旗下的京东金融是国内B2C电商市场占比和金融架构比较完整的互联网金融服务平台之一，随着内部业务的组合和京东金融服务的全面推出，京东金融在某些领域已经具备了强大的市场竞争能力。相对而言，百度和腾讯在金融领域的实践并没能掌握和大电商平台一样丰富的电商交易数据和征信材料。京东集团的电商＋金融结构组合，将为集团的发展带来更多的衍生服务，扩展平台的服务链条。

另外，随着腾讯和京东在电商领域的合作，腾讯收购京东上市前 15% 的股份，腾讯除了支付 2.14 亿美元外，还把 B2C 平台 QQ 网购和 C2C 平台拍拍网并入京东，同时京东还获得易迅网少数股权和购买易迅网剩余股权的权利。也就是说，腾讯把旗下的电商业务并入京东，还在移动业务上通过微信开放接口，给京东带来更多的线上流量。

所以，京东集团上市后，不仅获得了更为充裕的资本，同时一方面获得了更大的 B2C 市场有份额（易迅网、QQ 网购），获得了线上的流量入口（微信京东红包），另一方面通过京东金融的架构，建立了完善的互联网金融结构，也就是京宝贝、京东白条、网银钱包、小金库，并通过 6·18 的京东购物节日推出，给电商领域带来一个全新的京东商城综合服务。

通过内外兼修的磨炼，京东商城的 6·18 大促，将从手机端、PC 端获得更大流量的入口，同时通过京东金融获得更大的电商消费金融服务支撑，一个大流量、大平台的电商＋金融服务平台也就成了后电商时代综合服务模式的有力竞争者。

| 3.7 | 苏宁金融：先做平台，再做自营

2013 年 10 月，苏宁云商发布公告称，公司下属子公司南京苏宁易付宝网络科技有限公司（以下简称"易付宝"）获证监会关于基金销售支付结算业务的许可，并正在与相关基金公司洽谈基于网络平台的在线理财产品，言下之意便是苏宁版的余额宝正在紧锣密鼓地推出中。对于余额宝以及市场已经存在的各种宝，笔者不再赘述，这里需要强调的是苏宁云商获得基金支付结算牌照的战略意义。对于苏宁旗下的易付宝而言，获得基金支付牌照，是其金融战略中紧随阿里的主要表现。互联网金融不光有阿里金融这个老大在前面冲锋陷阵、开拓空间，后面还紧随着苏宁云商、腾讯、京东等第二梯队，随时准备复制老大的成功，开拓自己的处女地。

3.7.1 苏宁云商的尴尬地位：第三方支付起步晚

作为国内电商行业的主要竞争者，苏宁云商开展互联网电商的平台操作相对晚于阿里、京东，而旗下的第三方支付是 2012

年6月才获准由央行颁发的，属于第四批支付牌照，在互联网金融平台的最主要功能——用户和渠道的积累上，也逊色于阿里的支付宝以及腾讯旗下的财付通。因此，苏宁需要极具前瞻性的战略来提升自有平台的流量和用户频率，为互联网金融的铺进打下一个良好的基础。

在国内的电商市场份额中，阿里独占鳌头，占据了半壁江山，而京东约占17%的市场份额，苏宁和腾讯各占5%，可见苏宁与阿里之间的先天差距不是一公里的问题。无论是在平台交易规模、用户数量以及第三方支付的便捷、安全等方面，苏宁都有很大的学习和提升的空间。因此，这个传统电器卖场转型做电商的互联网平台，不断提出颠覆性的改革战略，希望能在后天作出更多努力，用长远战略弥补当前不足。

3.7.2 获得基金支付结算牌照：战略更趋完整

苏宁不是第一个跟随阿里之后开发线上理财产品的，在余额宝获得市场热捧之后，活期宝、全额宝等各种宝已经充斥市场，涉足在线理财业务的平台也从互联网电商扩展到了证券、基金甚至是金融资讯网站。通行的逻辑就是把各个平台掌握的客户资源重复变现，在提供便捷体验和安全支付的前提下满足平台的成长和用户的聚集。

但对于苏宁来说，获得支付结算牌照绝不仅仅是简单的抄袭和模仿，而是一种战略的前沿视角。苏宁云商的金融战略是紧密围绕苏宁电商和旗下的易付宝展开的。到目前为止，易付宝的支付、汇兑功能还在完善中，苏宁小贷的业务也有限，并且缺乏一个有效的能将易付宝中的资金沉淀下来的功能：类似于余额宝的类存款功能——阿里金融在"存、贷、汇"的功能属性上已经实现了对银行业务的涉足和超越。苏宁获得证监会的基金结算牌照，就可以学习阿里开展更加全面的类银行业务，虽然在各种"宝"的争夺战中又晚了一步，但在战略框架的搭建上是值得肯定的。

3.7.3 未来的苏宁金融战略： 先做平台，再做自营

在互联网平台申办银行的浪潮中，苏宁云商是首先公开申请的，并且苏宁银行的名称也最早获得了工商总局的核准。可以说，苏宁云商掀起了互联网电商申办民营银行的大浪潮，随后阿里、腾讯都被爆出申请银行牌照的消息。而对于其他对手而言，苏宁的优势在于传统的线下领域：上千家的卖场可以逐渐转型为银行的业务销售物理网点，即使办不了银行，也可以和线上的销售平台相配合，做O2O的理财销售搭配。

苏宁云商此次申领证监会的基金结算支付牌照，其目的也不仅仅是为了完成线上理财式的"余额宝"，背后还有更大的战略意义。这一点和阿里的大金融战略是不谋而合的。从表面上看，

开发线上的理财产品销售渠道是为了充分利用平台所积累的用户资源，但本质上，互联网电商是想通过业务上的关联来做大互联网金融的盘子，涉足除银行以外的其他各个金融业态，比如基金、证券、期货、信托等。当前的互联网金融对传统金融的冲击还是以银行业为主，未来必然会慢慢扩展到其他金融机构。而互联网平台也在这个过程中实现了混业布局，不排除直接控股传统金融机构的可能，正如浙江阿里控股天弘基金一般。

所以，苏宁云商后期的重心在于：推出线上理财产品的同时，搭建苏宁式的综合理财服务平台，而这个平台上可以放传统金融各个业态的产品，不局限于基金。随后，配备线下的销售布局，将线下实体店的用户流和线上的电商流相结合。再进一步，平台搭好了，产品引进来了，流量起来了，就可以学阿里控股一些金融机构，进而达到从平台、渠道到自主、自营的高度。

对于互联网金融的第二梯队来说，老大的经验值得借鉴，并且在风险和政策准入上已经基本没有问题，苏宁金融要做的是在前行者留下的脚印中找到自身平台的接入点，并形成苏宁特色，紧随但不盲从！

| 3.8 | 大数据拥抱传统行业，看百度如何开放平台

"众里寻他千百度，那人却在灯火阑珊处"，传统行业离大数据的时代已然不远，百度准备开放大数据接口，传统行业不用苦苦追依，且来看百度大数据如何开放。

传统行业被互联网思维所冲击和改变的案例不胜枚举，究其根源，一般是改变了传统行业的信息获取、资源分享和产品销售的过程，大幅降低了信息不对称，提高了产品研发、设计、销售的终端需求分析和把握能力。这也是互联网改变传统行业的第一个阶段，主要是从行业的渠道属性进行变革。

更进一步，互联网有无彻底颠覆传统行业运营模式和内部流程的可能性呢？基于大数据和云计算以及此种服务带来的颠覆性影响而言，可能性非常之大，并已经在某些细分行业进行了潜移默化的变革，如大数据与地图导航。

2014 年 4 月 26 日下午，百度技术开放日在北京举行，会议以"大数据引擎驱动未来"为主题，其核心便是百度的"大数据引擎"，由开放云、数据工厂、百度大脑三大组件构成，本质是延续百度开放平台的思路，将大数据存储、分析和智能化处理等

一整套核心功能通过"平台化,接口化"的方式开放。合作伙伴和第三方将在线使用百度的大数据架构(最高可以处理 EB 级数据),通过大数据的挖掘处理来改造和优化传统行业的企业管理、产品服务设计、商业模式等环节,为创新发展装上全新的动力引擎。

也就是说,百度开放自己的技术平台,给传统企业以享受大数据工具、进行数据处理、市场挖掘、产品分析的机会,让更多的传统行业可以借大数据这轮狂风,实现产业升级和内部流程优化、再造的目的。

3.8.1 如何开放?百度大数据引擎"组合拳"——开放云、数据工厂、百度大脑

百度在互联网领域里面属于强势的技术派,精于互联网技术的研发和相关产品的驱动,通过百度自身搜索平台功能的强化,百度实现了对宏观领域内数据的集成、搜索以及相关数据能力的建设。百度通过大数据、云计算、深度学习等核心技术能力的研发与分享,为用户、开发者打造了一幅智能搜索的全新图景,一个智能搜索的生态产业链正在形成。

越来越多的内容提供商可主动参与到百度的搜索体系中,形成一个全新的搜索格局。

在建立大数据搜索的基础上,结合大数据的时代背景,如何让百度搜索成为"大数据引擎",是百度下一个大数据战略的核

心。结合移动互联的发展趋势及百度自身优势而言，开放是一种更好的数据策略，这也在本质上符合百度历来的技术策略：在开放中实现用户需求与自身战略利益。

对于秉持开放战略的大数据引擎而言，开放的方式，就是利用百度的技术优势，建立大数据工厂，并经由百度大脑融合全球领先的深度学习算法、数据建模、大规模 GPU 并行化平台等技术，实现更具前瞻性的智能数据分析及预测功能，以行业数据智能化支持科学决策。而数据收集和积累的平台是百度开放云，也就是"大数据引擎"运行的基础构件，通过分布各地的百度新一代高效能数据中心，为传统行业提供超大规模的数据存储和分布式计算。

在开放的技术框架中，百度开放云、数据工厂、百度大脑逐层递进，以最终实现对传统行业数据处理、运营流程、企业决策乃至商业模式的变革，这种彻底开放的、服务于传统企业的大数据策略，尚属首次，也在另一层面上高效利用了百度原有的搜索数据平台和客户群。

3.8.2 开放后的技术效果

对于百度而言，开放大数据分析处理平台，采用统一化、标准化的接口，导入传统企业的信息数据和需求，将产生更好的技术效果。一方面，百度拥有大数据能力的后台技术支撑：IDL、LBS、图像识别技术、语音识别技术等；另一方面，开放接口将有利于百度自身的数据交叉、积累以及数据工具的验证分析，在一定程度上提高数据分析处理的精确性。

为什么开放能产生更好的技术效果呢？

这是由目前国内公有云、私有云之间数据难以流动，特别是数据库之间处于相对隔离，难以统一化，产生真正浩瀚的大数据资源库的现状所决定的。数据的破碎化状态，决定了未来数据的整合和集成交叉、分析、预测将成为一个必须经历的大数据发展阶段。政府的公共数据，企业的经营数据，互联网平台的搜索、社交、交易数据，以及银行的信用数据，都是从不同角度加以表现和诠释的数据资源。

对于百度而言，由于缺乏一个更好的稳定账户体系，在以账户绑定用户和数据的互联网流量模式下，单纯依靠现有的数据搜索模式，同样也难以获取上述的综合大数据。因此，采用大数据引擎的模式来启动传统行业对百度开放数据平台的频繁使用和黏性，将更好地完善百度的技术和数据依托，提高数据的活性，丰富数据来源，并在数据存储的基础上开展更具前瞻性的智能数据分析及预测功能，以行业数据智能化支持科学决策。

这点在百度的大数据战略表述中也有所体现：合作机构和传统企业将能够在线使用百度的大数据架构，通过处理机构和企业自身积累的大数据，或同时融合百度大数据进行挖掘处理，来改造和优化传统行业的企业管理、产品服务设计、商业模式等环节，为创新发展装上全新的动力引擎。

3.8.3 开放数据平台的商业意义

对于传统行业而言，从百度大数据引擎中获得一流的数据处理和分析能力，等于是采用了技术升级的手段，实现了企业运营技术水平、流程管理水平以及市场预测、分析能力的全面提升。

传统企业的经营模式是怎么样的？后发的市场判断，低效的产品管理、流程设计，以及较弱的市场风险预知能力。互联网从第一个阶段改变了企业的销售渠道和营销方式，在大数据处理的基础上，必然会在第二个阶段改变企业的思维、运作和经营模式。例如，企业接入标准的开放数据接口，在本企业数据的校验和百度平台的数据校验之间做综合对比，发现两者的不同，明确本企业的经营特色和全行业的特点，进而可以采取差异化的市场经营策略。又比如，企业可以在进行决策时，从数据平台中调取诸多相关的指标性因素，进行考量分析，由平台进行"相关性"的匹配和预测，为决策提供更多的数据参考。

在医疗行业，大数据与诊断已经成为一种路径化的解决策略。百度的大数据引擎对医疗行业开放，将带来怎样的积极意义呢？

传统医疗现状：患者一生被采集的医疗数据在百兆级别，分布在各个医院，较少互联互通。而采用大数据采集工具，如智能穿戴工具和语音电子病历，结合百度的开放式数据平台，7×24小时的可穿戴设备可以让个人医疗数据由小数据变为大数据。利用百度云低成本、高可靠、高弹性的处理特点，即时获得数据积累和分析结果。在已有数据积累的基础上，百度云可以通过视频搜索技术、图片匹配技术、语音识别技术等方式快速诊断病情，比如，上传孩子的哭声，通过分析上百万孩子的哭声数据库，百度数据平台可以判断孩子可能的症状。

3.8.4　对数据生态的意义

现在大部分企业的数据生态是怎样的呢？普遍都面临着大数据应用困境，不仅数据孤岛严重，数据存储与管理的规模、数据分析挖掘以及智能化能力也都存在着难以突破的瓶颈，处在从数据累积的量变过程转化为"数据智能"质变过程的临界点上。

那么百度在其中可以做什么呢？百度拥有相对完整、领先的大数据技术，在全网数据处理的基础上，百度已经推出了一些产品，如百度指数、百度商情、百度司南等商业应用，以及百度迁徙、景点舒适度预测、城市旅游预测等社会化产品。

对于真正的大数据而言，唯有流动性带来的活性，以及相关性带来的预测性，才能真正发挥出大数据的价值，不论是积累、分析、验证还是分布。百度的大数据引擎战略，实则是用技术手段促进数据的积累、流动和交叉验证，以通过百度的开放技术平台，实现对大数据生态的一种模式促进。打个形象的比喻，对于互联网的平台而言，只有把流量扩大，把参与者多元化，把数据来源复杂化，才能产生大数据平台的效果。

对于百度自身的价值而言，平台战略是其互联网战略的一个核心，不论是在 Web 时代、移动时代，还是即将到来的大数据时代。开放大数据平台的接口，获取更多的用户流量，也是未来数据生态的一种趋势：通过对数据接口的开放获得流量入口，既获得了数据优势，也获得了用户的黏性，最重要的是通过技术化的平台获得了大数据迁徙、运动的通道。

最后，对于百度而言，数据生态是其开放战略中一部分。上溯到之前百度的智能硬件的开放平台，基本可以看出百度在技术开放服务中的战略思路，就是打造围绕自身优势建立的生态圈，用平台化、接口化的入口模式建立互联网与智能硬件的双核服务。

| 3.9 | 站在产业链的角度，58 同城困难重重

2014 年 7 月 7 日，58 同城宣布与新鸿基旗下小额贷款公司亚洲联合财务就互联网金融业务达成战略合作。双方合作范围将包括业务联合推广与销售、数据库分享、跨地域金融合作，以及尚在讨论中的 P2P 金融门户等。这意味着，58 同城或将互联网金融 O2O 之路。

对于互联网平台而言，流量和用户为王是一个亘古不变的原理，但是，前期积累平台流量却是一个极其痛苦，甚至是烧钱的过程。58 同城的用户和流量相对而言在细分的市场内具有优势，目前，58 同城每日的用户超过 2 亿，每个季度有 550 万个中小企业和商人会登录 58 同城。目前其手机客户端用户量破 1500 万，用户通过手机浏览器方式访问月流量过 10 亿，移动互联网已占 58 同城流量的 30%。

正如 BAT 在互联网内跑马圈地的发展趋势一般，58 同城的流量和用户数据也一直成为大平台觊觎的对象，为何？58 同城虽说没有自己独立的支付和类金融的交易经验和环节，但是，在前端的用户数据和积累上，58 的框架模型是具有绝对的市场和用

户积淀的。也就是说，虽然 58 的平台上没有资金流，但是平台上的信息流是十分充裕的，而这种信息流如果绑定资金流的话，就可以多方位地激发用户的金融服务需求。

3.9.1 互联网金融的两种合作模式

对于互联网金融的发展而言，58 同城和其他相对比较全面的阿里、腾讯金融框架相比，并不占有优势，但是，在区域化的生活资讯和细分的平台信息资讯整合方面，58 同城相对几个主流的互联网平台而言，仍具有一定的优势。从互联网金融的发展轨迹看，目前存在两种主要的模式。

一种是以阿里金融为代表的，这种模式以电商平台业务为基础，进而衍生出捆绑的支付、物流、金融等多层次的服务框架，它以电商为基础，通过频繁的电商交易积累了数据和用户的黏性，又通过便捷的第三方支付和应用场景的普及来进一步提高电商生态圈内的金融属性，也就逐渐成为电商金融的模式代表。

另一种是以非电商平台为主的模式，也就是在平台的初始建立过程中，并不是依靠带有金融和交易属性的电商环节来做大，而是以某种前期的资讯整合服务来扩大平台的流量，对于中后期的交易环节和线下的贸易，平台并没有过多的参与，要么是依靠其他线上的支付环节来补充，要么是通过 O2O 的方式，由线下环节来完成整个交易过程。

因为 58 同城本身就是租房、二手房买卖、商业地产和商铺转让、同城物品转让、二手车买卖和婚庆装修的平台，58平台提供了交易场景，不但能掌握用户信用情况，还能获知用户贷款的目的，最终把贷款无缝地融入交易场景里。

从产业链的角度而言，一种是大而全的模式（如阿里金融），也就是一个平台掌控所有的环节，包括信息的获取，资金流的引入和交易环节的担保；另外一种是产业链合作的模式（如58同城），也就是平台掌握其中的一个环节，而剩余的交易环节是通过引入其他机构来完成的。从目前的发展趋势而言，主流的互联网金融商站在建立了完整的大而全的模式之后，开始关注下一个获取客户信息的渠道，也就是通过各种投资入股来实现自身数据源的扩大和信息源的充实。

3.9.2 往左还是往右？

对于互联网金融的竞争结构而言，毫无疑问，以阿里金融、腾讯金融、京东金融为代表的全金融模式成为主要的市场占有模式，道理很简单，在目前中国的电商社会生态圈内，每一个平台的用户和流量都是相对比较独立的，而用户在不同平台之间进行迁徙和信用数据的平移成本较大。比如说，你在阿里金融里面是信用记录良好的用户，但是，如果你在京东缺乏持续的消费记录做铺垫的话，你就没有很高的京东金融服务评级。

也就是说，在目前这种社会的信用生态圈和数据库之间相互隔离的情况下，以独立的、全掌控的"存、贷、汇"模式是相对比较成熟和可控的。而且，以电商平台为肇始的互联网金融模式存在一个得天独厚的优势，那就是由电商的交易属性天然衍生出的金融属性，这就结合了电商平台上的商品信息流、交易资金流以及后续的物流服务。而产业链合作的模式，特别是对于掌握初始的信息资讯服务的平台而言，面临的最大困扰是如何将高黏性的信息查询和资讯服务转变为高黏性的金融增值服务，这也是目前大多数互联网平台考虑的。

对于58同城而言，要在互联网金融服务的链条中找到自己的精准定位，首先需要明确的是自身所具备的数据和用户资料能否成为小贷公司等金融合作机构可以有效转化的数据资料，能否结合金融机构的信贷和信用评级方式来延伸平台客户的金融服务需求。由于58同城是以信息资讯和本地化服务为依托的O2O模式，当中缺乏一个有效的线上到线下的交易过程的衔接，而是以线上信息查询，传统线下交易为延伸的服务。在这种缺乏一定的线上的交易环节作为补充的情况下，58同城的互联网金融参与方式貌似也只有以向右转的产业链合作方式为主。

3.9.3　58同城介入金融，困难依旧

作为以产业链组合方式为依托的模式，和以自主掌控为方式的全金融模式相比，天然存在一些劣势，这个倒不是平台的流量和用户的劣势，也不是账户的劣势，而是以平台服务深度和广度为标准的客户服务的层次性。也就是说，虽然58同城具有很大

的互联网流量优势，但是从客户服务属性的分类上看，并没有很大的金融服务属性。因为，这种属性是需要依靠频繁的、具有交易性质的资金流来实现的。

现有的互联网数据征信，主要是以资金交易流为中介的，正如阿里金融通过支付宝的频繁资金流水建立的电商小贷以及信用支付的信用评级模型一般，虽然在后期也会辅助采用其他的数据征信方式，如微博、微信、账号等级、职业因素等，但是，以资金流为核心的数据征信始终是核心，这也是为什么电商金融能够利用自身的资金支付和流水优势来建立全面的互联网金融框架的原因。

58同城虽然在本地化的服务资讯方面有巨大的流量，但是并没有深入到资金流的角度，也就很难开展基于线上的授信模型征信，而是需要借助外部的机构来完成这个征信的过程，正如58同城引入亚洲联合财务公司（小贷公司）以提高其在信贷客户的审核、风险控制、额度以及制约机制方面的能力，而这部分能力正是58同城所缺乏的。

从产业链的角度而言，虽然58同城和亚洲联合财务公司具有业务上的互补性，一方可以提供客户资源，一方可以做风险控制和额度授信，但是并非没有问题。其一，58同城的用户和客户在金融服务方面虽有需求，但是由于缺乏一个较高的黏性服务过程，导致亚洲联合财务公司在介入的过程中并不能保持优势，因为客户可以自主选择线上或者线下的其他金融服务；其二，58同城能够提供的信息，大多是以客户基本信息资料以及浏览记录等前端的资讯类信息，缺乏核心的资金交易流信息，这和58同城的平台属性有关系，因此对于小贷公司的实际价值值得商榷；其三，58同城在与专业的金融机构合作上并没有经验，而事实上在互联网公司领域内，和金融机构合作失败的案例也比较多，主要是由于双方的标准和文化价值观不同。

所以，58同城虽说是赶上了互联网金融的末班车，但效果如何，有待观察。笔者认为，表面上看风光无限，实则是困难重重。

第4章

互联网金融局部冲击金融业

| 4.1 | 利率市场化不来，银行将留不住普通用户的心

从银行活期存款市场的分流趋势来看，普通用户已经很难抵挡住银行外部各种在线理财和 P2P 理财的吸引力了，即便是银行的定期存款，在同类型的外部理财产品竞争中也显得稍逊一筹。那么，长此以往，依据长尾理论，为数众多的普通用户长期忍受着尾巴尾部的负收益（活期储蓄、定期储蓄和 CPI 涨幅、物价涨幅的倒挂），当出现一个可以实现正收益的外部投资渠道时，按捺了许久的激情将于顷刻间爆发，余额宝过千亿的规模是个最典型的例子。

银行莫非真的是要失去这部分长尾巴的客户了吗？普通用户们的存款难道就真的不入银行法眼了吗？非也。未来银行的市场争夺将从大项目、大客户转向中小客户，特别是零售和小微，因为这些零散的市场是银行业务结构调整的必须。最重要的政策因素就是利率市场化，它将直接导致银行净利差缩减，盈利空间缩小，获客成本、营销成本增长，只有转型做更多的中间业务和零售业务，才有可能实现业务多元化，保持利润的合理分布。

此外，就算金融改革的宏观政策不革银行的命，广大的普通用户们也会用实际行动给银行上一上"用脚投票"的课程，哪里的收益高，普通用户的存款就流向哪里，利率市场化不来的话，银行的存款储蓄收益率上不去，到最后只能是一步步让小额、零散的资金游离出银行账户。从这个角度说，利率市场化对银行应对互联网金融的存款冲击，有一定好处。

4.1.1　利率市场化与银行

市场对利率市场化的解读，往往更多的是从负面的角度，包括其对银行的战略和业务威胁，对银行流动性和风险控制的挑战，对资金市场管控的监督等等，总体的导向是：利率市场化本着提高银行业服务效率和质量的目的，必然会对银行的现有业务，特别是盈利结构造成重大威胁。如果没有存款保险制度的出台，银行将失去最后一道保险。

这些都毋庸置疑，是利率市场化后银行必须面临的挑战，但从另一个角度说，利率市场化在一定程度上实现了银行对已经分流的资金的"回流"性诱惑。简单说，就是如果没有利率市场化，普通用户们很有可能就转移小本钱，投资其他理财工具了，银行成了一个空账户或者是最后提现才临时需要的过渡工具。但有了利率市场化，银行储蓄收益提高，并且可能伴随着银行内部激烈的揽储之战，普通用户们在选择时可以考虑银行的产品，甚至把钱放回银行。

利率市场化对银行，并非全部都是负面因素，至少在小微客户和零散资金方面，有很大的积极意义。此外，利率市场化后，银行的业务弹性开始变大，以前是不愿意去服务普通用户和小微企业，理由是风险高、量小，收益不大、成本却高，现在是不得不去服务普通用户和小微企业，为何？利率市场化后，存贷差减小，只做大客户的话，利润空间已经开始缩减，而且提升空间不大，银行必须考虑用高成本的资金去运作风险和收益比更高的业务，比如之前不愿意去做的一些高风险项目、小微客户等。

4.1.2　如何获取普通用户欢心？

在银行业内，有一句话颇有道理：不做大客户、大业务（对公业务），今天没饭吃；不做小业务、小客户（零售业务），明天没饭吃。普通用户们从来没有如此受到重视，很重要的一点就是，互联网这个媒介把普通用户的能量聚合起来，并通过几个有效的途径，给银行造成了很大的危机感：一个是渠道，一个是资金流，更可怕的是被外部的平台（如电商、第三方支付）后台化，而变成只能做大业务的半个"瞎子"。

互联网的魅力也在于此，从发展趋势看，互联网不仅颠覆了物流、商贸和商业形态，现在已经开始进入金融领域，互联网金融也正是在这样的背景下实现了惊天逆转。没有互联网金融，普通用户们找不到宣泄理财情绪的场所，而银行业也许仍旧翘着二郎腿做着舒服的票号营生。利率市场化一来，互联网金融一冲击，传统银行从来没有像现在这样想要讨取普通用户的欢心。因为他们都明白，不服务好普通用户，银行的未来就少了一块很大的可以开垦的处女地。

那么银行如何获取普通用户们的欢心呢？最本质的是提供高收益和安全的服务。在没有互联网金融冲击的时候，银行主要是通过自有理财产品，代销收益较高的信托、保险产品等来实现储户的投资需求，但往往设定投资门槛：5万元的起步投资，将大多数普通用户拒之门外。而普通用户真正可以选择的也只有银行的定期储蓄了，一年期3%（上浮到顶后是3.3%），也远远低于其他理财产品。所以，必须要提供收益更高、门槛更低的服务才能留住普通用户。

一旦存款利率上限放开，银行间的竞争压力将会更大，普通用户们的存款收益提高后，和余额宝的收益缩小或者相差无几，银行的存款流失也就会减少。毕竟余额宝投资的是货币市场基金，主要标的就是银行的协议存款、金融债等，是因为银行受存款利率限制，只能去银行间市场借利息更高的存款，来满足临时的流动性抑或考核要求。存款利率放开后，银行可以在一定程度上实现对普通用户的更高回报，通过普通用户来实现一定的流动性和考核要求。

所以，银行不要只想着利率市场化的威胁，更多想一想它的积极因素，借着市场化的背景，来实现对普通用户的安全与高收益服务。同时，银行可以在利率市场化之后，灵活运用资金的风险定价，涉足现在互联网金融所服务的那部分"没有信用记录，没有抵押资产，没有投资经验"的普通用户和小微客户，实现对业务的多元化定位。可以这么说，利率市场化后，银行胆子会更大，以往互联网金融才能做的业务，银行完全有胆量、有诚意去抢一抢饭碗，圈一圈客户，实现服务的全面化。

┃4.2┃ 活期存款遭受一定程度的冲击

各种理财产品在丰富市场层次的同时，也为普通用户投资者提供了更多元化的投资服务，普通投资者终于可以摆脱被传统银行压抑的、永远也跑不赢物价涨幅和货币贬值的银行储蓄收益率（活期存款年化收益 0.35%，一年期定期上浮到顶后是 3.3%）。因此，在线理财、P2P、信托、保险等较高收益的产品开始逐渐侵蚀银行的活期存款业务，甚至是部分定期存款业务。

从央行公布的最新数据来看，2013 年 10 月份，在财政性存款增加 6,284 亿元的同时，人民币存款整体减少了 4,027 亿元，住户存款减少 8,967 亿元，非金融企业存款减少 2,068 亿元。银行的活期存款开始呈现外流趋势。

4.2.1 在线理财"闹开了锅"

最近的互联网金融可谓是"闹开了锅"。互联网金融的参与者不断增多，对原有金融业局部范围内的冲击也不断加大。那么，互联网金融"闹开了锅"具体存在哪些表现方式呢？除了 P2P 行业风起云涌、一波三折之外，在线理财业务开始慢慢抢了

P2P 的风头，简直是"闹开了锅"。

在线理财，也就是利用互联网的渠道来销售传统金融产品，或者进行一定程度上的创新，其本质是金融产品互联网化的"流量"变现。首先来看一看余额宝吧，5,000 多亿规模，8,000 多万用户，开启了在线理财的芝麻之门。之后，各种在线理财的方式层出不穷。

先是各种"宝"，主要是货币基金产品的销售，然后是百度"百发"，贴钱了也要赚吆喝，先圈住用户再说，8% 的收益率还是很唬人的。后来是主流财经媒体和讯的"理财客"、"放心保"，还有搜狐的"抢钱节"。不光是网站媒体，银联也开始凑热闹，银联商务将开发针对商户的理财产品，盘活沉淀资金。最后，重量级对手微信也宣布近期将推出类余额宝产品，收益率比余额宝稍高……

4.2.2 银行活期存款空壳化？

既然这种空壳化的趋势已经开始产生，那么对于年化收益仅为 0.35% 的活期储蓄来说，肯定是难以抵御客户对年化 5% 左右的货币基金，年化 5%~8% 左右的理财、信托，以及年化 10% 以上甚至更高的 P2P 产品的追求的。投资的天性是逐利性的，不管是普通用户还是高富帅，都有这方面的需求。

按照目前的情况看，如果银行的活期储蓄利率不进一步提高，也就是利率市场化的最后一步，存款利率管制不放开，那么

银行的储蓄资金会向以下几个渠道分流：

1. 改为银行的定期储蓄。目前银行的定期储蓄相对还比较乐观，一年期上浮到顶是 3.3%，二年期 4.125%，三年期 4.675%，五年期 5.225%，依据时间期限，最高的在 5% 左右，勉强可以留住部分大额的存款。但对普通投资者的吸引力在下降。

2. 改为在线理财。买余额宝、百发、微信等互联网企业的产品，主要是货币基金，可以享受 4% ~ 6% 的年化收益率，不输给一般的银行定期，但是却可以实现随取随赎的"活期"性质，满足了流动性和投资性的双重需求，而收益是银行活期的十几倍。余额宝目前已经做到了 1,000 亿元，明年很有可能增长 3 ~ 5 倍，还不包括其他平台。

3. 改投银行理财、信托产品。银行理财一般收益在 5% ~ 7%，各个产品有所不用，一般有期限的要求，同时部分提供保本服务。信托收益一般比银行理财更高，8% ~ 10%，但相对来说有一定的兑付风险，尤其是大量投资地方政府平台的，即便是政府担保，也存在一定风险。总体来说，高风险伴随着高收益，能够吸引投资者的关注。

4. 改投 P2P 等新兴在线投资方式。单从收益看，P2P 年化收益在 10% ~ 20% 浮动，为目前可以投资的收益最高的在线投资方式，且期限大多在 1 个月到 1 年之间，大多数平台也提供显性或是隐性的保本、保息担保，行业规模在今年年中估计已经突破千亿元。

以上各个渠道都是银行活期存款的"杀手"，一般而言，在风险控制到位的基础上，每一个渠道都将成为银行活期存款的噩梦。活期存款在一定程度上会被"掏空"，意味着银行资金成本的大幅上升和挤兑风险的提高，特别是对于资金实力不那么雄厚的地方中小银行来说，威胁更大。当然，空壳化并不代表活期存款不能正常运作，问题是它还有存在的必要吗？

4.2.3　活期存款有必要存在？

活期存款的设立，主要出于以下几个目的：一个是满足储蓄人的随时取兑需求，满足日常的资金使用需求，另一个是满足银行的挤兑需求，控制风险，同时平衡传统银行的资金成本，不能全部是定期，要不然银行的运营资金成本太高，也不能全部是活期，这样银行的存款就太容易被同行拉走。

那么眼下的问题是，大多数普通储蓄者，或者是习惯互联网投资的年轻人，开始慢慢掏空自己的活期存款，买了余额宝，投了P2P，转了定期，最后只留下很少一部分的活期满足最基本的生活需要：取现。随着移动支付的发展，支付宝钱包、微信支付、手机支付都将进入公众视野，这也就意味着即便是活期存款最基本的功能（随时取现以满足线下支付需要）都将面临被部分替代，甚至是完全替代的风险。

最后很有可能形成的结果就是：银行的活期存款资金越来越少，管理成本越来越高，而出门不用带多少现金，直接移动支付就解决了。况且即便有紧急的取现需求，类似于余额宝的快捷取现服务也能解决问题，还需要银行的活期存款吗？或者说，银行的活期存款业务还需要用往日的规则制度来约束吗？

单从互联网金融的冲击和在线理财市场的发展来看，银行活期存款将一定程度上被架空，当然，这也取决于社会公众对在线理财的接受程度，还有很多也不熟悉理财多元化的大叔大妈们，很有可能把大量的钱存在活期，躺着睡觉。不过，从整体的趋势上看，如果银行的活期收益不提高，制度不改变，空壳化的趋势不会变。到最后，活期存款越来越少，仅满足于最低的生活需要，即便存在，也满足不了银行控制风险的"挤兑需求"和"资金成本需求"。

笔者觉得，随着整体金融改革的推进，银行的业务结构会发生较大的革命性变化，活期存款很有可能被开刀，或者丰富内容，或者和其他账户形成联动效应，单独的活期存款账户已经满足不了需要。即使仍然存在，也会面临管理困境：银行不改变吧，空壳化；改变吧，又怕触动银行的神经。活期存款很有可能成为银行的一个软肋，食之无味，弃之可惜，一切都取决于用户的资金流向。

| 4.3 | 互联网金融长尾摆动，银行存款都去了哪?

据相关数据统计，工、建、中、农四家大型国有银行存款持续流出的趋势仍未得到改善，截至 2013 年 10 月 27 日四大行存款负增长 1.29 万亿元。而存款流失的趋势从 7 月就已经开始，7 月、9 月银行存款资金也出现了前所未有的流失情况。这部分流失的存款去了哪儿? 从这股资金分流的趋势看，银行在资金融通中的传统垄断地位开始略微松动，金融脱媒和互联网金融成为新的资金融通渠道。

4.3.1　银行无力服务，互联网金融接力

银行作为资金流通的龙头，长期以来掌握着信贷资源的入口和去向，在中国本身信贷资源并不十分充裕的情况下，银行的资金成了一种供不应求的资源，这种资源的分配和使用上也存在很大的错配: 产品和期限的错配、资金和客户的错配以及产业和需求的错配等。而 2014 年 6 月到 7 月银行界的"钱荒"也正是这种错配造成的。

这种错配的一种负面影响就体现在信贷需求的异化配置，有钱的很容易贷到钱，没钱的就没有初始信用，很难从正规的银行渠道融资。而这也是中国互联网金融生存的最大空间所在：满足了长尾理论上末尾的那部分人群的融资和投资需求。而处于长尾理论上尾巴把部分的人群，很大程度上就被排斥在银行的业务领域之外：理财投资的门槛，信贷方面的严格审核流程以及银行对公司业务、大额资金流水的偏好，对于小额和零售客户的长期弱化等。

所以，在中国为数众多的普通理财投资者的欲望被压抑了许久之后，互联网金融带来了一种全新的用户投资体验，无门槛，方便快捷，成本低，信息透明，既能满足普通人的零散小额投资需求，也能为银行服务不了的中小商户提供基于信用和数据的小额贷款。从这个意义上说，在长尾的后半部分，互联网金融开始慢慢介入，并为尾巴部分的客户提供和传统银行差不多的服务逻辑：提供存款收益，发放小微贷款，接通汇兑服务。

从具体的模式来看，传统银行的资金流失，很有可能是流向了以下渠道：

一个渠道是互联网金融的在线理财消化渠道，例如阿里的余额宝，以及各种在线理财产品。其中阿里的余额宝可以说是这一轮在线理财热的创始者，以方便快捷和收益日日量化的形式，充分激发了小额理财者的投资欲望。

除了在线理财渠道，互联网金融还有另一个吸收资金的方式：P2P，也就是人人贷。从投资理财的角度来说，人人贷的收益率随各个平台的运作方式而有所差异，但远远高于一般的投资收益，一般处于年化 10% ~ 20%，比银行理财、信托产品、基金产品以及股票债权的收益都要高。

除了互联网金融渠道，部分存款则是通过银行理财产品，信托收益产品以及券商集合产品等流出银行，流入具体的理财和项目资金池。相比于银行的定期存款利息，理财、信托产品收益较高，风险也可控，因此对于手上有闲钱的客户来说，投资具体理财产品比吃银行存款利息要划算得多。

（详细的奖金流向渠道可见 4.2.2。）

📑 4.3.2　互联网金融，用户体验为核心

互联网金融成为 2013 年的代名词，互联网企业利用自身的数据和平台优势，对自有体系内客户进行金融方面的流量变现以及价值挖掘。互联网金融的本质魅力也在于对普通人群的金融服务，不论是提供理财服务，小额信贷，还是快捷支付，安全便利的用户体验是互联网金融的核心竞争力。而传统金融业在很大程度上是满足不了长尾那部分客户的金融需求的，其中除了传统金融业对长尾客户的不重视以外，或者说是心有余而力不足之外，还有一个主要的原因就在于传统金融大多是以线下渠道（网点或者营业部）的形式来提供金融服务的，而线上的电子化、网络化渠道虽然已经开始布局，但是短期内用户体验还是较差，难以和互联网金融便捷、安全特别是场景化的支付、理财渠道相匹敌。

也正是看到了互联网金融在用户体验上的核心优势，传统金融机构开始通过多渠道的网络平台建立自身的互联网化的便捷用户体验渠道，一方面通过和现有的主流互联网金融平台合作进行产品和市场开发上的合作；另一方面通过自有业务的优势，建立自营的金融互联网化平台，并提供快捷的支付和良好的线上用户体验。

一言以蔽之，以用户体验为核心的互联网金融不仅提升了自己在中国整体金融体系中的地位和客户认知度，还迫使传统的金融机构进行了以互联网化为渠道的用户体验改良。

| 4.4 | 活期存款账户的末日危局?

2014 年 4 月,中信银行携信诚基金推出首款可在 ATM 机上直接取现并可直接线下刷卡消费的货币基金"信诚薪金宝",其申购赎回还实现了理财全自动模式。

所谓"理财全自动"模式就是客户在申办中信银行卡后,可设定一个最低金额,超出部分将自动转为货币市场基金,同时在客户需要使用资金时,也无须再发出赎回指令,可通过 ATM 机直接取现并可直接刷卡消费。

这样一来,就省去了银行版的货币市场基金"T+0"的赎回手续,客户可以直接在 ATM 机上实现货币市场基金的取现服务,在某种程度上代替了活期存款的属性。因为活期存款主要是满足了储户的流动性需求,中信银行迈出了一小步,但是对活期账户这个银行业长期存在的账户属性,实则是产生了一大步的影响。

如果"薪金宝"的取现模式被他行跟进,储户覆盖范围再进一步扩大,那么很有可能成为一种全新的银行存款业态,并成为活期存款账户的直接威胁。这和互联网金融的在线理财冲击银行存款是不同的性质,一来互联网金融中的投资理财资金需要取现,最后都仍然需要通过银行的渠道,二来中间存在一定的时间差，即便是余额宝，提现服务也不是即时的，往往存在 2 个小时的时间差，视提现金额而定。

4.4.1　活期存款的市场定位

先来看看活期存款的定义：指无须事先通知，存款户即可随时存取和转让的一种银行存款，其形式有支票存款账户、保付支票、本票、旅行支票和信用证等。

在我国，出于存贷模式为主的商业银行运营模式，吸收储蓄资金成为银行考核的重点，一来存款利率没有完全放开，成本是相对可控的；二来银行的资产靠贷款规模作大，同时靠存款来拉动负债的增长，为规模的增长提供稳定的资金来源。

活期存款对于一般用户的主要功能在于：流动性极高，随时取现，满足线下支付需要，同时活期存款可以作为流动性资产进行匹配，即时满足其他资产领域的头寸弥补需要。当然，极好的流动性所需要付出的成本就是相对较低的利息，国内目前银行的活期存款利率是年化 0.35%，而国外的一些商业银行一般都不支付利息，有时甚至还要收取一定的手续费，理由是该账户管理成本较大，取现频繁。

对于国内的银行而言，活期储蓄在提供较低的负债成本的同时，也满足了商业银行应对客户日常的取现需要，同时有利于提高银行在面对挤兑等市场化风险时候的应对能力。一般而言，活期存款和定期存款在负债来源中会遵循一定的比例，比如4:6，这取决于各个银行的资产负债管理能力和储户的资金来源的广度。但从目前的情况看，活期存款其实更多的是满足了商业银行自身的低息负债要求，在资产端和负债端通过长短错配的方式来实现业务规模增长。

4.4.2　市场趋势：兼具流动性与收益

在中信银行"薪金宝"没有推出之前，相信大多数普通储蓄者，或者是习惯互联网投资的年轻人，开始慢慢掏空自己的活期存款，买了余额宝，投了P2P，转了定期，最后只留下很少一部分的活期满足最基本的生活需要：取现。

为何呢？利率市场化和市场化投资理财渠道的多元化必然会推高沉淀资金的收益率，而银行的活期储蓄在很大程度上是利率管制体制下的账户红利，储户只能在流动性和收益率之间二选一。

从银行业自身的账户管理体系和运营逻辑来说，设置活期存款账户无可厚非，是银行自身对资金管理成本和收益的一种议价能力。在利率非市场化的时代，储户同样可以选择收益较高的定期存款、银行理财、信托等方式来牺牲流动性，换取高收益。当然，这些投资渠道都是正规金融体制内的理财、投资方式。

只不过，在利率市场化开局之时，体制外的理财方式，通过更好的流动性和更高的收益匹配来吸引投资者注意，如余额宝等在线理财、P2P投资产品。为了保留对存款的主导地位，银行被迫开始采用提供更好的、兼具流动性和较高收益的产品来留住储户的资金。这也就是中信银行"薪金宝"的取现模式的市场背景。

📦 4.4.3 可替代活期账户的产品

以美国市场为例，货币基金相当于"第二支票"，可以即时赎回，实时到账，也可以用基金账户签发支票、支付消费账单。有的货基允许投资人直接通过 ATM 机取现。早在 2000 年，美国家庭中 22% 的短期资产是通过货基的方式持有和存在的。货基的规模也一度超过美国居民储蓄规模。主要是因为美国货币基金的流动性和支付能力较强。

对于目前的国内市场而言，由于支票的使用并不普遍，主要还是采用线下的现金交易模式来进行支付结算。另一方面，虽然国内的移动支付有所发展，包括银行的 nfc 手机支付、运营商的短信支付和第三方支付的虚拟账号支付，但是从总体的支付方式来看，占比不高，渗透率也有限。就安全性和技术角度而言，移动支付也还有待提高，特别是近期央行对二维码支付以及虚拟信用支付的严格监管，可以看出，短期内，移动支付还难以成为替代现金满足日常的频繁支付需求的产品。

所以，能够替代活期存款的即时取现功能的，也只有商业银行的货币市场基金账户+ATM 机取现的产品了，通过满足流动性、取现和较高收益的方式来留住客户的储蓄资金。互联网金融的在线理财产品，一般设定每日提取限额并提供 T+0 的提现便利，但是到账存在一定时间差，和 ATM 机的即时取现还存在一定差距。

简单归纳一下，如果中信银行的这款产品具有较强的可复制性，那么货币市场基金账户 +ATM 机取现账户将成为局部替代活期账户的新业态。随着移动支付的普及，手机支付、钱包支付、账号支付等方式也有可能成为替代品，因为满足了流动性和支付的需要，具备了活期存款的功能属性（移动支付无须取现，可以直接在线上支付）。

4.4.4　活期存款的末日危局

虽然货币基金短期内无法全面取代活期存款，但从长期来看，活期存款的地位堪忧，面临储蓄资金分流的压力将日趋明显。从五大行 2013 年年报来看，虽然 2013 年活期存款余额依然保持增长态势，但存款增速的明显下滑则透露出令人担忧的信息。这其中主要还是收益率的问题，在市场化的利率水平中，储蓄资金也是有敏锐的回报嗅觉的，兼具流动性和收益性的产品，将成为新的流向渠道。

最后很有可能形成的结果就是：银行的活期存款资金减少的趋势越来越明显，存款增长放缓，管理成本越来越高，银行或者通过自我改良的方式，抬高付息成本，或者通过其他产品创新来提供高收益，这种趋势在利率市场化的前期将会十分明显。

活期存款账户不会消失，然极有可能被后台化，也就是成为资金的初始入口，但并不是资金的留存账户，而是成为资金短暂停留和流动的中间通道，这就要求银行在流行性和对储户的资产配置分析上做更多精细化的管理。

对于银行而言，活期存款账户提供的大笔低息负债的美好时代将成为过去，如何通过自身的产品配置提供兼具流动性和收益性的产品，将是下一个时期的重点。

| 4.5 | 银行网点还能存在多久?

互联网金融的概念开始席卷整个中国金融界,有理念的冲击,有业务的冲击,同时也有发展方式的冲击。总体而言,以互联网为代表的电子化和网络化趋势开始大幅改变了经济和金融的运作方式,一方面提高了金融的服务效率,另一方面也整合了服务流程和内容。

问题是,在以银行互联网化和用户网络化服务不断提高的今天,以传统银行业务为依托的银行网点,在银行的价值服务链条中的作用到底如何?以往的以银行网点为依托的服务模式将在哪一天走入倒计时,迎来自己的"涅槃重生"?也就是说,现在大家眼中的网点,在未来的几十年内是否还会继续存在,最终消失的可能性到底有多大?

在 2014 年 7 月 19 日到 20 日的上海金融年会上,有银行业人士就明确指出:商业银行的网点越大,其综合效益往往越差,未来商业银行的运营模式,网点必须是小型化、专业化、网络化,特别大型的网点简直就是糟蹋存款人的钱。从这段表述可以看出,银行未来的发展趋势是从线下到线上,并在此过程中逐步改变银行用户的使用习惯和渠道上的黏性。

银行未来哪一天会消失？不是说银行作为中国最大的金融机构的地位不存在，也不是说银行哪一天就被取缔了，而是说银行传统的物理网点终有一天会慢慢退出历史舞台，成为用户使用习惯迁徙过程中的一个"历史遗迹"，这个过程应该不会太长。

📦 4.5.1 银行网点的"电子化"趋势

对于银行而言，目前碰到的一个主要问题是，随着金融电子化和网络化的发展，越来越多的业务已经兑现了网上申办和管理的可能性，很多客户去银行网点只是解决了一个基本的开户和客户验证的问题，比如银行卡开卡服务，理财的柜台面签服务，以及一些信贷业务的材料审核和贷款人核实的程序性要件，但是，从趋势来看，银行的存、汇业务已经在很大程度上实现了电子化，网络化。

对于普通客户而言，请扪心自问一下，上次你去银行网点办业务是什么时候？你已经多长时间没有去过银行网点了？相信很多人都有一个明确的答案。那就是去网点的时间和频率越来越少，而以自助服务和网络银行、手机银行甚至是微信银行模式的服务内容越来越多。这就说明，至少是在业务和内容的客户服务方式上，银行的线上化趋势已经不可改变。

一个很明显的数据是现在银行业电子化的替代率愈来愈高，甚至已经成为银行客户服务能力的一个重要指标，比如一般的股份制银行、城商行在 70% ~ 80%，而比较优秀的股份制银行和大行，银行的电子化替代率已经达到了 90% 以上，也就是说 90% 以上的银行业务可以通过电子化渠道来完成。

4.5.2　第三方支付的替代性

在未来支付形态不断发展的前提下，出现了这样的一个趋势，那就是以现金和货币为支付手段的应用场景越来越少，而以电子化手段来完成支付的应用场景则是越来越多，所占比例也越来越大。准确地说，未来的支付形态是一个非银时代（也就是摆脱了烦琐的现金支付），是以简单、便捷、安全的线上电子支付或者是近程的移动电子设备支付为手段。

这里除了银行的便捷网上支付之外，还有一个很重要的支付系统，也就是从第三方支付逐渐衍生出来的互联网支付、移动支付等新型的支付方式。和银行的传统支付方式相比，以传统的去银行网点柜台办理转账支付业务的习惯，一方面经过银行的电子化发展渠道加以替代，另一方面通过第三方支付的互联网、移动支付的方式予以取代，并且通过第三方支付和传统银行的支付对接来实现便捷的资金汇兑。

2013 年，中国第三方支付交易规模为 17.2 万亿元人民币，同比增长 38.7%，随着第三方支付的业态逐步稳定，在现有格局下，全行业将进入稳定增长时期，预计未来三年均会保持 35% 左右的增速。此外，移动支付市场进入爆发阶段，2013 年总体交易规模 13,010 亿元，同比增长 800%。

📘 4.5.3　银行网点还能留住哪些客户？

这里读者不禁要问了，既然银行的电子化替代率和第三方支付的便捷支付具有如此大的业务替代性和冲击性，那为什么银行现在的网点总体还在扩张？这是不是和银行未来网上化的趋势相反？

其实不然，这和银行目前的客户结构和中老年人的使用习惯有很大的关系。一般而言，年轻人比较熟悉和习惯现在的电子化消费和支付习惯，而中老年人和部分保守的客户群依然以银行的柜台网点服务为主，比如汇兑、存取款以及其他相关的服务。等于说，目前的客户行为消费习惯正在逐步的迁徙过程中，在此阶段，银行的网点还能发挥出一定的综合效果。特别是在一些三四线城市，银行网点的数量还是作为主要的金融服务考核指标。但是，在一二线城市，银行的金融服务已经不靠单纯的网点数量来体现，而是综合考核服务的电子化、网络化和用户体验。

所以说，未来的发展趋势一定是用更便捷的、效率更高的电子化银行来替代现在的物理银行网点。现在虽然出现了银行物理网点扩张和社区银行等线下业务的推进，但实际上都是银行在金融服务供给不足和竞争不够充分区域的布点过程，因为短期内还有部分客户是习惯于网点的行为消费习惯的。

也就是说，银行目前是在用线下的网点布局来进行差异化调整，以空间换取时间，在转型的过程中尽可能抓住更多的线下银行用户，在占领市场的基础上再进一步培养客户的电子化和网络化金融服务习惯。

4.5.4　银行会在哪一天消失？

回到开头的问题，银行会不会消失，就银行这个金融机构的主体地位而言，作为一种金融存在是不会消失的，消失的只不过是一些物理上的渠道，比如说目前大街小巷中随处可见的银行物理网点。

随着银行电子化服务程度的提高和用户行为习惯的迁徙，未来更多的客户将习惯于网上的银行服务，而银行也会随着用户习惯的迁徙而转变服务方式，其中最主要的就是降低线下开办网点的物理租金和维护费用，包括人工和维修、安防等设施的配备，而更多的是采用后台化和前端化相结合的渠道方式，以电子化和网络化服务为主。

银行在十年后、二十年后的发展趋势是物理网点逐步减少，而电子渠道逐步增多。此外，在物理网点的表现上，大型和中型网点将越来越少，而面积小、专业化的网点的数量会有一定的上升，这个在转变的过程中会有所体现。

银行在大街上的 LOGO 将会逐渐淡出人们的视野，而在网上的入口将会增多，未来的银行布局模式，将是强大的 IT 和系统后台＋少量物理网点＋强大的网络化用户入口。

| 4.6 | 银联、银行和第三方支付的"三国杀"

2013 年 9 月，银联强硬出台了针对第三方支付的支付管理办法，甚至明确规定了整合线上和线下支付业务的时间表："2013 年 12 月 31 日前，全面完成非金机构（主要是"第三方支付"）线下银联卡交易业务迁移，统一上送银联转接"；"2014 年 7 月 1 日前，实现非金机构互联网银联卡交易全面接入银联"。要在 2014 年 7 月之前将所有的第三方支付渠道纳入银联的清算渠道，可谓是引发了市场的一阵猜疑。

作为国内唯一的银行卡清算组织，银联在占据线下收单和清算中介的垄断地位的情况下，为何这次如此剑拔弩张？背后又隐藏着怎样的考虑？

4.6.1 话说中国支付市场

在中国的支付系统中，分为线上和线下两块，线上支付主要是第三方支付，如支付宝、财付通、银联在线、快钱等，其中支付宝占据绝对的优势，比重在 45% ~ 50%（这里指的线上互联网支付规模在 2 万亿左右，不包括大宗商品的交易规模，比如铜铁铝的网上交易，这些一般都是线下的移植，不是成熟的网上支付），财付通在 20%左右，而银联的比重很小，大概不到 10%。线下支付是传统的资金流通支付渠道，分为发卡行、收单行（收单机构）和清算机构，银行是发卡行，收单机构可以是银行、第三方支付和银联商务（银联旗下的第三方支付收单机构），而清算机构则只有银联一家。

可见，银联在线下支付渠道中坐收稳定的没有竞争的手续费分成收入。它同时既是清算机构，又可以利用自己的银联商务发 POS 机，成为收单机构，收取收单市场收益。

理论上来说，银联跨的产业链条不仅幅度大，涵盖了收单和清算的环节，而且收益很高，那为何对其他第三方支付的线下收单业务耿耿于怀以致围追堵截、执意整合呢？——本质上来说，线下的第三方支付业务中，除去银联商务和银行的 POS 机，剩下的由其他第三方支付牌照铺设的收单 POS 机总的加起来占比只有百分之十几的水平，如通联支付、衫德、汇付天下等。银联为何如此急不可耐？

4.6.2　银联挑起战争之缘由

银联挑起战争之缘由主要有以下几点：

1. 线上支付发展迅速，支付宝、财付通等第三方支付机构在线上获得了庞大的数据流和资金交易流，两者加起来大概有 70%

以上的线上市场份额。而在线上，由于存在便捷的支付条件，无须绑定清算中介，银联也插不进去，大多是第三方支付和银行之间进行直接对接，或者是快捷支付，信息流的效率很高。日后线上业务发展前景广阔，近几年的增长率一直在100%以上，银联难免"郁闷"。因此，在支付宝等机构低调开展线下业务，铺设POS机时，银联一定会对这种威胁进行强烈的回应。

2. 央行最近颁布的收单业务管理办法中没有明确排除银行和第三方支付进行直接对接的可能性，而是模糊地一笔带过，可以说是央行对银联垄断地位的一种担忧。当然，央行在收单业务管理办法中也明确提出对线上和线下的收单业务要进行统一监管，但是这是央行的职责，并没有把这项权利转移给银联。银联这时候出台新的办法，是急于给自己正名：银联仍然是唯一合法的清算机构，所有收单业务都应通过银联结算。

3. 银联一直对线上支付业务有诉求，2013年上半年我国第三方支付企业交易规模（线上、线下交易规模总和）就已经达到6.91万亿，其中线上支付规模增长迅速，而目前银联在线上支付的比重又太小，缺乏足够的实力。因此，银联寄希望于这次自己出台的整合办法，强行把线上业务也整合到自己的清算体系中去。可谓是用心良苦！

4.6.3 "三国杀"的表现

在银行、银联、第三方支付三者中，银联目前咄咄逼人，可谓是攻势。银联的实际垄断地位决定了它可以利用现有优势对第三方支付发难。

银行，作为发卡行和主要的收单机构之一，在业务上部分受制于银联，同样在线上业务中也受制于支付宝等第三方支付（交易数据流被对方隔断，话语权降低），因此在银联和第三方支付的博弈中，更多的是希望扮演着一个平衡者的角色。但是眼前来说，银行更加摆脱不了的是银联的压力。

对于第三方支付，其最大优势在于线上，虽然线下也有几家做得好的支付，但是总体上比重较小，对银联构不成威胁，况且第三方支付的线下业务基本都通过银联清算，不会冲击银联的地位。

4.6.4 战略态势与均衡策略

在银行、银联和第三方支付三者的博弈中，银联掌握着战略主动，可以挟持银行来逼迫第三方支付，这在线下可行，但在线上来说就站不住脚了，银行在线上受制于第三方支付的压力更大。银联扮演的是进攻者的角色，争取开拓线上市场。

银行，目前还维持不了中立的态度，线下业务有收益，但是银联的地位强势，线上又受制于第三方支付。银行的角色是站稳立场，保持相对优势，既不会完全跟随银联，也不会过度放任第三方支付。

作为第三方支付，貌似是最弱势的，线下业务发展步履维艰，线上业务也面临着与银行间的博弈，需要微妙平衡。第三方支付目前最要紧的是守住自己的线上阵地，保持和银行之间的直通合作，同时尽量保持原有的线下业务，以时间换取空间。

银联是老大，银行是老二，第三方支付是老三。老大要独大，老二不吭声但有意见，老三最不服，也最弱势。老三拉拢老二，老大半真半假地威胁老二保持阵线。这就是银联、银行和支付三者之间妙趣横生的——三国杀。三兄弟上面还坐着一个央行，类似于老爸，不管怎么说，收单业务这纸圣旨是老爸出的。三兄弟鹿死谁手还是和平交手，有待观察。

| 4.7 | 争夺战：互联网金融与传统企业，
谁能拔得头筹

2013 年下半年以来，民营银行牌照申请再次引发市场热捧，不论是传统民营企业、商会，还是互联网公司、电商平台都卯足了劲想在这一轮政策窗口中获得银行的牌照，从而解决企业自身的融资成本和涉足银行业的战略布局问题。在申请主体上，主要有民营企业和互联网金融两类，双方都在加紧材料准备工作，同时与监管层加强互动，及时掌握最新动态。从 2013 年下半年以来的局势看，民营银行的申请是"万事俱备，只欠东风"，而这股东风是首先吹向传统企业还是互联网金融，则依赖于诸多因素。

可以说，这股东风很关键，东风的掌舵者是监管层，它决定放多少风，放多大的风，而风向的流动和路径，则受到市场氛围和舆论的影响。不论是互联网金融还是传统企业，获得银行牌照，不仅可以正式开展银行业务，获得资本流动的掌控权，还可以为自身的类金融业务服务，是一举两得的事情。这也就不难解释目前申请的企业数目已达数十家了，这还不包括正在计划申请的。

4.7.1 争夺战的焦点

焦点在于银行牌照在中国还是一个稀缺资源，而且民营银行一开始全面铺开的可能性不大，管理层比较稳妥的考虑是先批准几个试点性质的民营银行，而后根据节奏和力度适当推广。因此，第一批获批的民营银行数量会有限，可能就三四家，而且分布区域上也会有要求。目前全国已经申请加上有意向申请的企业已经有差不多二十家了，争夺第一批的程度较为激烈，而拥有第一批民营银行牌照对申请主体的好处是明显的：获得首批银行牌照的市场认可优势，影响力较大，业务铺开能乘上一波顺风；首批是实验阶段，操作空间也可能较大；日后成为民营银行的标杆也不是没有可能。

对于互联网金融来说，长期以来资金的来源和去向多是通过银行的途径，自身更多的是扮演一种通道角色，对于掌握资金自主权是很渴望的，因为这不仅能降低交易成本，还能为平台自身业务建立一个业务闭环，资金和产品可以绑在一起操作。对于传统民营企业，由于银行信贷具有一定的门槛，多数中小微企业融资比较困难，因此由实力较强的民营企业开设银行具有很强的现实意义。双方都有开设银行的合理理由和需要，手心手背都是肉，市场融资需求依然很大。

4.7.2 互联网企业申请银行的优劣势

从舆论对比来看，互联网金融由于是一种全新的金融理念，加之拥有网上操作平台，又有一定的数据和信息流做支撑，迎合了消费者的用户体验，因此在这一波的对比中舆论优势更大。虽然民营银行最开始的申请者是传统的线下实体企业，但民营银行的概念很快延伸到线上互联网金融，阿里、腾讯、苏宁、京东等几大电商都开始"蠢蠢欲动"。

从业务结构来看，互联网金融，主要是电商平台开展银行业务拥有现实的业务做支撑。电商把中小商户的融资需求、消费者的信贷需求以及平台的转账结算和支付需求都统一起来了，除了没有银行牌照，基于电商平台的金融需求已经表现为类似于银行基本业务的"存、贷、汇"了。所以，互联网企业获得银行牌照，业务可以迅速在自有平台上做起来，一并解决了资金来源问题和金融杠杆问题，把电商的商贸属性和金融属性合二为一。这样一来，互联网金融的银行业务和传统银行的业务具有一定的差异，直接冲突也不多，银行服务好 20% 的大客户，互联网金融可以在 80% 的长尾市场里耕耘。

线上的电商系银行劣势也比较明显：目前国内还没有成熟的线上银行模式，缺乏可以借鉴的模式和经验，而且线上业务给传统银行以很大的冲击感和危机感，遇到的阻力会很大。从管理层角度来说，线下民营银行毕竟可以参考传统大银行，便于监管，漏洞也较少，风险控制体系和流程设计都能获得传统银行的经验支撑。而类似于阿里网络银行的纯线上银行，监管起来会比较麻烦，风险也难以预估，对资金的监管和走向难以把握到位，很有可能会出现 P2P 行业的一些问题。

4.7.3　传统企业申请银行的优劣势

传统企业申请银行的优势比较明显。由于传统企业没有线上操作经验，依据自身的融资需求和特点，一般申请的银行形态是线下的传统银行，只不过在规模、地域、股东数量、经营范围等方面和传统银行有所区别，但本质上是一致的。传统银行的监管条例、运营方法、业务结构也可以直接移植到申办的民营银行，因此，在接入银行体系这一方面，传统企业申请的银行具有现实的可操作性以及便捷性，相对管理层来说，监管和把握的力度更强。

除此之外，对于现有银行来说，线下传统企业申请的银行带来的威胁感不会像互联网金融那样强烈，充其量来说，是融入的角色多一点，而不是互联网企业办的银行那样具有颠覆性或挑战性。从整个银行的生态体系考虑，首批民营银行的重任由线下的企业来承担，可能银行市场的接受程度会更高一些。因为不光是管理层监管方便了，地方银监局、各大银行对于银行体系的运行规则、要点也是一目了然，不太会担心民营银行运行出现不可控风险。

但是，传统企业申请银行也有一个较大的缺陷：业务上的同质性。和传统银行相比，新申请的民营银行无一例外要和现有银行开展线下的竞争，对公业务也好，小微业务也好，吸收存款也罢，同样会面临较大压力。尤其是利率市场化开闸，贷款基准利率已经放开，未来存款基准利率也会放开上限。对于企业申请的民营银行同样要面临利率市场化的冲击。银行业竞争已然激烈化，线下民营银行的设立在很大程度上避免不了同质竞争。出于这方面的考虑，管理层可能会把口子捂得严实一点。

4.7.4　监管层的考虑

对于设立民营银行，管理层的动作不会那么快，前期还在材料论证阶段，要等具体的民营银行细则出来。市场有传闻第一阶段可能批 3 家，分别位于天津、上海和温州或深圳，不过消息有待核实。

央行和银监会在这一问题上尚需要一定的沟通。从目前掌握的情况来看，央行对于互联网企业申办银行持支持态度，全国人大财经委副主任委员、原央行副行长吴晓灵曾多次在公开场合表示"民营银行从互联网金融嫁接重组更有希望"、"支持支付宝获得银行牌照"等。而银监会在这一问题上尚没有明确支持哪一方的表述，只是表示支持设立风险自担的民营银行，没有细化。但可以猜测，银监会对基于线下的传统企业申请的银行或许更能接受。央行考虑的是网上银行的差异化竞争，这一点互联网企业可以做到，而银监会考虑的是便于监管和体系内银行的接受程度，这一点传统企业申办的银行占优势。

📦 4.7.5 谁能拔得头筹？

在银行的管理体系中，银监会的审批是关键，此前苏宁获得工商总局的名称认可只是第一步，关键还是看银监会的态度。从现实的可操作性来看，线下的民营银行短期内获批的可能性较大。对于线上的互联网金融申办银行，时间尚不明确，苏宁银行获批名称和其线下的苏宁电器卖场业务不无关系。具体决策结果还取决于管理层之间的博弈，但不排除拿一家比较规范的线上电商做试点。出于稳妥性考虑，线下的民营银行首批可能性更大。

从双方博弈的效果来看，最后是双方各有胜负。2014年3月，银监会主席尚福林在两会新闻中心举行的记者会上说，经过各地政府的推荐和报国务院原则同意，选择了一些民营资本共同参加第一批5家银行的试点工作，分别在天津、上海、浙江和广东开展试点。

对于获得首批试点的5家民营银行的申报方案究竟有哪些特点，银监会相关负责人介绍称，主要分为4种模式：阿里发起的银行定位"小存小贷"、腾讯定位"大存小贷"、天津定位"公存公贷"，其他两家则体现特定区域，服务当地的小微企业、金融消费者。

| 4.8 | 互联网金融摆脱银行束缚，关键在于银行牌照

眼下比较流行的互联网金融模式，大多是从渠道和流量上的互联网化，而对于资金方面，真正意义上实现脱离银行渠道的少之又少。第三方支付、综合理财服务平台、电商金融以及P2P、网上小贷等形式，资金沉淀大都还是要回到银行体系内部运转。因此，互联网金融在初创期，对金融的变革更多的是体现在渠道和数据的截留上，在资金的截留上，表现并不是很明显。

那么互联网金融，最后到底会发展到什么状态呢？到底是一个传统金融体系的附属，还是另辟蹊径的金融体系呢？笔者觉得关键在于互联网金融能否实现大量的资金分流，从源头上切断银行对互联网金融的约束。

一旦互联网金融能够实现资金流的自我掌控，使得大部分资金能够停留在互联网金融的土壤之中，不必流经银行的传统渠道，那么，一个全新的、可以和银行相抗衡的金融体系也就诞生了。而这样的金融体系是传统银行未来的致命威胁。

4.8.1　互联网金融实现资金沉淀的关键：银行牌照

从表现形式来看，不论是P2P、第三方支付，还是金融服务平台，由于都没有正规金融机构颁发的金融牌照，主要是银行牌照，资金的来源和最终的去向只能是存放在银行，因此，即便银行被互联网金融局部后台化了，数据被截断了，银行在谈判的时候还是会有一些底气在，因为互联网金融目前还不具备传统金融的一些功能，一些无法涉足的业务短期只能通过银行渠道来解决。本质上说，互联网企业还不具备银行的资质，不能合法吸储放贷、沉淀资金。

在美国，传统银行在互联网金融面前的底气就足得很。美国的银行体系十分发达，中小银行众多，互联网金融的市场空间很大程度上被中小银行给挤占了，导致目前还没有出现能够和大银行竞争的互联网金融机构。美国的大银行十分关注流动账户的所有权，掌握了账户就掌握了资金流向。而且，美国的银行强势表现在于：网上的第三方支付必须和银行的流动账户连接，到一定程度，就会进一步要求第三方支付公司提供客户资金和去向数据，否则就面临被中断账户联系的风险。

可见，互联网金融实现资金流在自有体系内沉淀的关键在于获得银行牌照，互联网企业如果能够办银行，那么就拥有了一个可以合法管理、沉淀资金的平台，通过互联网连接的用户前端和资金去向就可以直接在互联网银行的平台上操作，没必要将账户在传统银行托管。资金流在这个意义上才真正实现了对银行的资金分流，而不是仅仅在渠道上的分流。

4.8.2　互联网金融能否最终摆脱银行？

毫无疑问，从短期来看，互联网金融仍将作为传统金融体系的一种补充，而不是颠覆性的力量。从长期看，随着阿里、腾讯、百度等互联网公司获得金融牌照，以及最终获得民营银行牌照，传统意义上通过银行的资金会部分分流至互联网银行，因此可以说，这部分资金是可以摆脱银行的束缚的。

那么互联网金融能否最终摆脱银行呢？从目前的发展趋势看，只要互联网金融能够获得一定的资金市场份额，能够满足自有体系的客户的融资和理财需求，互联网涉足金融领域并最终实现独立的资金沉淀是完全可能的。因此，乐观估计，一旦互联网企业获得银行牌照，摆脱银行的资金流的序幕也就拉开了。

当然，即便互联网金融真正实现了资金方面的独立沉淀，在金融业务操作上，在经验学习和风险模式建立上，仍然摆脱不了传统银行的模式借鉴。管理层也很有可能要求互联网企业建立一个标准更严、要求更高的运营模式，而这个模式的母版就是传统银行，也只能是传统银行。所以说，在不久的将来，互联网企业可以实现渠道和客户的脱媒，甚至是资金的脱媒，但无论如何也褪不去银行的印记，而且是要求更高、标准更严的银行的印记。

📦 4.8.3 传统银行的争夺

既然互联网金融不可避免地要分流传统银行的资金流，有远见的银行也开始布局银行的互联网化，可以说，在互联网金融时代，银行的互联网化是一个最有底气，也最有实力的变革者。银行的客户和资金都是现成的，关键在于给用户提供一个便捷的、安全的、互联网化的体验渠道。

传统银行本身拥有宝贵的银行牌照，这已经在资金沉淀方面先人一步，所要做的只不过是把线下的业务搬到线上，或者更进一步，设立专门负责互联网金融的部门，甚至是银行。如民生的网上直销银行，一旦银监会批准，网上直销银行就将成为民生下面一个独立的线上银行，拥有独立的线上银行牌照，和传统的线下的民生银行相配合。

从这个意义上说，传统银行在互联网金融的资金分流面前，并非无可奈何，而是大有可为。传统银行完全可以运用自身特长，在即将被分流的资金流里面获得更大的话语权，使分离的资金通过互联网化的体验重新回流到银行体系内部。

目前，互联网金融在传统银行面前还很弱小，但发展迅速。互联网金融已经从渠道和数据、用户等方面截留了部分原有的银行客户，以及大部分银行不愿去服务的客户。从发展路径上看，下一个截留的对象就是银行的资金流了，而这个截留的关键在于

获得银行牌照。传统银行也会在资金的分流之战中获得一席之地，促进其网上业务的发展。从管理层的考虑来说，设立互联网上的银行牌照是大势所趋，目前所要等待的只是具体实施细则和更多的监管要求。

| 4.9 | 存款保险，最后的救命稻草？

　　2013 年，金融改革大幅拉开序幕，以银行业改革为重点的金改开始逐步延伸，以便为最后的市场化道路打开一个稳健的金融通道。银行业是目前中国金融资产最大、系统性关联程度最高的金融行业，也是整个国民经济最直接的金融推动者。改革的步骤首先拿银行业开刀，可谓是用心良苦。

　　对于中国的银行业，历来存在这么几个问题，一个是靠相对无节制的放贷做大规模，再靠融资完成资本金以及存贷比的考核，同时伴随着比例较高的资产错配，一旦遇到流动性风险，连锁的负面反应就可能显露；另一个是隐性的国家、政府担保，即使出现小范围的系统性风险，最终仍然会由国家来进行不良资产处置或者指定托管，以实现不良资产和债务的转移。因此，可以一言蔽之，银行业能够在资产规模上快速做大，并跨业进入基金、证券、保险等其他细分领域，很大程度上取决于整个国家的信用担保，而且是隐性的，对于银行来说是近乎无成本的信用担保。

　　那么这种体制为什么需要改变呢？一个是体制内聚集的风险，另一个是这种被国家所保护的银行在一定程度上抑制了金融发展。在这种体制下，存贷款利息是有上下限的，存贷比是有红线的，市场资金的成本是完全可控的，这就导致了银行有稳定的利差收入来源，而最终导致了市场资金定价的扭曲。在这种情况下，需要融资的中小企业和某些行业难以从银行获得资金，而不愁融资的国企、央企却可以常年获得低息贷款，融资的渠道被切断，这也就衍生出了中国银行融资以外规模达 20 万亿甚至更高的影子银行市场。既然体制内融资渠道不畅通，融资需求就只能通过影子银行来满足了。

银行业改革的最终目的是资金定价市场化、融资畅通化以及风险担保的市场化，国家是最终的管理人，但不应该为银行提供直接的政府信用担保。政府的信用也不是无限的，是有节制的，利率市场化和存款保险制度是国家把担保形式由政府转为市场，并提高市场的风险自我甄别能力。

4.9.1 存款保险制度的配套

所谓的存款保险，有点类似于普通保险，就是银行业机构由政府牵头组成一个存款保险机构，然后根据各个银行的资产风险水平与规模，向该保险机构缴纳保费，费率的确定需经过银行业认定并执行。一旦某些银行出现挤兑或破产风险，储户的存款可以由该保险机构补偿。在国外，存款保险已有非常成功的尝试，美国金融危机倒闭的诸多中小银行，最后都通过存款保险完成了对客户的赔付。

结合中国的实际情况，存款保险制度有一定的特殊性。首先，不可能全额赔付，只能设定一定的标准和限额，或者按照超额累计的比例赔偿，目前央行放出的消息是最高对个人赔付50万，超过50万部分或许不能获得赔偿，对企业的存款赔偿还没有明确的标准。而如何确定赔付标准，将直接决定银行风险经营意识的高低和市场化水平的高低。

就目前的情况来说，存款保险制度倒主要不是为了约束既有的五大行和全国性的股份制银行，因为这部分银行不是上市就是有实力雄厚的投资者来源，或者在内部风险经营上已经有成熟的风险触发机制。存款保险主要是针对各方面尚不那么成熟的区域性中小银行和未来即将搅局的民营银行，因为一旦利率市场化铺开，银行的银饭碗被砸破，局部性的银行风险和破产将成为必然，而民营银行的可能性很大。

可以这么说，民营银行只有忍受比利率市场化更大的压力和挫折之后才能成长，为什么？存款从哪来？更高利息的储蓄和拆借利息的资金。贷款放到哪里去？风险相对偏高的、其他大银行捡剩下的中小企业客户或者行业关联客户。如果只是做和其他大行一样的客户，贷款利息上不去，民营银行又如何实现盈利呢？

所以说，存款保险更大程度上是为给新开的民营银行提供一个相对较好的市场化担保功能，否则，谁愿意把存款放到真正民营的银行？一旦出现风险，国家不担保，储户找谁要赔偿？此外，保险存款制度也给大行敲响警钟，以往的风险触发机制需要引入市场化的更多考虑，而非是抱紧政府的大腿。

形象点说，国家打开了利率市场化这扇大门，打破了原有的隐性担保（存贷差，存贷比），但又引入了存款保险制度这只看门狗，给利率市场化保驾护航。

4.9.2　存款保险制度，最后的救命稻草？

对于银行来说，存款保险给予了保障，大不了最后破产清算，该赔的赔，赔不了的由存款保险赔，再赔不了的就靠客户自己的风险承受能力了。毕竟，存款保险也只是有限赔付，不可能全额。

那么，对于普通的储户来说，存款保险制度是否是最后的救命稻草呢，显然不是。客观上来说，存款保险制度是和利率市场化配套的，最终目的都是为了保护投资者的利益。但任何保护都是有成本的，存款保险也一样。对于储户来说，不能完全依靠存款保险来实现自己的资产保全，而更多的是需要提高自己的风险甄别能力和资产处置能力。

可以试想，如果储户对银行的业务认知更全面一些，对银行经营风险的认知能力再强一些，对资产处理的能力再强一些，对风险性的预估更强一些，那么，完全可以自己选择一家或者几家更靠谱的银行，或者在高回报和低回报的银行投资渠道方面做一个有效的资产配置。存款保险制度对于储户来说，是无奈之举下的最终市场保障，但并不是救命稻草，如果储户自己把存款保险定位为救命稻草，只能说明储户需要提高自己的风险甄别能力和资产处理能力，更大地提高主观能动性。

当然，中国目前的现状是，大多数储户缺乏这种市场化的风险预知和甄别能力，所以造成了把大量存款放在银行而不加"理睬"，听之任之的状况。这也需要通过利率市场化和存款保险制度的实施来逐步进行风险意识的启蒙。要让储户了解银行资金经营的风险，让客户在风险对价和回报对价中自己选择最佳的银行，而不是被动的思维：反正由国家担保，存款利息回报都差不多。

最终的市场化，不光是银行业资金定价的市场化，储户、投资者的资金和风险意识也要市场化，这也正是利率市场化和存款保险的另一层含义。从这个意义上说，国家是希望通过存款保险制度建立最后的、没有其他途径的保险赔偿机制，更鼓励市场和储户提高风险甄别能力，降低投资风险，实现自我保护。

应该是这样的逻辑，先有自我意识的资金保护意识，然后才是存款保险制度。

| 4.10 | 余额宝：回归本源的思考

从某种意义上说，余额宝已经被承载了太多的使命，太多的舆论负担，从而导致这一个货币市场基金的渠道变现产品成为2013年互联网金融最火的代名词。不错，从产生的市场效果看，余额宝的确是起到了给整个互联网金融推波助澜的作用，并成为在线理财市场的领头羊。

但是，这个领军的角色却不是那么好当的，在中国的传统文化中，对出头椽子的典型压制文化就是"棒打出头鸟"。虽说余额宝是在高层的某种政策许可下进行的产品渠道方面的创新，但是不要忘了，余额宝现在已经从金融流动性的几个基本原则上挑战了现有的银行业。余额宝在不受银行业几个基本性原则监管的情况下，其实已经成为一个虚拟的资金中介，但是享受着互联网金融的特殊待遇。

4.10.1 挖银行墙角

如果说金融脱媒是种趋势的话，以往的信托、基金、理财只是通过银行这个大体系进行有限的资金分流，主体还是银行在掌控。但是，互联网金融就不一样了，它的一个个触角是从底层在挖银行的墙角。而这在利率市场化的背景下，将成为最令银行感到忧心忡忡的一个问题。利率市场化将倒逼商业银行去服务好更多的零散、小额、小企业、个人客户，这和目前互联网金融的主要客户群体是一致的。换句话说，以余额宝为代表的互联网金融不仅成了利率市场化的重要推手，还成了银行零售业务的重要竞争对手。

银行无奈，开始绝地反击，互联网金融在局部领域面临现有体制的制约，无力反抗，只能握手言和。这貌似是近期央行、银行们限制第三方支付的最佳描述。互联网金融是否走得太快？是否有太多的外溢效应而过早地面临监管的天花板？是否有必要重新梳理一下互联网金融的本质目的？

4.10.2 余额宝：事出无奈，无心插柳柳成荫

就余额宝这个产品而言，国内外并非没有先例，美国在利率市场化的早期就有过类似的产品，最后随着资金市场化和货币市场基金收益优势的丧失而走向了尾声。这个过程，也必然是中国各种宝的发展趋势，只不过受制于管理层对利率市场化速度的控制，短期内这个结果还很难出来。

如果早想做这样的产品，阿里也不会等到利率市场化这个进程开始了才开始做，支付宝衍生出余额宝这个产品其实有更深层

次的意义：通过余额宝转移支付宝的沉淀资金，达到一石二鸟的目的，一边是满足了长期以来的支付宝沉淀资金的收益问题，另一边是让支付宝彻底摆脱了支付备付金的负担问题。因为支付宝长期的沉淀资金就有数百亿元，央行对于第三方支付缴纳最低的支付备付金的标准是10%，也就是说，如果支付宝继续留存着大额的用户资金沉淀，就要缴纳数十亿元的备付金，这实在是支付宝的一个很大的难题。

把用户的资金通过余额宝的方式投资货币市场基金，最开始支付宝和阿里高层未必会抱有很大的期望值，但是却得到了"无心插柳柳成荫"的效果。这一点从阿里小微金融服务集团负责人彭蕾的言论中可以看出来：余额宝其实从一开始就没有被确定为战略级产品，可能也只是一个维系支付宝流量和平台黏性的产品，但是却逐渐超过了所有的阿里系列的产品，成为一个货币市场的巨无霸。按照最新的数据，所有的货币市场基金总量是1.5万~1.7万亿，余额宝就占了5000亿~6000亿元，近乎1/3，可见余额宝这个产品的"意外"效果有多大。

4.10.3 回归本源：弥补头寸，而不是资金议价

话又说回来了，余额宝这个产品的初始目的到底是什么？从有关的解读来看，倒还不是为了确立阿里金融的引领战略之地位，上面也解释过了，更多的是一种意外的效果。阿里没有想

到，普通投资者的理财欲望竟能够被激发得如此彻底，如此酣畅淋漓，也如此让银行担忧。之所以有这么大的意外，这背后的原因无非是两点，一个是中国现有的固定收益性理财，特别是稳定的高收益理财方式太少，要么有门槛，要么是支付不便捷；还有一个就是支付宝拥有现成的平台和资金交易基础，所以做起余额宝来比较顺手。

回归到余额宝这个产品的本源，也就是货币市场基金的本源，我们可以发现哪些值得探讨的东西呢？

首先来看看货币市场的定义：货币市场是短期资金市场，是指融资期限在一年以下的金融市场，是金融市场的重要组成部分。由于该市场所容纳的金融工具，主要是政府、银行及工商企业发行的短期信用工具，具有期限短、流动性强和风险小的特点，在货币供应量层次划分上被置于现金货币和存款货币之后，称之为"准货币"，所以将该市场称为"货币市场"。

就银行而言，它的货币市场就主要是同业市场，包括银行间的同业拆借、同业存款以及部分金融债等，拆借的主要目的是为了供给部分商业银行的临时性短期的资金拆入，以满足其一定时间节点的考核和运营需求。从银行整个资金流通的渠道来看，同业存款并不是银行负债的主要部分，只是承担起了银行在负债端和资产端进行匹配的时候的临时性应急需要。从长期发展趋势来看，随着利率市场化的推进，银行间利率市场和银行存款端的利率市场的差距将会不断缩小，最终的目的是实现资金供给和需求的彻底市场化。所以，从这个出发点来讲，余额宝等各种在线理财产品，其主要作用也应该是满足临时的银行拆借需要，而不是为了"挟广大普通投资者的威严来和银行做谈判"，虽然提高理财者的收益无可厚非，但却逐步丧失了货币市场基金的主要本质意义：是补充而不是颠覆。

4.10.4　余额宝如何"减肥"？

在货币市场基金里面，余额宝所依托的天弘基金就是一个巨无霸，5,000多亿元的规模，已经足够令银行好好审视这个同业市场上的新角色。从目前的趋势来看，余额宝虽然每天还保持着净申购的状态，但是增加的速度已经大大下降了，一方面是收益的下降，另一方面是几个大行限制了每日转入的最高额度。

不仅是余额宝，其他在线理财的收益也都出现了下滑的状况，这本身是货币市场的正常反应，毕竟数千亿元的资金规模和现有的银行业存款规模相差还是太大，还不足以产生颠覆性的作用，况且还有央行的公开市场业务进行市场资金的调控。余额宝是时候考虑给自己减减肥，拓宽客户的投资渠道了，倘若全部钉死在天弘基金上，不仅要面临每天的赎回压力，时刻进行压力测试的准备，还要面临银行和监管的高层压力。一旦净申购变成净赎回，余额宝的流动性管理压力就会越来越大。

还有就是目前货币基金的"提前支付不罚息"的红利可能要被取消和"货币基金投资同业存款比例不得高于30%"的内部监管措施可能会出台，这两个杀手锏一旦出来，货币市场基金的收益将很有可能大幅下降，一旦没有了高收益和灵活额度 T+0，在线理财市场也就算是开始走入衰老期了，除非能开拓出新的、稳定的、可预期的安全产品，来转移类似于余额宝上的客户和资金。否则，余额宝的资金沉淀和黏性也并不会好到哪里去。

4.10.5　秘诀：外部扩展＋内部消化

这里有两个想法：

其一，余额宝是时候开拓一下其他的具有"低风险、高收益和稳定回报"的产品了。虽然这比较困难，但是作为一种在线理财，本质上还是理财，需要在产品来源上更多元化，让客户有一个差异化的利率可以选择。比如小额的继续选择货币基金，稍微大额的可能会选择收益更高的其他产品。

其二，阿里可以打通自身体系。目前阿里网络银行已经基本进入高层的牌照许可范围，"小存小贷"的模式意味着支付宝和余额宝的资金可以转化为阿里信贷资产的资金来源，而这个收益相对比在线理财更高，结合阿里小贷的贷款生态和利率，绝对可以让余额宝的资金投资更多的阿里自有信贷产品。这样就既解决了余额宝的资金投向问题，也解决了阿里小贷的资金杠杆问题。有了民营银行的牌照，就没必要去外部寻找高收益产品了，阿里自有生态圈内部的信贷也同样可以满足余额宝用户的收益需要。

所以，在后余额宝时代，一味扩大余额宝的规模已经不切实际，也不符合现有的银行业改革趋势：调整银行同业业务，让银行回归业务本源。同样，余额宝也要重新思考自己的定位，回到本源：给客户以回馈，以保持平台的黏性，而不是为了余额宝而做余额宝。货币市场基金是这个时代的好的投资标的，满足了余额宝低风险、高回报的要求。但是下一个产品在哪儿呢？利用自身的民营银行牌照来连通小贷资产和余额宝的资金也未尝不可。

| 4.11 | 余额宝的高收益还会持续吗？

2013 年 6 月开始"大火至今"的互联网金融在线理财产品余额宝，在新年初开之时可谓是新闻不断，继 2014 年 2 月央视评论员扬言应予以取缔之后，关于余额宝收益下降的言论也开始逐渐出现在一些媒体。从收益率看，春节过后，余额宝收益率一直在下降。截至 7 月 16 日上午，其 7 日年化收益率从最高峰时的 6.7630% 降至 4.18%，下降的趋势十分明显。单从趋势看，余额宝收益跌破 4 是很有可能的事情了。

说到这里，相信理财者都会生出疑问，余额宝的高收益还会持续吗？是否意味着余额宝开始进入低收益通道呢？笔者认为未必如此，余额宝的收益会随着银行间资金市场的松紧程度而波动，收益率下降或者上升都属于正常的表现。随着利率市场化大幕的拉开和资金市场化水平的提高，由市场决定资金利率的程度将会越来越大。

这里就出现了一个关键问题，利率市场化之后，从长期看，资金的流动性将会加大，银行不论是通过储蓄渠道还是金融市场渠道获取资金弥补头寸或者满足监管的存贷比和风险审核要求，都会面临更大的流动性。

也就是说，银行业从资金市场获取稳定的资金的难度将会加大，而储户选择的余地将会更大，不光可以在银行内部选择，还可以选择货币基金，理财、信托以及 P2P 等，看看哪家的收益更高，银行不仅面临资金成本抬高的风险，传统的资金吸纳渠道还将会被局部分流，也就是金融脱媒。所以，从长期看，银行间市场的资金还会持续一种偏紧的状态，而余额宝的收益也会保持一个较高的水平。

那么眼前，2014 年春节后的余额宝收益率为什么一直持续下降呢？这又是否自相矛盾？笔者认为，这不仅不相矛盾，反而是市场化的正常表现。短期来看，余额宝已经跌破 5，甚至跌破 4，但是长期来看，余额宝收益后期回升的概率还是存在的。目前这股下降的趋势是春节过后资金市场偏于宽松的表现，是一种短期的市场表现。

2014 年上半年以来，余额宝收益下降的主要原因是银行资金市场的宽松，同期的表现是央行在 1 月净投放 4,500 亿元后，2 月却净回笼 7,180 亿元。

影响余额宝收益的因素主要包括货币政策的调整、同期存款类金融机构存贷款情况、银行间市场债券发行情况、银行间市场与其他市场的资金流动情况、外汇占款、国库现金定存招标、税收转移等，这些因素的变化趋势将直接传导到余额宝绑定的货币市场基金。

结合目前银行业自身的发展规律，一般月末、季末、年末冲时点的存款压力较大，通过同业市场进行头寸的补充是一种常用手段，此时的货币市场基金收益很可能上浮。此外，随着利率市场化政策的出台，对外贸易外汇占款增量的缩减，以及市场资金预估成本的抬高，不定期出现资金紧张状况也是可能的，比如2013 年 6 月异常高企的资金市场。

最后，从与 Shibor 的趋势对比看，余额宝长期收益还是值得期待的。由于余额宝的主要投资标的 95% 以上是商业银行的同业存款、大额存单以及金融债，大多在 1 个月到 1 年之间，且主要受 Shibor 的影响，两者的收益波动幅度是比较一致的。

在 2013 年 9 月至 2014 年 2 月余额宝事件发生之时（取缔余额宝的言论等），节后短期（隔夜拆借，一周拆借）Shibor 一直呈现下降的趋势（如图一、图二），余额宝收益率也开始下降，这是市场的直观表现。但是，从长期的 Shibor 看（3 月、6 月、9 月、1 年），市场的利率水平和市场认知还是保持在高水平，这也就说明余额宝为代表的在线理财未来还有进一步上升的空间和潜力存在（具体的趋势可以从图一~图五分析得出）。

图一为隔夜拆借利率，图二为 1 周拆借利率，图三为 1 月拆借利率，图四为 3 月拆借利率，图五为 6 月拆借利率。从中可以反映出的趋势是，长期利率上浮，短期有临时性下浮的波动。

O/N

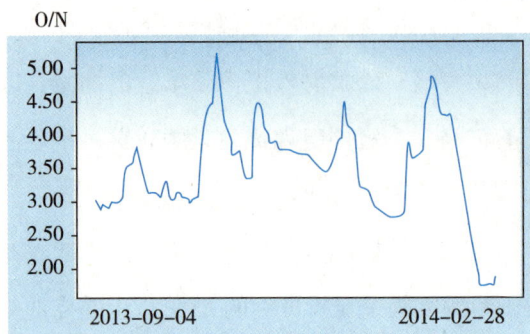

图一　2013 年 9 月至 2014 年 2 月 Shibor 隔夜拆借利率

1W

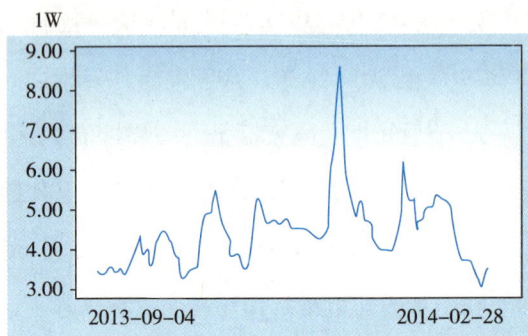

图二　2013 年 9 月至 2014 年 2 月 Shibor1/W 拆借利率

1M

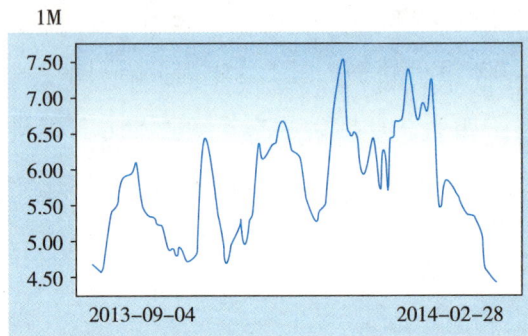

图三　2013 年 9 月至 2014 年 2 月 Shibor1/M 拆借利率

3M

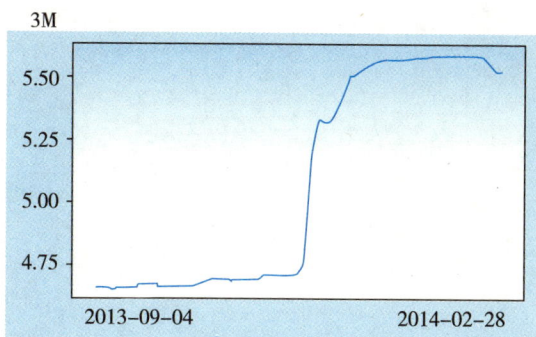

图四 2013 年 9 月至 2014 年 2 月 Shibor3/M 拆借利率

6M

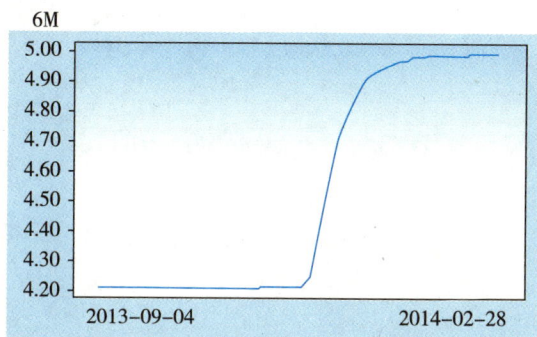

图五 2013 年 9 月至 2014 年 2 月 Shibor6/M 拆借利率

第5章

传统金融机构的反击策略

| 5.1 | 传统银行涉足 P2P 业务

2013 年是互联网金融的元年，从市场热度来看，最能引发市场参与热情和发展前景的是两种互联网金融模式：一种是基于传统电商平台，利用第三方支付和线上流量开展的类银行信贷业务；一种是对传统银行业务的另类解构，也就是渠道上的脱媒，称为人人贷，主要解决银行融资体系不能满足的零散、小额、相对高风险的融资需求。

不可否认，互联网金融对传统银行业务造成了一定冲击，在这场冲击波下，客户和资金渠道都有一定程度的分流。传统金融业和互联网金融就像是长尾理论的一头一尾，从长期来看，头部的分量会被尾部慢慢稀释，最终形成一个相对比较合理和匀称的融资结构。就眼前来说，处于尾部的广大零散、小额、相对高风险的融资是未来资本市场的蓝海，但却长期被银行忽视。此次招行涉足 P2P 业务，则是传统银行发力尾部市场，利用自身优势，并学习互联网经验开展反击的表现。

📖 5.1.1　招行涉足P2P的猜想

传统银行在这股互联网金融带来的冲击面前势必不会袖手旁观，也不会坐以待毙。民生电商、直销银行以及招行涉水网上P2P业务，都是传统银行的反击之策。P2P业务是民间的、借助互联网渠道所衍生的金融服务，但在实际操作中出现了过度的信用担保、流动性风险、信用风险以及内部系统操作违规等现象，在网络媒体之上一度成为口诛笔伐的对象。此次，由传统银行涉足P2P业务，会不会是高层默许的对P2P行业整合和改进的先兆呢？

2013年下半年以来，央行、银监会、证监会以及相关部门密集开展互联网金融的行业调研，先后对阿里巴巴、平安陆金所以及深圳等地的P2P行业进行了全面了解，而在2014年年初的一次活动上，阿里巴巴也明确表示不排除利用集团的支付宝和数据业务开展P2P领域的业务操作。可见，对主要的互联网金融参与者来说，获得监管当局的某种政策默许是开展进一步金融创新的前提，也决定了创新的空间有多大，效果有多好。

招商银行作为国内专注于零售业务发展的全国新股份制银行，试水P2P业务，背后的隐藏意义极有可能是：高层已经肯定了P2P行业的生存空间，但是要在风险控制和平台操作方面严格遵循日后的监管条例，而由几家传统银行大佬来涉水P2P，实现更稳定的P2P操作，则是稳步推进P2P行业的一种稳妥策略。

5.1.2 传统银行经营P2P的优势

在如今的资金渠道和融资环境中，银行仍然暂居绝对的主导地位。与互联网金融相比，传统银行在信用审核、风险控制、流动性风险以及合规控制方面都处于优势地位，并且接受银监会的严格监管，整个体系的稳定性是极强的。目前，P2P整个行业的规模，线上加上线下的也不过在千亿左右，和银行151万亿的资产相比（截止2014年二季度银监会网站的数据），显得"弱不禁风"。具体来看，银行跨界运作P2P业务，具备的优势有如下几点：

1. 银行资源丰富，在银行的传统业务中，就已经存在着类似P2P的委托贷款业务，只不过资金流水较大，对信用的风险也要求较高，属于银行的中间业务收入。与P2P不同，委托贷款是由银行以外的中间人担任资源的连线者，把银行外部的资金经过银行的渠道由A贷给B，银行收取手续费，不承担风险。因此，银行完全可以自己承担中间人的角色，在资金需求者和放款者之间搭起桥梁，经营在规模上属于小微级别的委托贷款业务。

2. 银行的流动性风险较小，风险审核要求高，同期的P2P产品虽然可能在收益率上略低于互联网的P2P业务，但在风险控制上更胜一筹。招行P2P融资的最小投资单位均为1万元，融资期限从177天至182天不等，预期年化收益率6.1% ~ 6.3%。对于一般投资者而言，获得稳定的、可以控制的年化收益，减少风险损失仍将是主要的选择。

3. 由传统金融机构入局 P2P 业务，政策风险较小，管理层较为肯定。招行的 P2P 业务已经在监管机构备案并获得监管批准，但由于新业务刚刚上线，相关内容还在不断改进和完善中，因此不便对外大规模推广。而对于一般的 P2P 平台，由于本身存在较大的流动性和系统性风险，受行业经济周期的影响也较大，一旦出现兑付风险，将使平台陷入破产境地，投资人损失也无法弥补。

5.1.3　传统银行的又一次反击：师夷长技以制夷

银行业涉足 P2P 业务，在整体的思路上，是传统银行业应对互联网金融的又一次反击，银行拥有资金和大客户优势，但在互联网金融的冲击下，部分接口和渠道开始泛互联网化，银行有成为互联网金融后台的风险。银行业开展 P2P 业务，本身优势更加明显，只不过是重新拾起了过去不愿花太多精力去服务的那部分客户，而互联网彻底降低了金融服务的成本，使得银行也开始有余力去尝试开发基于银行背景的互联网金融业务。银行反击的诀窍在于师夷长技以制夷，学习互联网金融的运作方式，获得客户和渠道入口。

银行进行反击，实属"危机四伏"中的不二之选。在金融改革的大趋势下，民营银行、利率市场化、互联网金融以及金融脱媒的趋势都在一点点侵蚀传统银行的生存空间。银行在金融业务的创新上，仍需利用自身资源优势，降低身段，借他山之石为我所用。此次银行业进入 P2P 领域，如能稳定经营，使客户获得合理回报，不仅可以获得一定的中间业务收入，也为银行业多元化经营提供了新思路。

| 5.2 | 传统银行反击互联网金融的双通道

"银行如果再不改革，就将成为21世纪的恐龙！"比尔盖茨的这句话给烽火正旺的互联网金融带来了更多的舆论优势，而传统银行业则在危机中反思自身的战略。大数据和互联网时代的到来，终将彻底改变银行客户的使用习惯和资金的流转方式，作为传统资金渠道的银行，在互联网金融创新层出不穷的今天，该如何进行反击，守住自身阵地？银行的线下渠道又是否真的不堪一击呢？

5.2.1 互联网金融对传统银行的威胁到底存在于哪些方面？

互联网金融的表现形式有第三方支付、P2P、众筹、综合金融平台、征信以及互联网货币等。就目前来说，影响最大的是阿里金融等拥有海量客户、数据资源的第三方支付和P2P等。以第三方支付和P2P为代表的互联网金融主要威胁在于：割裂了银行和终端客户的直接联系，银行客户开始分流，银行被电商前台后端化；银行资金开始脱媒，小额高频度的资金流水通过第三方或者 P2P 进行流通、投资。在终端零售客户方面，传统银行业已经切实感受到了互联网金融平台的威胁：虽然短期对银行的大额客户构不成吸引力，但对小额流水的客户，通过互联网平台进行金融操作的频率不断提高。简单说，互联网金融从量和质两方面开始侵蚀传统银行，量就是在渠道方面，银行被稀释分流，质就是彻底变革银行融资渠道，资金开始脱离银行。

5.2.2 传统银行在互联网金融大潮面前是如何应对的呢？

应该说，银行业没有外界流传的那样后知后觉，银行一直在进行业务网络化、电子化的尝试，各大银行的网上商城、网上银行、手机银行等，都是银行顺应互联网发展趋势而开发出的产品。银行在公对公业务上也一直占有绝对优势。但问题就在于，银行缺乏一个绑定资金流和具体信息流的媒介，传统的银行资金流和商贸物流是割接的。因此，在电商平台快速崛起并掌握交流数据流的情况下，电商平台的金融属性就衍生出了资金流绑定的需求，这对银行的威胁才是最关键的。银行需要这种类似的通道来直接维系好自身的客户和数据。于是，银行系电商开始脱颖而出，民生电商、交博汇、善融商务都是例子。

这只是第一步，银行开办电商是从框架结构上建立一种通道，是线上的。从短期来看，在业内电商市场份额已经近乎饱和和固化的趋势下，效果值得商榷。毕竟和几大电商相比，银行系的电商缺乏先天资历和后天优势。那么银行除了用电商方式来争取自身的客户渠道之外，还有没有其他方式？

方式一：线上直销银行

2014年2月28日，民生银行正式推出的直销银行模式可以视为传统银行业在线上的一种方式。直销银行是指没有物理网点，不发行实体银行卡，所有业务和资金操作都通过网上直销银行来办理的银行，可以有效降低运营成本，同时培养互联网上的客户。目前民生银行的直销银行是其电子银行部下属的二级部门，但按照独立银行体系设置，一旦监管机构发放牌照，将从民生银行中分离出去，成为独立的直销银行。

传统银行布局直销银行，有点类似阿里、腾讯等申请的网络银行，就是把银行业务搬到网上去，利用网络平台的便捷支付和信息查阅，以及庞大的网络客户资源来进行业务开发和产品销售。当然，两者的根本出发点不一样：传统银行渴望解决的是渠道和客户的直接化，而互联网金融则是希望获得银行牌照。

传统银行如能获得直销银行牌照，再和拥有海量客户和数据的平台进行合作，那么也就成为银行互联网化的另外一个表现形式。从线上来说，布局直销银行是银行应对互联网金融的一种有益尝试，这种途径的优势在于获得了互联网金融的数据和客户，也打开了银行业务的新渠道。

方式二：线下社区银行

传统银行有自身的优势：线下网点及其长期积累的线下客户，这些客户有很大一部分暂时还脱离不了银行，而银行的现场安全性和对大额交易的操作经验则是互联网金融暂时不具备的。现在国内的几大股份制银行，如民生、兴业、中信、平安、广发等都在推行社区银行，也就是立足社区，结合当地金融服务需求而开设的集业务办理和咨询服务于一身的微型银行。社区银行就是传统银行后台的触角延伸，主要定位就是便捷、高效、安全的社区金融服务。

对于银行来说，不应盲目抛弃线下的资源优势，全盘搬到线上。线上和线下都有一些固定的客户群体，应该差异化考虑。如果社区银行就在客户居住地的楼下，下去溜个弯儿就到了，办业务、存取款、汇兑也十分方便，那么互联网金融的快捷支付和便利就都能在社区银行得到满足，而且还能够当面咨询柜台人员，这将给客户带来更好的体验。

目前进度较快的银行已经在全国布局了上千家的社区银行，这能够为银行建立直达终端客户的连接渠道，在线下市场中获得更多的用户入口。相比于线上，线下市场是银行相对比较熟悉的领域，而且可以借鉴传统网点的运营经验，做好差异化服务。线下的社区银行布局，既可以降低银行运营成本，同时能填补金融服务的空缺地带，获得客户认可，一举多得。

5.2.3 传统银行的反击策略

互联网金融从渠道和客户方面，从量和质方面对传统银行构成了很大威胁。传统银行业开始谋定后动，迎接互联网的渠道挑战。互联网金融的优势在于客户和数据，银行的优势在于产品和线下经验。银行在反击策略方面，可以从线上、线下两方面入手：线上的银行系电商、直销银行，线下的社区银行，最终解决的问题是渠道入口和客户资源数据的掌握。传统银行日后的发展趋势也将是O2O的，线下为基础，线上为延伸！

| 5.3 | 社区，下一个银行业的入口

社区，是一个基本的社会单元，随着商业、零售以及生活方式的终端化、下沉化，以银行为代表的金融业即将成为下一个贴近社区的金融服务商，而非是简单的、依托于传统网点的渠道供应商。互联网技术的发展也助推了用户对线上、线下体验的需求性提高，而社区是一个很好的连接线上流量和线下变现的渠道。因此，即便是以往的银行大佬们也开始紧随零售和服务商的脚步，把触角延伸进了社区，这也就形成了当前国内十分燥热的社区银行开发热。

5.3.1　社区银行是什么?

社区银行，也叫 Community Banks，结合中国的实际情况来说，社区银行主要是和大型营业网点相区别的，以服务于区域生活、商业中心为目的的，快捷、便利的银行服务场所。

5.3.2 监管如何认定？

对社区银行的监管，不论是布局、效益还是风险，都缺乏一定的参考依据。因此，监管当局在社区银行问题上一直出于审慎原则，保持有限的默许程度。银监会于 2013 年 12 月 11 日发 277 号文严格限制了社区银行的类型和标准，并要求社区银行持牌经营，遵循合理配置的原则，导致国内大多数社区银行处于尴尬的地位：由于缺乏银监会的批文，原有的社区银行就缺乏运营资质，而等待批文需要时间。目前只有撤出里面的人员，暂时回归到自助银行模式，以渡过尴尬期。

目前，社区银行的探索阶段已经从最开始的相对混乱阶段，进入了监管层确定大方向前提下的"摸石头过河"阶段，河流的走向和对岸的目标都已经基本确定，就看各个银行各自的过河方式了，只要不触碰监管层的风险控制和业务底线，完全可以在业务内容和布局上有更多的精彩表现。从这个角度看，民生银行目前可以说是在河边"集结了大军"，等调整部署后，在过河的速度和质量上完全可以占有优势。2014 年 6 月 3 日，银监会正式下发社区银行牌照，其中民生银行在全国共获得 700 多张牌照，进一步说明了民生银行在社区银行布点上的绝对优势。

5.3.3　社区银行：速度、模式、趋势

目前国内大到四大行，小到中小城商行、农商行，都已经开始了对社区银行的研究和实践。受制于银监会监管环境以及各个区域的网点配置，社区银行的发展呈现出速度不一、模式多样的情况，但民生社区银行毫无疑问是现阶段的典型。

从发展速度来看，民生发展较快，目前在全国已经有上千家的社区银行（包括部分没有获得牌照的），可谓引领国内银行业涉足社区银行的发展轨迹。随着银监会《关于中小商业银行设立社区支行、小微支行有关事项的通知》下发，民生的社区银行发展有所停滞，原因在于银监会对社区银行布点从报备改为审批，并提出要控制风险，社区银行要采用人＋自助设备模式。

从发展模式上看，社区银行主要有以下几种模式：

第一种是民生的广布局、内容引入模式。在民生的发展模式上，社区银行被定位为投资咨询和客户服务，主要满足客户的线下咨询需要，并提供相对应的产品销售和电子化操作指引。民生的模式是社区为体、内容为本，注重银行金融服务的丰富性。

第二种是兴业的微型网点模式。兴业银行的社区银行，在布局上和一般的网点相似，不过突出了布局的社区性，主要开在社区里面。所提供的服务和一般的网点差异不大，从这一点看，兴业的模式是依托于社区银行的布局和区位来满足客户的综合性金融需求。

第三种是平安的渠道、交叉营销模式。平安银行的社区银行定位是：把社区银行发展成为多种金融产品的销售渠道和展示场所，包括平安集团的银行产品、保险产品、信托产品等，提供线下的方便、快捷的用户购买体验，社区银行的渠道作用性特征也更加明显。

从发展趋势看，民生社区银行模式相对而言越来越成熟。社区银行是从一个相对无序的跑马圈地阶段，进入了监管层的标准制定阶段，这个阶段可能会比较长，在此期间，银行业需要明确社区银行的经营方式、盈利渠道和战略定位，并在符合监管定位的前提下发展社区银行业务。

未来的社区银行，商业模式将更加多样化，社区银行本质上也是金融，是银行服务的延伸，是其业务、产品前端化，后台后端化、数据化的表现，作为银行的触角，社区银行将被赋予更多的重任。社区银行将成为传统银行业转变观念，获取竞争优势的有力途径，目前的困难是暂时的，一旦明确了发展方向，社区银行将进入下一轮黄金期。

5.3.4 民生社区银行的革新之路：眼前的困难，光明的未来

民生发展社区银行，既有内源式的改革动力，更有外部倒逼式的趋势压力。利率市场化已经打开了时间表，随着贷款利率的放开和未来两三年内存款利率的放开，银行的利差将大幅缩小，

获客成本、营业成本、营销费用都将有所增加，直接的结果就是银行盈利能力下降，甚至部分中小银行有破产和被重组的风险。对于危机四伏的银行业来说，社区银行是传统银行业立足自身优势，开发线下客户资源，圈住客户，获取数据和流量的长久之计，将革新传统的银行经营观念。

目前国内社区银行布局最快、资源投入最多的是民生银行，累计已经开设的超过千家，如果不是银监会一纸监管办法延滞了速度，民生未来 3 年规划新开社区银行超过万家。可以看到，民生在抢占社区金融方面是不遗余力的，这和民生一贯的两小（小微、小区）金融战略有关。

在中国的股份制银行中，民生的"小微、小区"战略是银行业务差异化发展的典型。早在 2012 年，民生银行零售业务对利润总额的贡献已经从过去 3 年的不到 20% 迅速上升至 29.1%，其中零售贷款中小微占比高达 68.9%，因此小微功不可没。而小区战略则是民生的另一个立足点，通过小区的金融服务植入来获取客户的忠诚度，获取更多的主办行客户，并提升民生的综合金融服务能力。社区银行的发展，也将直接提高零售业务比重，加强民生的综合竞争力，为利率市场化的转型提供更多机会。

目前，民生的社区银行发展速度很快，但是在表现形式上相对比较同质化，本质原因在于对社区银行功能和定位的考虑还缺乏真正的社区化思维。如民生银行位于武昌区阅马场马路边的一家金融便民店，除了外面的招牌改成金融便民店以外，其他陈设与此前的 24 小时自助银行一样。此外，为了实现快速布点的意图，民生的社区银行往往是在原有自助银行的标准上植入了一些便民服务措施，比如快捷支付、儿童服务、免费测量身高体重血压的健康仪器等，但缺乏深入的客户营销和分析，可以说还是停留在银行网点管理的软件上，没有进入3.0时代的客户关系管理。这也和当前社区银行模式、定位、标准模糊有关，在这个阶段，各个银行都忙着扩张自己的版图，真正静下心来提升服务的很少，这也导致居民对社区银行不太买账，效果不太好。

民生银行在布局速度和入口渠道方面占有先发的优势，但是在内容引入和社区化经营方面缺乏一定的有效措施，大多数情况下是为了抢占先机而忽视了更多的内容性考虑。但这并不能否定社区银行的未来发展，等监管政策明确了，社区银行依然会成为各银行角力争夺的焦点。而在第一轮市场站位中处于优势地位的民生银行，仍然会在下一轮竞争中占得先机：社区银行是入口，入口越多，掌握的客户资源和数据就越多，能够匹配的银行服务就越多。

5.3.5 民生社区银行路径的启示

其一，转换运营思路，从坐商走向行商，并注重对客户资源的管理和分析。从内部运营上，民生开始接受大数据思维，并尝试利用数据分析工具来进行业务和客户维护。最本质的趋势在于，银行的发展从注重硬件的配置，到软件的植入，最后到客户关系管理的阶段，也就是银行业务发展的3.0时代。在这个时代，银行的发展空间将很大程度上取决于客户资源的处理和对客户需求的把握，而不仅仅是产品和渠道建设，民生在这一方面走在前列。

其二，改变业务模式。银行业不再是传统的依托于网点的被动式经营主体，而是依托于社区和商圈的、可以主动贴近客户和消费群体的外向式经营方式。等于说，民生的思路是，不需要每个渠道都配备十分完备的业务结构和完善的前、中、后台流程设计，可以采用网状的结构设计，社区银行就是触角，而银行的后台中心就是系统支撑，这样能一定程度上降低银行的运营成本，提高数据化处理效率。

其三，提供更多跨界思考，在提高金融服务深度的同时拓宽了广度。社区银行是依托于社区的，需要在服务上真正融入当地社区。简单地开设网点，配置一些理财、投资产品或者银行卡服务是很难真正融入社区的，也会导致与普通网点的业务无法差异化。社区银行需要借助当地社区的生活、消费以及零售生态，把社区银行的服务和其他生活资讯服务结合起来，跨界来做金融的综合服务。比如设置物流区间点、生鲜订购点以及健康资讯服务点等，还可以发售一些商店的购物优惠券等，把金融服务融入社区。

| 5.4 | 社区生态关系链，社区银行该如何嫁接？

社区是最基本的社会组成单元，从以往的社区商业和社会关系看，除了一些最基本的零售小商铺，大型连锁和商业机构并没有将自己的触角下沉到社区，一来是服务半径的问题，因为一些大型的商超已经可以覆盖周边的小区，二来是社区生态的发展阶段问题，大部分还停留在传统的宜居层次上，没有通过"衣食住行"的配套来打造全方位的商业和社会服务性社区。

如果将之前的社区生态称为 1.0 时代的话，现在的社区生态就是 2.0 时代，而未来的社区生态就是 3.0 时代。为什么商业机构开始争相进入社区布点，金融、物流、零售行业无一不在社区这个最后的沃土上展开竞争。连号称"高大上"的银行都开始铆足了劲进入社区，开展社区银行网点的布局工作。

最根本的威胁来自于线上，也就是以电商为代表的网上购物、消费、物流配送体验，已经在很大程度上解放了人们的双脚，线下的商铺已经切实感受到来自于线上的压力。零售就不用说了，每年网购占零售品总额的比重都在上升。金融方面，互联网金融通过渠道和大流量的平台，结合第三方支付，进行银行传统业务的解构，而成本和效率都占有绝对优势。为了应对来自于线上的互联网金融的威胁，银行在拓展自身线上渠道的同时，也在线下紧密布局社区银行，以形成O2O的战略布局。

5.4.1　社区生态的发展阶段

1.0时代，社区主要是满足了最基本的生存需要。也就是为了生理和安全的需要，通过建立社区的形式，维系特定人群之间的社交和亲密关系，这个时候的社区，可以叫作村庄，也可以叫作小的部落，不管称谓有何区别，本质上的目的是一致的，那就是满足最基本的生存和发展需要。

到了2.0时代，社区生活得以保障，更高的文化、娱乐、精神消费需求成为一种必需。在这个阶段，商业形态开始进入社区，并以便利店、社区店、便民服务点的形式保持与用户的黏性，提高客户的忠诚度。同时，在这个阶段，社区的生态发生了很大的变化，上班族、老人、小孩等差异化人群的特点开始出现，并产生了不同的消费需求，比如网上购物等。

到了3.0时代，社区已然成为一个小型的商业社交中心。之所以叫商业社交中心，而不是纯商业中心，是因为社区的商业活动需要以持续性的营销活性和关系维系来保持，以社交关系带动商业活动的发展，而绝非是简单的植入式和填充式营销推广。这个3.0时代，电子化程度和便捷程度已经大幅提高，同时社区的线下商铺也将极为丰富，社区店的面积不大，但是服务的黏性和层次却比较深厚。在社区这个"最后一公里"的范围内，线上线下的商品和服务既有竞争也有合作，最终的目的是满足个性化的、差异化的需求。

5.4.2　社区银行发展的缺陷： 缺乏关系链

社区银行已经成为主要银行的"香饽饽"，目前进程最快的是民生、兴业、平安这几家股份制银行，中信、广发、招商等也紧跟其后。除了这些全国性的股份制银行，还有大量区域性经营的城商行，也在积极布局社区银行，以抢占未来零售客户的市场，如上海农商行、包商银行、龙江银行、晋商银行等。

但是，从各大行的社区银行运作实际效果来看，由于在抓"最后一公里客户与市场"的过程中，并没有领会社区金融服务的本质，也就是没有很好把握社区服务的关系链条，导致现有的社区银行网点，实际上更像是微型版的一般支行网点，除去了现金柜台业务，增加了人工咨询服务和自助服务设备而已。

由上述的社区生态发展阶段的描述可以得知，目前的社区生态已经进入了第二个阶段，其主要表现是社区精神文化和拓展性需求的延伸，而绝非简单的物质性需求和植入式的功利性需求，在这一点上，国内众多的社区银行其实并没有找到"窍门"。为什么？来看看社区银行的运营模式吧，增加了服务人员、产品介绍和宣传手册，美化了网点的布局和色彩的配置，配备了一些便民的生活服务设施，但是，却并没有增加能够激发社区关系链条的有效的流程和服务。也就是说，目前大多数的社区银行还是在以社区 1.0 时代的需求假设来进行服务的供给，在营销和手法上过于直白和简单化，单纯以类似于理财产品收益率和存款利率上浮的形式来吸引社区居民进入社区银行办理业务（这种收益率和存款利率上浮的比较在一般的网点已经能够实现，而且配套的功能性服务更完善），并不能起到很好的效果。

在这种 1.0 时代的需求假设和 2.0 时代的社区关系化需求的错配下，银行通过社区银行营销所增加的指标和业绩，只是在原有网点的基础上的自然增长而已，并没能发挥出更好的几何级的关系链上的营销增长。

5.4.3　社区银行如何嫁接社区生态？

那么，社区银行该怎样提高自己的服务层次，向 2.0 阶段的社区形态靠拢？

毫无疑问，首先需要改变的是社区银行的运营思路，不是依靠现有基层网点的功能拷贝来拉近与社区居民在金融服务上的距离，而是考虑将社区居民的关系链条引入到具体的社区银行网点上来。一个是简单的距离的拉近，一个是更高层次的关系链条的融入，孰重孰轻，一目了然。

在这一方面，要抓住社区居民商业和生活的核心需求，广州图书馆玩具图书馆的形式可以为当前的社区银行提供更好的思路。玩具图书馆听起来很新颖，实际上是以玩具为媒介，以主题活动或者基于玩具的游戏为组织形式，目的在于通过玩具融合科学、数学、语言、听觉、视觉、运动、社交等内容，促进儿童的多方面发展。

对于社区银行的内容引入而言，广州图书馆玩具图书馆是一个很好的样板，也就是要抓住社区居民中的关键人物：小孩。随着婴幼儿产业和消费市场的兴起，以服务于儿童教育的玩具和智能开发产业，成为社区银行进行关系型营销的重要抓手。广州图书馆玩具图书馆是一个政府支持开发、专业团队运营的公益性项目，它的成功之处在于抓住了图书馆社交关系链条的核心：小孩，并以小孩来带动家长对图书馆的关注。

对于银行的社区金融服务而言，不能再以简单的金融服务来圈定社区居民的需求，而是应该以多层次的、跨界的、关联性较强的社区服务来拉近与社区居民的距离。还是用玩具图书馆的例子，如果社区银行在自己的网点内开办一个类似于玩具图书馆的项目，吸引社区中的小孩来网点接受新型的玩具教育，一方面增长知识，另一方面也为社区银行打开了关系链条的入口：小孩来了，家长自然就来了。

接下来，在建立良好的关系链条的基础上，社区银行可以通过玩具的形式，以购买其理财产品、开办卡类业务、办理存款等具体的业务指标为途径，给家长一定的玩具使用积分，并通过积分和成长的方式确立小孩对本行的忠诚度。这样，社区银行就实现了最终融入社区的目的，其中社区银行网点是渠道，玩具是媒介，而小孩是目标群体，家长是目标客户，这样整个社区服务关系链条也就清晰了。

📖 5.4.4　助推社区关系3.0时代的到来

不论是金融也好，物流也好，零售也罢，在进入社区的过程中，都要把握好这个社区关系营销链条的点。执意以简单的商业化产品来进行点对点的营销，其实并不能带来更好的客户购买和使用体验，反而会成为社区3.0时代的某种掣肘。

对于银行的社区金融服务而言，在社区由2.0时代向3.0时代过渡的过程中，以玩具图书馆等类似的形式为抓手，来捕捉社区银行的关系营销链条，其实就是充当了一个很好的社区生态演进的推动力。到了3.0时代这个最高的社区生态阶段，商业和生活之间的距离在逐步缩小，商业融于生活之中，而生活场所也成为商业活动的主要阵地。

未来的商业服务将通过更多下沉的方式来满足个性化对象的需求。站在银行的角度，作为银行服务的延伸，社区银行将承担起未来零售业务市场开拓的重任。站在银行的业务经营角度，社区银行的发展将成为银行改变传统业务模式，从后台走向前端，从"坐商"走向"行商"的重要一步。站在社区综合发展的角度，社区银行将成为社区生态朝着3.0时代转型的重要推动力，以关系链条来带动商业与社会的融合。

| 5.5 | 民生电商是什么，该如何走？

　　民生电子商务有限责任公司（下称"民生电商"）于 2013 年 8 月 29 日在深圳注册成立，经营期限为"永续经营"，注册资本 30 亿元，后又追加 10 亿。与一般电商企业不同，民生电商的经营范围除了电子商务外，还包括创业投资、资产管理等金融业务。在国内电商平台纷纷破网开始涉足金融业务的前提下，传统银行业开始逐步接受互联网金融的洗礼，而民生电商则是银行电商化的一个典型，而且是一个纯粹的、形态最接近于一般电商平台的银行系电商实体。

5.5.1 民生电商归属？

　　从股权结构上看，民生电商既不是民生银行管理层设立的，也不是民生银行的一个部门或者子公司。民生电商与民生银行无任何权属关系，但民生电商和民生银行依然有千丝万缕的联系。

　　根据民生电商的工商资料，民生电商股东为民生加银资产管理有限公司、南方希望实业有限公司、东方集团商业投资有限公司、福信集团有限公司、巨人投资有限公司、中国船东互保协会、中国泛海控股集团有限公司、上海复星工业技术发展有限公司。持股比例分别为 61%、6%、3%、6%、6%、6%、6%、6%。可见控股方为民生加银资产管理有限公司（民生加银基金的全资子公司），而民生加银基金的控股方为中国民生银行股份有限公司（控股 63.33%）。

所以，民生电商即便是独立的电商公司，也摆脱不了依托于民生银行的资源和市场的背景，更何况民生电商的在任团队中多数人均有民生银行的任职经验。可以说，民生电商的组织者是由一群专业的银行人士组成的，并且正在尝试打通银行的资金流和电商的交易信息流，把银行的后台业务和电商的前端交易结合起来。

5.5.2　民生电商的有哪些优势？

民生电商的优势有以下几点：

1. 银行搞电商，出发点不一样。对于电商来说，主要是给自有平台上的商户提供信贷支持，包括消费者的信用支付等，并依据平台用户，依托第三方支付开展综合理财服务平台等服务。电商的优势在于 B2C 和 C2C 部分，而这部分客户资源并不是银行的优势。银行的传统优势在于 B2B 部分，只要有一个便捷支付，和银行内部支付系统相对接的银行系电商的存在，完全可以把银行服务的部分产业客户、集成供应链客户的操作电商化，也就是把线下的移植到线上，提高银行系电商平台的线上流量、热度和数据积累。民生入局电商，同样具有 B2B 客户资源转移的优势。

2. 民生银行的小微业务发展较快。互联网金融之所以能够在短期内获得市场的认可，本质上是满足了银行所遗漏的中小企业和小微客户的融资需求。长尾理论的尾巴虽然很长，但是长尾部分的业务量和市场容量同样能够成为银行业寄予厚望的新的利润增长点。在中国的股份制银行中，招行的零售、兴业的同业、民生的小微是三个差异化竞争的典型。2012 年民生银行零售业务对利润总额的贡献已经从过去 3 年的不到 20% 迅速上升至 29.1%，由于零售贷款中小微占比高达 68.9%，因而如此成就小微功不可没。民生拥有庞大的线下资源，116 万的小微客户和 11,000 多户私人银行高端客户，所以民生电商在构建一个更全面的电商方面基础更加扎实。

3. 战略布局角度。从获取的工商资料显示，除了电子商务，民生电商还可以从事股权投资基金、股权投资基金管理、创业投资、资产管理、投资管理、投资咨询、接受金融机构委托从事金融信息技术外包。可以说，从一开始，民生电商就定位在综合的电商金融服务平台，电商只是它的一个渠道。民生电商绝不会开展一般电商的同质化竞争，而是定位准确的互联网金融服务平台，把银行的后台优势和电商的前端优势打通。从民生电商注册的 heyihang.com 以及 heyihang.net/.org 两个域名（"合一行"），可以看出金融 + 电商的战略布局。

5.5.3 民生电商该如何走？

从民生银行的官方表述来看，民生电商将向中小微企业及个人提供完善的信息平台、服务平台、撮合平台、做市平台等综合性电商和金融服务。可以说，这和目前最成熟的互联网金融"阿里模式"是部分重叠的，民生电商该如何获取竞争优势？

首先，搭建电商架构，在最短时间内建立快捷支付渠道，建立供应渠道和平台，最重要的是将依托于银行的交易客户资源适度地转移到民生电商平台上。关于系统方面，银行在电子化过渡中的经验可以借鉴。

其次，应特别注重差异化竞争。传统电商行业已经不是蓝海，而是一片红海了，各大电商平台之间血拼杀价烧钱的故事仍在继续。银行作为后来者，绝对不应盲目加入这种恶性循环的发展模式，而是要找到自己的行业定位：依托自身原有小微客户、供应链客户，提高服务质量和体验，同时加强银行业务和电商业务的对接。正如民生电商董事长尹龙所述：将同时着手 B2B、B2C 两种模式。未来，B2B 是核心，小微企业也是核心。民生电商的核心目标是尝试解决小微企业融资难的问题。

再次，抛弃为了做电商而做电商的思路，电商只是银行自有生态圈建设的一个环节。对于银行来说，电商短期成不了主营业务和主要利润点，而是一种发展趋势。更何况和电商寡头相比，银行在电商市场中的占比依然会很弱势。与其这样，不如把电商作为银行反击互联网金融潮流的一个棋子，通过自有的电商平台理顺银行业务和产品，实现银行的战略突破：获取前端！应该形成这样一种思路：电商平台的尝试是银行整体战略的一部分，将银行的业务转移到线上，开发线上的理财渠道，结合线下网店，开展针对性强、差异化明显的电商金融服务。

📦 5.5.4 民生电商可以卖模式？

从营业执照看，民生电商的经营范围不局限于电子商务，还包括股权、资产管理、创业、外包服务等。这比传统电商的经营范围要丰富得多，其实可以这么理解：民生电商是银行系迎击互联网金融的表象，实质上是通过电商加大了服务的外延，拓宽了银行服务的链条。

传统银行的服务局限在存、贷、汇，近几年金融混业发展加快，银行开始涉足基金、保险、证券等领域。但这些都局限于传统金融领域，缺乏互联网金融的基因和模式，也没有体现细分行业的差异化竞争。

而民生电商可以是民生银行进入互联网金融的一个重要布局。在银行与电商之间的对接和合作方面，民生电商完全可以考虑做好这种商业模式，然后加以推广。毕竟中国还有为数众多的中小商业银行，缺乏高效、快捷、安全的后台数据支撑系统和前端的客户端口，电商和金融的结合体就是一个很好的经验。民生电商可以考虑将这种成熟的商业系统加以推广，目前阿里云的"聚宝盆"就在往这一方面发展，为中小银行提供安全、便捷的互联网金融服务，支付宝则在金融技术与服务方面提供大量支持。

在这一方面，民生电商无疑需要更多专业的互联网和IT专业人才，民生电商要植入互联网公司的基因，用以打造底层的IT

系统、软件支撑以及支付工具、账户体系等系统。在这一方面，民生电商董事长尹龙也确认："IT系统将是民生电商的生命线，并且，民生电商希望建立国际级的IT平台。这个IT系统将融合电商与银行的交易系统。"

民生电商日后一定是金融＋电商＋增值服务的载体！电商不仅仅是银行获得前端入口的一个平台，更是提升银行服务层次，寻求更多增值空间的一种尝试。民生电商的增值空间在于：模式化的银行＋电商运营模式、后台软件、支付系统的成熟经验推广，基于大数据的金融＋电商云服务，以及其他服务外包的承接。

| 5.6 | 银行开始动刀：成立网络金融部

2013 年 10 月，广发银行高调宣布将把其内部的电子银行部升级为网络金融部，开展基于银行的全面互联网金融业务，并将考虑和第三方支付合作，试水网上直销银行和 P2P 业务等，成为传统银行内部开始对组织架构进行调整以应对互联网金融冲击的先行者。

此外，中信、平安等银行也在积极探索银行内部的组织架构调整，已先后成立了网络银行部、网络金融事业部以重构银行的互联网金融业务。传统银行对互联网金融的反冲击和操作实践，已经从单纯的业务层面上升到了战略和组织层面。银行在互联网化过程中，已经充分认识到未来零售和网络渠道对银行业务的潜在挑战，纷纷试水互联网思维模式。

具体来看，银行成立专门、独立的网络金融部有以下三个飞跃。

5.6.1　飞跃一：部门独立，获取主动

从银行的电子银行部的职能来看，网上银行、手机银行、电

话银行以及银行的电子化产品渠道建设是主要的工作内容。但与互联网金融的逻辑有所不同，银行的电子银行部看起来更像是一个银行内部的后台和服务系统，对客户的主动服务和营销意识不足，更多的是承担对银行其他金融产品和服务的延伸服务，缺乏一定的独立人格。

此次广发银行拟成立的网络金融部，重点强调了网络金融部的独立人格，不隶属于其他部门，也不是对公、对私业务的服务系统，而是专门的、整合银行业务并进行互联网化营销和推广的网络金融部门。网络金融部将从被动服务转型为主动出击，并搭建产品和渠道的流程，为银行在支付、融资、理财等方面的产品提供全方位的互联网金融运营方式。

5.6.2　飞跃二：战略升格，力度加大

传统银行业一直在尝试将银行业务进行互联网化的操作，从最开始的网上商城、网上银行以及手机银行等产品，都可以看出，银行在金融互联网化的浪潮面前并非是后知后觉，而是边尝试边积累经验。随着今年互联网金融概念的普及和市场冲击的加大，银行业的反击动作也是接连不断，如民生电商、招行微信银行、网上直销银行、P2P业务等。

但这些都是具体业务层面的反击，在银行内部组织架构上，一直缺乏一个独立的资源整合部门，而电子银行部与互联网金融的概念又有差别。成立网络金融部看似是简单的内部组织调整，

实则是银行在战略上对金融互联网化的全新定位：从业务层面上升到战略层面。

5.6.3　飞跃三：　流程运作，效率提升

在银行的内部组织机构架设中，各部门之间的行动协调和资源整合一直是内部组织绩效的核心问题之一。在互联网金融的逻辑中，快速、精准、高效地形成互联网化的便捷、安全、流程化的操作方式是吸引客户的不二法门。而银行在这一点上，跨部门之间的合作相对来说就缺乏互联网公司的高效和灵活性。

和互联网金融跨界、跨部门、多条线的行为方式一样，未来银行的产品想要互联网化也必须要经历这样的过程。设立网络金融部，在组织上就确定了其跨部门、跨条线的资源整合能力。在适当时机，它也应有更大的权限，相当于一个独立的部门，可以做到"前台＋后台＋产品设计＋营销"都在一个部门里完成，形成流程化的运作，提升效率。

5.6.4　手术刀：　银行业思维的互联网化

互联网对银行的冲击不是一天两天了，支付宝已经成熟运作快十年了，P2P最早在08年就开始做了，但2014年以来，互联网金融的概念和成熟产品的冲击力度开始史无前例地冲击传统银行业的神经。阿里小贷累计贷款规模年底将突破2,000亿元，不

良率在 1% 以下，余额宝已经积累了 8,000 万客户，管理资金规模 5,000 多亿元，成为国内最大的基金，还有国内数百家 P2P、各种金融服务平台等。

客观上说，眼前的互联网金融力量还比较弱小，在传统银行业面前可以视为"蚍蜉撼树"，构不成威胁，但在可以预见的未来，互联网金融必然会在整体融资渠道、支付渠道，以及理财、客户数据分析等方面给银行带来不小的挑战。不学习互联网模式，不进行互联网思维，银行的明天就很有可能成为互联网金融的后台渠道，被互联网牢牢罩住。

银行业现在迫切需要学习互联网金融操作的思维方式、运作逻辑。在银行内部成立网络金融部门，实质上就是把金融的互联网思维化给确定下来，融入银行的整体战略中。银行业将互联网金融的成熟经验为我所用，比如利用第三方支付平台、涉水 P2P，甚至直接开银行系电商，这些具体业务上的"触网"，将帮助银行实现由茧到蝶的蜕变，而互联网化思维的形成，则会助力银行业的下一轮创新与飞跃。

| 5.7 | 网络平台集体卖理财，银行如何应对？

2013 年 11 月 1 日上午 9 点，备受关注的淘宝理财平台上，17 家基金公司集体亮相，正式开卖基金，并为用户提供开户、下单、支付、管理等全流程一站式服务。阿里金融继余额宝后，又推出了基金公司版的阿里理财频道，成为互联网金融时代一个重要的在线理财分销平台。

此外，百度百发、和讯理财客、搜狐抢钱节、苏宁易购、腾讯以及市场上的各种"宝，"都开始了用自身平台卖在线理财的实践，大有成为金融产品代销新渠道之势，传统银行还能坐得住吗？可以说，网络平台聚拢了普通投资者们的热情和拥护，用便捷舒适的体验和较高的安全性，实现了对基金、保险等产品销售渠道的分流。

5.7.1 混战之中，余额宝稳坐老大

余额宝提供活期储蓄的功能，给的是超过银行定存的收益，在使用上随买随赎，十分方便，在这里面，支付宝是需要在赎回

过程中为基金公司先期垫付资金的，有一定的资金压力。而新开的淘宝理财频道上的产品，更多的是长期的和定期的产品，如3个月、半年、一年，特别是保险理财，还提供不了随买随赎的服务。即便是投资者自己赎回，在操作上也不会有余额宝这么便捷，因为支付宝不可能承担起所有基金公司的垫付功能。

因此，余额宝的客户不会轻易被分流，具体还要看收益率和产品的稳定性。在具体的客户定位上，淘宝理财和余额宝是不冲突的，对于整个体系的规模和平台的完整性也是有好处的。阿里也一直在强调淘宝是个开放的平台，对所有基金公司都一样，所以，关键是产品的收益和客户的信任，短期对余额宝的冲击很小。

阿里的金融战略不光在外向扩张上具有明显的互联网逻辑，在内部竞争一样：第一个吃螃蟹的很容易就把自己养肥了，而第二个、第三个就只能获得二到四成的市场份额。在这一点上，阿里开放平台的目的是明智的：既开放，也差异化（理财频道的定期、一般赎回体验，余额宝的体验更好）。对于百度以及其他的后继者来说，对余额宝短期也形成不了冲击，最多只是瓜分余额宝留下的小部分市场，原因很简单：产品模式是纯粹复制阿里金融的，并没有独特的体验，况且也不可能持续提供8%的高收益，本质上都是货币基金。

最新的数据显示：弘增利宝货币基金（余额宝）最新规模已在5,000亿~6,000亿元，成为我国基金史上首只规模突破千亿的基金。而其超过8,000万的开户数，也使其成为目前国内开户人数最多的基金。可以说，余额宝的成功是安全便捷的购买体验和高收益率的综合作用促成的，短期内互联网金融领域内还难以产生另一个可以相抗衡的产品。

📖 5.7.2　银行销售被分流，存款有流失迹象

在线理财平台，对于银行以及其他第三方代销机构的冲击是较大的。银行在基金销售的过程中作用是相似的，但是却无法为理财用户们提供除金融以外的其他衍生服务，而且传统线下的营销渠道已近饱和，线上网银的推广也有待加强。

从购买体验来说，在线理财的购买渠道不会逊色于网银，在支付上直接通过第三方支付绑定到银行卡，所以最终的结果就是，银行的资金（特别是活期存款）被小幅度分流，从银行账户流转到支付宝账户，并通过支付宝进行购物消费、投资消费等。银行成了支付宝的"娘家"，而支付宝却成了新的资金中介和支付平台，直接面对消费者。

据《上海证券报》报道，截至2013年10月27日止，四大行新增贷款仅为930亿元，而同期存款流失高达1.29万亿元。从这股资金分流的趋势看，银行在资金融通中的传统垄断地位开始略微松动，互联网金融成为新的资金融通渠道之一。虽然存款流失有一定的季节性因素，但综合来看，以互联网金融为代表的理财、投资产品对存款的分流趋势开始加快。

银行受到支付宝的冲击，本质上是客户的用户体验所决定的，网银最多只能提供一个单一的金融服务，并且是以银行为主

的。但是支付宝除了能提供银行的小额支付服务，还能作为阿里电商的支付中介，完成网上购物的过程，将用户的消费数据流和资金投资流结合起来，一定程度上实现了资金的闭环。从目前的发展趋势看，淘宝与支付宝的海量用户为淘宝理财频道提供了无限的想象空间，而银行在激烈的业内竞争和第三方代销的市场瓜分下，压力会越来越大。

5.7.3　银行的应对之策

在基金销售等零售业务上，银行并非没有优势，银行的传统优势在于线下资源，而这部分资源同样可以发挥作用。银行应对基金公司跟风上淘宝理财的情况，可以从线上、线下两方面入手。

线下：挖掘自身线下资源，利用线下营业网点、社区银行以及各种传统销售渠道，改善购买体验，同时利用银行零售业务的综合性特点，开展一定程度的交叉销售。银行的产品十分丰富，这一点是互联网金融平台望尘莫及的；在传统的信用背书上，银行的代销渠道更能获得线下客户的认可；在一些高端的理财业务和私人业务上，银行理财也有无可比拟的优势。

线上：利用好银行本身拥有的线上资源，如网上银行、手机银行等，利用客户的黏性和使用习惯，做好线上的销售服务。最重要的是提供收益稳定和服务体验俱佳的基金产品，最终用户还是会根据收益和便捷程度投票。在这一方面，银行的线上渠道也有自己的优势，况且淘宝上的各种基金产品在购买体验和费率上和银行的网银渠道相比并不具有更大的优势，都是基金公司的销售渠道，都要遵循购买、赎回的隔日结算规定，而且大都是定期的，并不具有余额宝的灵活性和便捷性。

在银行的零售业务逻辑上，银行应该先充分利用自身体系内的资源优势，然后借鉴性地学习互联网的销售模式，包括自身的网银、手机银行，以及类似于民生的直销银行模式等。互联网时代，银行零售业务的核心在于获取用户并保持用户的黏性，线上线下都是获取用户的渠道，两者各有优势。

5.7.4 社区银行的实践

作为银行服务的延伸，社区银行将承担起未来零售业务市场开拓的重任。站在银行业务经营的角度，社区银行的发展将成为银行改变传统业务模式，从后台走向前端，从"坐商"走向"行商"的重要一步。

社区银行未来的发展方向，可以侧重区位，也可以侧重服务内容，还可以注重渠道性，根据各银行的业务特点和具体情况做设置。此外，社区银行不是大行的专利，中小商业银行同样具有独特优势：本地化的资源网络和营销渠道，特别是基于特色化的本地生活、娱乐和工作而产生的民生类需求，可以和社区银行做有效的匹配。

对于互联网平台争相卖理财产品的现象，社区银行同样可以作为一个很好的线下渠道进行铺进，除了互联网上的海量客户，基于社区的客户群体同样不可忽视。即便是习惯了线上理财的客户，社区银行的近距离、咨询式体验和传统的人际沟通同样可以起到较好的购买体验作用。此外，社区银行作为渠道作用的优势在于：基于社区的客户在理财需求和资金体量方面往往更具优势，而基于互联网理财的客户的普通用户化特色相对更加明显。

很简单，社区里面的大妈们至少短期还习惯不了互联网式的理财方法，而80后、90后是在线理财的主体。社区的中老年人经过了长期的资金积累，在体量上和购买欲望上更加强烈，这部分群体的投资欲望将成为社区银行的直接的潜在客户群体。而80后、90后刚工作不久或者婚姻刚稳定，资本积累还处在初始阶段，虽然也有理财的强烈欲望，但是同期的资金消耗也比较大，从个人的生命投资周期看，和社区的大叔大妈们相比，并不具有资金体量的优势。从这一点看，社区银行开展线下的理财产品销售大有可为，前提是提供适合特定消费群体的产品、用户体验和较高的安全性。

目前，国内的民生、兴业等股份制银行以及上海农商行、农江银行等城商行、农商行已经开始了社区银行的实践和推广，从业务战略上看，社区银行已然成为下一个银行业务竞争的蓝海。银行在理财产品销售方面，可以对本行业内的资源进行重构，特别是渠道的整合，社区银行是一个很好的应对互联网金融冲击的突破方式。

| 5.8 | 咖啡银行，充满了零售的味道

2014 年 3 月 6 日，招商银行宣布将联合韩国第一大咖啡连锁品牌——咖啡陪你（Caffebene）启动创新合作，未来双方将在国内推出咖啡银行。据相关数据，咖啡陪你进驻中国一年多时间，已在全国开设近 400 家店，发展迅速。招行的咖啡银行，再次探索了银行业零售化经营的可能性，并成为股份制银行另一种形式上的网点扩张。

从某种意义上说，咖啡银行也是目前国内大多数银行正在尝试的社区银行的一种，只不过，和一般的社区银行不同，招商银行这次把社区银行开进了咖啡店，把金融服务和具体的商业形态结合了起来。从银行业发展的趋势来看，未来银行的"零售化经营"将成为一种全新的尝试。

5.8.1 何谓银行的"零售化"经营？

银行业是国之重器，承担了整个国民经济的资金融通和信贷投放，经过 1999~2000 年的不良资产剥离和重组，银行业进入了快速发展的通道，目前已经成为金融资产最大的行业。按理来

说，银行业大佬是习惯了用批发思维来做具体业务，在面对长期供不应求的信贷市场时，习惯于项目授信、批量授信，并用标准化的流程和手段来控制风险。

这也造成了目前中国金融体系的一种现象：在利率的长期管制下，公司业务用项目信贷和贸易融资的方式，结合产业发展的进度，用类似 B2B 的业务对接实现了银行信贷规模增长和资产的快速扩大。此外，在金融市场业务上，还可以通过资金、票据业务实现银行和其他金融业态的资金流动。这样一来，资金的主导权逐渐被强势的企业和集团所沉淀，而中小微企业和无信用记录的个人则很难通过这种方式来获得资金。

银行的零售化经营，就是打破这种单纯依靠大宗方式来获取利润的传统模式，把银行的渠道和产品营销分散到各个具体的消费业态，也就是零售业态。零售化的特点就是银行成为零售链条的一个环节，而不是超脱于某个行业的、简单的资金供给者的角色。而最好的融入这种零售思路的做法，就是在实体上和某一种业态对接，直接把某个零售业态改造为银行的零售业务，培育银行的零售土壤。

和大额的项目业务相比，零售业务给予银行的提升空间在于未来，也就是为以后银行的转型提供一个资源充足的客户基础。这和目前已经开启的利率市场化不无关系，银行的存贷利差必然会在这一轮市场化中缩小，甚至直接威胁部分中小银行的生存能力。而零售化经营可以拓宽银行的收入来源，延伸金融服务链条，把金融服务融入零售业态，通过银行卡、小额信贷、理财产品、电子银行以及附属的支付、结算、营销、整合等方面进行全面的金融服务。

5.8.2 招行的咖啡银行作何定位？

从招行网站的描述看，2014年，招商银行不仅继续与咖啡陪你保持结算、收单领域的合作，还将在咖啡银行网点合作、特惠商户、客户优惠活动、小微金融产品等方面做更深入的探索。其中，双方首度发挥各自的渠道优势，将银行"搬进"咖啡店，打造全新的咖啡银行模式。咖啡银行将一改银行的传统服务环境，将咖啡厅休闲、轻松的氛围和咖啡文化带入银行网点，为客户带来不一样的感知和体验。

对于咖啡陪你来说，银行的金融服务等于是一种增值服务，特别是对于有高端理财和增值需求的商务人士，具有较大的吸引力。而对于银行来说，融入具体的某个零售业态，可以直接发现零售业态的金融服务需求，并进行细分行业的金融产品设计，成熟之后可以作为一种金融服务特色在该行业推广。

银行的金融服务并不需要覆盖所有的企业和业务类型，而是需要走出自己的客户服务的差异化和特色化道路。而差异化不足也是目前中国传统商业银行的软肋：不仅业务雷同，运作模式也大同小异。如果招行能够利用这次和咖啡陪你合作的机会，对整个银行的服务定位做一次调整，在差异化的服务中做出特色，那么银行的零售化特色将会更加明显。

从目前商业银行的转型发展来看，银行如何绕过电商、社交等大流量平台获取自己的客户渠道成为短期内的主要任务。由于银行系电商、信用卡商城以及民生推出的直销银行概念，在用户黏性和使用频率上都无法和传统的电商金融相比，银行的线上服务更多的是后端的资金供给和客服，而在直接的 C 端并不具有核心竞争力。在支付宝钱包、微信支付等移动在线支付概念的冲击下，银行被互联网渠道后台化的危险越来越大，而银行传统的线下渠道是目前可以进行渠道拓展的可行方式。

也正是因为如此，2013 年年底以来各大行热衷的社区银行也是力图延伸自己的前沿服务端口，接入生活、商务和便民环节，将银行的金融服务送到直接的 C 端，希望通过这种方式建立自己的客户关系管理渠道和营销渠道，建立银行业产品和服务的直接通道。就目前线下金融服务还不完全饱和的现状来说，建立快速便捷的社区金融服务、商圈金融服务具有一定的优势，也有利于改变大众对银行服务差、效率低的印象。

5.8.3　咖啡银行的另类运营？

咖啡银行所承载的任务在于银行服务的延伸和客户入口的获得，并在某种程度上可以进行传统网点的部分产品营销业务。但在管理运营上，这种特殊的银行应该借鉴零售业的思路，而不是用银行的存贷款考核思路来进行管理。在银行的思路中，每一个支行网点都是独立考核单位，一年要拉多少存款，贷款规模的质量要在什么标准，要卖多少理财，开发多少个手机银行等等，这种以完全的绩效和利润考核的方式并不适合社区银行、咖啡银行，至少在早期是不适合的。

为什么？零售业，包括线上线下的零售，在业务的发展逻辑上是完全不同于银行的。银行是一个运营风险的行业，在业务开展前就必须要衡量资金成本和可获收益，并且通过内部的FTP(内部资金转移定价)来进行利润考核，如果达不到要求，宁可不做，以免造成不良资产背上包袱。

而对于零售业来说，客户是最大的利益，为了客户的稳定和渠道的完整，即使是短期的贴钱也在所不惜，零售业的激烈竞争最后都将归结到这么几点：客户、流量、增值服务。其业务流程是根据客户的行为、消费习惯而改变的，零售迎合的是消费者，如果失去了这种能力，客户的转移将成为一种常态。如果咖啡银行要走进零售的商业圈，就必须要接受这种改变，作更多的下沉服务，迎合消费者。

在业务流程和系统设置上，这种嫁接某种具体商业形态的银行服务，应该给予客户更多的体验和选择能力，银行的前、中、后台的顺序应该是前台需求驱动，中后台需求匹配，这将对银行现有的运营模式和能力提出较大的挑战。零售业是一个服务烦琐、产品复杂的行业，而银行的产品基本上都是标准化的，银行需要在后台作更多系统的优化组合，以满足前端各种零售化金融的需求，在做好标准化的同时做好个性化服务。

5.8.4　监管是否有门槛?

从目前的表述看,咖啡银行其实是社区银行的一种,银监会之前已经发文明确社区银行网点布局的规范,包括持牌经营,有人和无人模式,以及遵循区域的资源匹配等,具体如下:

1、持牌运营:277号文要求,各地银监局只负责对辖内社区银行申请的初审,初审后需报送银监会。社区支行、小微支行的设立应履行相关行政审批程序,实行持牌经营。

2、模式定位:社区银行分"有人"和"无人"两种模式,而不是业内曾普遍流传的"三分类"。其中"有人"网点必须持牌,"无人"则必须自助,不存在中间形态。

3、区域限制:中小商业银行应认真调研,分析不同区域的金融需求,根据不同区域规模、有效客户数及客户消费能力、消费习惯等,因地制宜设立。

既然可以归纳为社区银行,就需要招商银行获得当地银监局的批文,以开设基于咖啡服务为载体的社区银行服务。但从监管的思路来看,由于前期曾经叫停了民生银行的社区银行(2014年6月民生银行才首次获批700多家社区银行牌照),银监会对社区银行的监管持稳妥、谨慎的态度。当然,由于各地的监管程度不一,社区银行的口子没有完全封闭,监管层只是强调持牌经营,并不是说关闭。即便最终没有拿到社区银行的资质,也可以转为无人的自助银行,以等待监管政策的放松。

经过了解，目前招行在咖啡陪你的店面正在建设咖啡银行网点体验区，也没有配备银行人员，目前双方只是启动合作，而未来审批通过后，咖啡＋银行的全新网点才会对外营业。这也符合前面的监管分析，招行的思路应该是边建设，边配备设备，同时向监管申请报备，如通过则派驻银行工作人员，这样服务质量和内涵可以更丰富；如通不过，则先设为自助银行，依托自助设备开展服务。

当然，有理由相信银行的这种渠道变革最终会进入监管者的日常工作范围，线下的社区银行，各种类型的零售业态银行，以及线上的直销银行，未来都将成为银行的渠道延伸，而真正的银行服务将成为系统后台＋渠道延伸的模式，中台的业务流程将被整合。

用一句话来概括的话，就像标题说的，咖啡银行，充满了零售的味道，这种渠道变革的态度是值得肯定的。但是，这种味道能不能成为一种持久的回味，就需要银行真正吸收零售业的做法，来进行金融服务的流程再造。

| 5.9 | 券商互联网化的核心：支付体系

　　就目前的发展趋势而言，券商在金融行业中是互联网化比较慢的一个子行业，互联网化不仅仅是指业务流程的线上化，而是真正实现获客渠道、支付渠道和产品渠道的流量化和线上化。目前虽然大多数券商都开发了自身的网上交易系统，但是整个互联网金融的内容而言，这种简单的互联网化只是把客户的交易流程进行了线上的变现，并没有从根本上改变证券行业的金融生态。

　　在 5 月 16 日举办的 2014 年券商创新大会上，一位券商高管也承认，中国证券行业 20 多年的发展创新甚少，业务通道化、产品同质化问题普遍，而互联网给证券行业带来的不仅是危机感，更是深刻变革。

　　在这次大会上，私募市场、财富管理、互联网证券、融资业务、投资咨询、风险管理这六大项主题中，互联网证券成为一个热门话题。此次证监会《关于进一步推进证券经营机构创新发展的意见》中指出，将推进统一证券账户平台建设，建立与私募市场、互联网证券等业务相适应的账户体系。规范证券行业支付系统，研究建设支付平台。

5.9.1 券商互联网化的核心是什么？

券商的互联网化需要注意什么问题，为什么券商的线上交易并没有带来整个行业的金融互联网化呢？关键就在于独立的账户和支付体系。证券公司的账户体系相对而言不是独立的，一方面，客户的资金存在证券账户中，证券公司再将其托管在银行的银证账户中。作为一个独立的金融子行业，证券的资金托管业务虽然满足了资金沉淀的条件，但是对客户资金的综合管理能力不强，并没有激活整个账户体系的活性。另一方面，券商在缺乏独立账户体系的情况下，也缺乏对以券商交易为核心，以其他金融理财、支付消费以及更多的生活化场景支付的开拓为补充的业务体系，也就是说缺少一个平台。

对于互联网金融而言，支付恰好是一个主要的优势。在互联网金融的生态圈内，不论是小额信贷端的融资服务，还是在线理财端的理财服务，抑或是数据征信类服务和金融服务平台的搭建，其基础都是基于互联网而产生的一套独立的支付生态体系。支付的高黏性和高活性的特征，为互联网金融的发展提供了一个便捷的支付和汇兑渠道，这个支付体系和现有的银行业支付体系也实现了在末梢的对接。所以，从互联网金融的发展阶段而言，一个独立、高黏性的支付体系是金融互联网化必须建立的一项基础性工程。

5.9.2 券商的互联网化进程

2013 年 3 月，证券业协会公布《证券公司开立客户账户规范》以后，网上开户成为券商最易实施的一项创新尝试，多家券商都在官方网站首页显著位置推出网上开户快速通道。

除了网上开户，各地券商还在深入研究互联网金融的各种模式。或进行部门的重设和改造，或选择成立互联网金融部门、电子商务分公司。

此外，首家在天猫商城搭建网上旗舰店的方正证券，就是最为典型的券商与互联网企业平台合作的模式。这种方式是比较典型的结合传统券商产品和大电商流量平台结合的模式。但是从实际效果看，仅仅借助互联网平台的流量并不能直接转化为券商的客户，一来客户的忠诚度和转化率很低，二来券商为吸引客户往往提高收益率，甚至是赔本赚吆喝，不利于行业的可持续发展。

券商的互联网化进程和银行有点类似，用传统金融电商的思路，以及产品的简单网上化，其实并不能解决金融互联网化的核心问题：一个高活性和黏性的账户体系，以及一个资金沉淀和流动便捷的通道。银行相对而言更有优势，例如民生的直销银行，在业务互联网化的过程中逐步建立自己的账户活性体系。截至 2014 年 5 月 14 日，直销银行有效客户数达 35 万户，资产规模达 140 多亿。

再来看看券商的主要收入比例：从收入结构看，中国证券公司一直过度依赖经纪业务，其收入占比一度高达70%以上。从2009年以来，随着佣金自由化的进程，经纪业务收入占比一直在下降，2012年一度降到了39%，之后有所回升，到2013年底占比47.7%。可以看出，券商的主要收入模式仍然是经纪业务，业务收入单一，一方面反映出产品和渠道的单一，另一方面也说明产品的互联网化过程中，自身支付体系生态的金融衍生服务不足。

5.9.3　支付体系发展的几个趋势

从目前的发展趋势来看，支付的发展趋势可以用移动化、虚拟化、应用场景化来概括。移动化就是指基于智能移动设备的支付比例会越拉越高，账号虚拟化是指基于互联网第三方支付的虚拟账号支付将成为主要的支付方式，而应用场景化就是说运用移动支付、虚拟账号支付的具体商业形态会越来越多。在移动、虚拟、场景化的多重作用下，未来的支付业态将呈现出更多更丰富的内容，从金融业态，渗透进民生、消费业态，再到社交业态。

作为移动化的直接应用对象，作为账号虚拟化的有利支撑，支付的应用场景化将成为另一个重要的趋势。阿里的支付宝钱包，目标在于打造行人出行的线上钱包，以取代我们每天必带的钱包，通过绑定各种银行卡、消费券，可以直接用支付宝钱包扫码或者声波支付，这就需要依靠强大的线下支付的应用场景的设置。简单点说，就是要开辟更多的可以用支付宝钱包支付的商圈、超市、酒店、车站等。这个开辟的过程的快慢，也就决定了支付趋势发展的快慢。

从移动设备的普及率看，目前，智能手机已经成为大多数人的标配，移动化趋势的设备条件已经满足。从虚拟化的条件来看，支付宝、财付通等已经通过较强的议价能力绑定了众多的银行和银行卡，有条件完成虚拟化的银行资金来源的绑定。目前最主要的制约因素就是场景化的设置还略有不足，支持互联网移动支付的线下商圈、酒店、超市还不普及。而一旦完成了这个线下铺设的过程，移动化、虚拟化、场景化的支付方式将成为一种全新的金融细分业态。

5.9.4　券商的金融互联网化如何发展？

在支付发展创新不断出现的今天，券商应该用一种怎么样的思路呢？主要是两点，一个是提高自身支付体系的活性，包括支付的便捷、支付的开源和与其他金融产品的对接，二是建立券商自己的金融交易平台，在平台的基础上绑定自身的支付服务生态。

早在 2013 年 5 月，国泰君安董事长万建华就曾表示，国泰君安已正式申请加入人民银行支付系统的业务试点。且央行已经正式受理了国泰君安证券的申请材料，正在进行内部审批评估工作。如果国泰君安具备了支付功能，也将是证券行业第一个获得央行批准具备支付功能的券商。

具备独立的支付功能的意义在哪里？一方面提高了券商的客户支付便利程度，不再是一个简单的资金结算账户，而是可以成为结合日常消费、投资理财和支付服务的综合支付账户，在提供多种金融服务黏性的基础上提高客户的忠诚度和使用度。如果不具备这样的支付条件，券商的互联网化就失去了一个最好的机会，而是只能依托于银行的托管账户来实现客户开发、交易线上化和客户服务的网络化，但是渠道是单一的，产品也会受到较大的限制。随着支付业态的新发展，券商在建立支付体系的接触上，可以朝着移动化、虚拟化和场景化转型，衍生出更多的交易和支付服务。另一方面，通过建立独立的账户支付体系来建立以支付为核心的，集合了投资、理财、消费等多元化功能的券商金融化生态体系。毫无疑问，在这个生态体系中，券商的独立支付工具是核心，也将成为券商金融互联网化的主要突破口。

在建立开源的支付体系的基础上，券商应该再进一步，集合券商经纪、资产管理、咨询和承销等多个业务板块的优势，建立综合的产品开发和对接系统，用交易驱动的思路改造券商的业务体系。在大资产管理的思路下，券商、信托、保险、银行、基金都将成为资产管理市场的重要参与者，而建立一个资产管理产品交易的平台，聚合支付的底层黏性，将达到金融互联网化中一个较高的阶段。

| 5.10 | 保险电商的突围之路

从电商思维的发展潮流来看，保险行业是中国最开始进行互联网尝试的行业之一。2000 年前后，国内的主要保险公司，如泰康人寿、平安保险就已经开始建立自己的网上保险销售渠道，保险电商的框架也基本成型。

但是，作为一个传统的非银行金融行业，"时不我待"可以充分形容彼时的保险行业，因为当时互联网消费和购物模式还没有成为一种大众认知的习惯，另外，保险电商的自身架构还不完整，缺乏便捷的支付渠道，线上的信息仍然需要线下的业务来辅助。所以，如今更多进入大众视野的电商是阿里、京东等日常消费品的电商，而不是保险电商。

那么，作为电商化的一种模式，保险行业能否再次抓住线上消费和移动支付的契机，实现整个行业的突围，建立自己可以掌控的营销渠道呢？不难看出，保险行业一直在朝着渠道建设转型，而线上的电商模式是其突围的一种战略路径。

5.10.1　保险行业的渠道分类

目前保险行业的销售仍然以线下为主，互联网的优势还没有充分发挥出来，一方面和线下的传统金融产品消费习惯有关，另一方面也反映出保险电商在社会认知度上的无力。

以泰康人寿为例，目前的销售渠道主要有以下几类：

第一种是纯线下的模式，也就是依靠传统的保险推销员来实现产品的营销，这也是最传统的方式。一般是通过保险公司自己的保险销售员、代理员的分级别提成和佣金模式来激励线下市场的推广。

第二种是其他金融和非金融机构的代理销售模式，类似于银行代销基金。保险公司的产品也可以通过银行、第三方理财机构来进行销售，但无疑中介代理方需要提取一部分手续费作为中间业务收入，这样就直接降低了保险公司的收益。

第三种就是线上的销售模式，目前主要是通过具有大电商、大流量基础的互联网电商、社交平台进行产品的销售，如淘宝的理财频道，就有泰康、人寿、平安等保险公司和淘宝合作进行线上销售的产品。当然，各个保险公司也有自己的销售网站，但缺乏持续的客户黏性和吸引力（这是电商平台的独特优势），对于传统的习惯于线下购买或者银行、理财机构代销的客户来说，保险公司自建的网上电商渠道也缺乏足够的吸引力。

5.10.2　保险电商发展的几个阶段

泰康人寿的发展历程，映射出保险电商发展的三个阶段：

第一阶段，泰康人寿首先开启了网上保险的概念，并快速被其他保险公司复制。这个阶段，保险网上销售的概念开始出现，并由保险公司通过简单的线上填写资料提交，然后由线下业务员携带资料上门办理的模式来进行业务推广。2000 年 9 月，泰康人寿开通"泰康在线"，启动网上投保服务，国内首现"网络保险"概念。由于"坐在家中买保险"的营销方式新颖、亲切，中国平安、太平洋、中国人保等纷纷跟进，开设电子商务网站，推出在线销售的产品。但从实际效果看，成效不明显，一来彼时的保险产品还是门槛较高的家庭理财，一般消费者都比较慎重，此外，网上体验缺乏关键的支付环节，业务模式没有发生根本改变。

2003 年非典肆虐，网上保险有了一定程度的发展，但不是实质性的飞越，只是偶然事件触发的应激反应。直到以网上银行为代表的便捷支付的出现，以及第三方支付的丰富，培育了用户的网上消费习惯，才迎来了保险电商的第二个阶段。

第二阶段，随着第三方支付技术的成熟和《电子签名法》的实施，基于线上的保险产品销售具备了完善交易结构和获得网上法律保证的现实可能。特别是《电子签名法》的通过，网络销售中的合法性和有效性得到法律的认可，为电子商务发展提供了法律保障。2005 年 4 月初，国内首张全流程电子保单在北京正式问世，并签下了"第一单"。所谓全流程即整个保单的全部操作均可在互联网上实现。据统计，截至 2011 年底，中国保险行业共有 36 家保险公司开展了网上保险电子商务，占保险公司总数的23%，相比 2008 年的 17 家，增幅超过一倍。

第三阶段，也是互联网思维开始影响并改变诸多传统行业的时代，金融业开始了互联网化的进程，基金业开始联合电商网上卖基金（余额宝等），而保险业也真正迎来了更广阔的发展空间。2013 年，众安在线财险成立，三马卖保险的模式再次点燃了市场对于保险电商的热情。而泰康人寿也在完善网上电商交易流程的同时，开辟了泰康 App、泰康微博以及上线淘宝理财频道、微信平台等多方位的产品营销渠道。保险电商的发展进入第三阶段，联合大电商等具有大流量的平台进行保险产品的销售成为大多数保险公司的选择。虽然目前线下的销售仍然占据绝对优势，但谁都不想放弃未来这一丰厚的线上市场。

📦 5.10.3　泰康人寿的保险电商模式

泰康人寿是最开始接受互联网思维冲击的，早在 2000 年就已经试图用互联网来改造自身的业务模式（如 2000 年的泰康在线）。但受制于当时的社会消费情况特点和附属产业的欠成熟，保险业并没能很好地结合互联网。随后，进入保险电商的后几个阶段，泰康人寿开始结合每个阶段的特点，进行更多互联网化的尝试。

作为早期的结合互联网支付的保险公司，泰康在第二个阶段开始整合进快捷的第三方支付，以完善交易流程，提供更好的用户体验。2009 年，第三方支付——快钱与泰康人寿保险股份有限公司达成全方位合作，为泰康提供全面的支付服务（如图六所示）。用户可以通过快钱在泰康网站直接购买少儿、女性、医疗、养老、重大疾病、意外伤害险等各类险种。随后，泰康又不断扩大与其他第三方支付的合作，为用户提供更多便捷的支付接口。

1.产品选择	2.核保	3.支付	4.出单
在线销售 用户在线选择保险产品，填写投保信息	系统自动核保	在线支付	在线出单，线上可查询
电话销售 电话确认保险产品及相关投保信息	人工核保	POS\移动支付 电话支付	线下递送

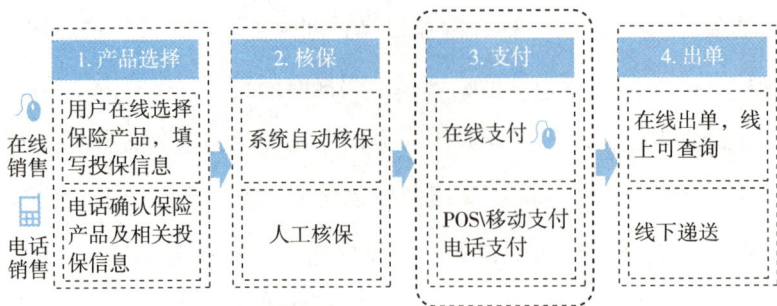

图六：泰康人寿与第三方支付快线的合作模式简图

现在，泰康的保险电商模式可以用这么几个关键词概括："全流程、多平台、借流量"。传统保险业在发展过程中，由于自身平台的黏性不强，需要借助交易频繁、高黏性、高流量的互联网平台来加大产品的销售力度，这就是"多平台、借流量"。而全流程则是完善自身平台的交易结构，通过客户需求把握、产品搭配组合和自身网站交易流程的优化来提高用户体验。

从其他同行来看，2013 年正式上线的众安在线财险，其实也是平安保险希望借助腾讯的流量和阿里巴巴的快捷支付黏性来拓展自身客户群。到了这个阶段，包括泰康人寿在内的众多公司认识到，保险电商的模式不应是独立的，而是需要进行多渠道的引流，扩大复合效应。

5.10.4　保险电商优劣势，突围策略

应该承认，保险行业结合互联网以及电商的思维进行行业变革是迎合了未来消费趋势的改变，也是具有合理性的。其优势也

是比较明显的，不仅可以提高用户体验，降低客户的选择成本，还可以降低保险公司自身的线下成本，提高盈利空间。

数据显示，保险公司的网络销售成本主要包括后援支持费用、网络通信费用、保单寄送费用、单证费用、设备折旧等，总体费用率约为12%；如果使用电子化保单，免去保单寄送费用和单证费用，其费用率则可降至10%。而保险公司个人代理渠道的费用率通常为30%左右，是网络销售渠道的2.3倍，其他银行、线下第三方理财的代理渠道费可能更高。所以，保险电商对于传统保险是具有革命性意义的。

当然，保险电商之所以始终没能建立拥有广泛影响力的独立第三方网上渠道，也和保险自身的劣势不无关系。尤其是在互联网金融兴起的2013年，保险产品由于多是定期产品，流动性不强，在收益上也没能和以余额宝为代表的在线理财以及P2P行业拉开差距（余额宝最高年化7%，P2P一般在10%～15%），所以没能引起投资者的更多兴趣，淘宝理财频道上线的多款保险产品在当日也反响平平。此外，保险产品的需求不是常态化的，而是一次性或者阶段性的，不像电商、支付平台那般拥有大量的频繁交易和使用需求，所以并不具有很高的用户黏性。

所以，保险电商要想有更大的客户流量，就必须要借助其他电商、社交、支付平台的流量；进行保险产品的销售变现，同时也要进行更好的产品组合，优化自身网站平台的交易体验。对于保险来说，最重要的是客户和流量，不管这些客户是经过什么样的渠道发展而来。这也就是保险电商的突围策略。

第6章

互联网金融监管趋势

| 6.1 | 从监管的心态说起，服务者还是主人翁？

受中国行政本位的传统官僚体制影响，监管机构以前就像是高高在上的神龛，底下的被监管者即使不愿意去膜拜，至少也是不会去招惹监管层的。对于互联网金融来说，也许最希望的状态是高层的监管可以"睁一只眼闭一只眼"（或者换一种说法，在创新的容忍度和监管的底线之间保持一个微妙的平衡），让他们可以适当地跨越一些雷池，适当地突破一下本就滴水不漏的金融业监管体系，为基于互联网属性的金融形态带来更广阔的空间。

用一句简单的话来说，中国互联网金融的空间多大，直接取决于金融监管的默许空间有多大，而不是互联网金融自身的创新能力有多强。这就形成了一个相对的悖论：互联网金融的创新能力过强、冲击太猛的话，容易引发监管层的过度反应和"叫停"式的决策，直接不利于互联网金融的可持续发展。

既然是"给你多大的舞台，你就跳多好的舞蹈"的逻辑，底层的空间由政府圈定，那么按理说互联网金融的监管应该是水到渠成的，可以按照空间设置和类似于负面清单的逻辑来监管，可为什么目前对互联网金融的监管还是莫衷一是呢？央行、银监会、证监会、保监会虽说有一个内部协调的议事机构，但却始终没能集体行文，对互联网金融做出成文的大纲式的规范。只有在类似于比特币等互联网货币交易风险敞露，并直接威胁到监管的有效性时，才不得已出台一些紧急规定。

这里就必须要说一说咱们国家的金融监管文化。

按照一般的逻辑，监管的目的是为了促进金融行业的良好发展，或者说，监管是为了更好地促进，而不是阻挠。民生社区银行被全面叫停之后，拍手称快者有之，扼腕痛惜者有之，但笔者却认为这一定程度上是监管的监察失误。不是说监管层缺乏足够的监管和执行能力，而是依托于监管体制的文化使然。

说到点子上，就是一种监管文化的差异。是把自己当成金融业的服务者呢，还是把自己当成高高在上的主人翁，翘着二郎腿优哉游哉地、严厉地斥责不听话的被监管者呢。对于互联网金融也是一样的，监管的目的是为了促进发展，而不是封杀。从一些典型的案例来看，监管机构在面对新生金融创新时，往往显得手足无措，或者"无据可依"，要么是正在研究中，要么是果断先叫停了再说，至少对监管方没有风险。

这是一种比较典型的主人心态，规则是我定的，场地是我提供的，谁来唱，唱得多好，也是直接间接由我主管的，那么最后形成的结果就很有可能是监管的时效性的降低和固守本源式的保守。这种心态是不利于底层金融创新的发展和推广的。这里又要说一说银行业了，不是银行业没有创新能力，而是被太多的条文和红线所监管着，和互联网金融相比，一个是戴着枷锁在跳舞，一个是几乎还没穿好衣服就翩翩起舞了，哪个更有活力就可想而知了。

互联网金融的管理在一定程度上挑战了现有的金融管理体制，要求监管层在日后的监管中更加注重服务性和开源式的鼓励，而非一触碰雷池就果断封死的堵截式治理。前一种是服务的管理方式，后一种是主人翁式的行为方式。从整个金融改革和政治体制转变的趋势看，改革的政治和经济目标咱就不说了，从文化认同说，就是把以往高高在上的政府和管理机构拉拉低，降一降身段，改变以往的俯视观，而是逐渐适应平视、仰视观。这就意味着，监管的方式和手法都要积极改进，只靠自上而下的发文和报批等行政方式，很难直接了解一线金融业务和创新的真正利弊，因而需要监管者真正俯下身来，去接一接地气。互联网金融就提供了一个很好的契机，一个改变监管机构行为方式的契机。

主人翁的心态是自上而下的、中心权威式的，服务者的心态是自下而上的，并强调事后的解决。从2013年下半年的事态看，央行等金融监管机构不止一次赴上海、深圳开展互联网金融领域调研，期间是说得少，听得多，可以视为管理者服务意识加强的表现。因为从本质上说，金融业也是一种服务业，只不过是一种需要监管来控制风险的服务业，这和其他通过管理来控制质量、价格的服务业有所不同，所以也一直导致了监管文化的错位：过于注重权威和风险控制，而缺少一定的服务意识。

改革是倒逼的，监管的体制文化也需要倒逼，需要多一些互联网金融的创新和实践，来给管理者提供更多的服务心态的体验，让管理者明白，金融服务业需要服务的心态；同时也让从业者明白，监管的目的是为了更好地促进，不是为了束缚手脚，戴上枷锁。如此一来，互联网金融期望监管者"睁一只眼闭一只眼"的猜疑心态就可以少一些，而"敞开心扉，接受监督"的阳光心态就可以多一些。

| 6.2 | 互联网金融扎堆前进，"胡萝卜加大棒"政策成监管趋势

互联网金融既有"日新月异"的一面，也有"险象环生"的一面，既是互联网企业跨界尝试开拓新领域的勇敢经营，也有传统金融业低头俯身学习网络和大数据思维的某种无奈。2013年，互联网金融概念开始不断冲击大众的神经，从P2P行业的风起云涌到命运多舛，从阿里金融代表的金融电商开始从"存、贷、汇"全面冲击银行业，再到互联网渠道上的各种在线支付理财产品，给普通消费者带来了更多元化的投资理财渠道。

互联网金融的各种业态开始全面进入市场争夺战，客户数据的积累战和商业模式的成熟战。在互联网金融扎堆前进的浩然大势下，不仅传统金融业开始回头反思学习金融业的互联网操作思路，监管层也开始对这种崭新的金融业态进行全面的调研、考察与思考。从监管政策的变化来看，后期出台"胡萝卜加大棒"的监管政策是必然的。

6.2.1 互联网金融分类

目前市面上的互联网金融大概可以分为六类，其中三类是目

前中国运行时间和运作企业比较多、相对比较成熟的，主要是第三方支付及其所衍生的金融信贷服务、P2P行业、互联网金融服务平台。

以第三方支付为主的电商金融的主要表现是阿里金融、苏宁金融、京东供应链以及腾讯电商的金融服务等，主要依托于自身的支付核心开展客户和数据积累，并基于此开展小额信贷和平台的理财服务，这也是目前中国发展最为全面的表现形式之一。

P2P行业是人人贷的表现形式，但在中国没有绝对意义上的P2P，行业发展也是参差不齐，频繁出现的风险控制和体系流程缺失引发的平台倒闭危机，造成了诸多负面影响。但部分P2P，如平安陆金所、拍拍贷、宜信等在资产管理和流程风险控制方面较为严谨，发展较为稳健。

互联网金融服务平台，如融360、91金融超市等，主要以提供金融产品的搜索和数据处理服务为模式，以平台模式积累流量，提高投资者和产品提供者之间的信息透明度和效率。

另外三类还不是那么成熟的互联网金融类型是：众筹模式、数据征信、互联网货币。由于本身处在互联网金融的较高阶段，特别是数据征信和互联网货币，需要一个完善的信用社会体系做支撑。中国目前还处在信用社会建立的前期，包括人行在内的个人征信和企业征信等标准都在统一之中，还不完善。而众筹模式在中国缺乏法理支持，有非法集资风险，同时也受限于社会信用和风险控制管理，很难大规模推广。此外，互联网货币目前还只是少数人利用少数可以支付的渠道进行的互联网电子货币的尝试，或者是投机，但并非是一个由所在国家央行认可并允许发行的交易货币，即便在互联网上存在一定的流动性，但是以高风险和高投机为代价的，难以和传统的银行货币相提并论。互联网货币目前更多的还是一种概念的尝试，并不具备推广的市场和政策基础。

6.2.2 扎堆前进，触碰底线

现在的情况是，互联网金融不是从一个点、一个方面开始发力，而是同时从好几个方面、好几个层次开始的搅局。从互联网金融业态上看，既有 P2P，也有第三方支付的电商金融，还有金融服务平台等。从影响程度看，既有传统银行业（如阿里金融的冲击），也有基金行业（如余额宝，百度百发等各种在线理财），还有证券行业（如国泰君安证券的账户支付体系）。从受众群体看，既有普通投资者的理财，也有高端客户的投资，还有部分机构业务涉及。从监管方向的底线上看，也面临着诸多问题：互联网金融能否获得最终的金融牌照，特别是银行，能否允许互联网企业全面涉及金融业务、控股或者收购金融牌照，在具体金融业务操作上，管理制度、流程规范和风险控制体系该如何建立？

可以说，互联网金融扎堆前进可以从正反两方面解读。一方面说明中国传统金融业确实难以承担起整个经济的融资和投资需

求，金融产品特别是信贷在中国还是结构性的过剩，需要互联网金融产品提供支撑；另一方面也说明中国的金融监管确实落后于实际金融业务的进展，随着部分金融互联网化过程中的失范和错位，需要加强新一轮的政策明确和合适的监管，给予互联网金融完善的法律地位和一定的发展空间。否则，互联网金融只会不断去触碰金融监管的漏洞和禁区，与其事后亡羊补牢，不如事前确定监管标准，这也是对金融社会生态负责的表现。

6.2.3　监管政策方向：“胡萝卜加大棒”

高层对于金融改革的决心是异常坚定的，从利率市场化的稳步推进、金融混业经营制度框架的设计、民营资本进入银行业的探索以及对互联网金融的密集调研，都可以确定，金融改革是本轮经济改革的核心要素，也是首当其冲的改革对象。改革的最终目的就是要提高金融业的整体效率和运营质量，降低风险，促进资本和投资多元化。

互联网金融是互联网生态和金融生态的结合体，本质上是利用互联网的便捷、安全以及信息透明的数据化思维来改造部分金融业务，同时结合金融业的风险控制模式，开展特定用户的金融消费活动。高层的目的在于金融产业的高效改革，对互联网金融持支持态度，鼓励在风险可控的环境下发展互联网金融。对于监管政策，由于互联网金融的扎堆表现，以及监管机构对金融业务监管的合规性和审慎性，一般是出台了具体的监管指导意见或者是细则后才履行监管行动，所以目前监管机构所能做的更多是调研、指导和原则性的处罚，但并非是监管。

出于对金融体系稳定过渡的考虑，以及互联网金融的审慎经营原则，监管层的方向估计定调于"胡萝卜加大棒"，也就是既支持发展，也明确规定一定的政策底线，逾越了就给你敲响警钟。从P2P部分平台受到严厉处罚以及百度百发在线理财遭受调查等都可以看出，监管者一直在调教步伐太猛、忽视流程建设和风险控制缺失的部分经营者。政策允许发展互联网金融创新，但也需要符合政策监管的底线，否则，就是脱离了金融的紧箍咒，必然会受到控制。

6.2.4　注重内部差异，分阶段标准化

从互联网金融的发展阶段来看，目前已经渐渐在远离初创期，开始进入框架丰富期和战略的整合期，由于各个版块的进度不一样，部分互联网寡头企业的金融化模式已经相对成熟，如阿里金融、平安集团的P2P业务等，对于这部分具有标杆意义的互联网金融企业，监管层的政策鼓励空间会更大，估计给的"胡萝卜"也多，只要企业能和管理层之间保持密切沟通，同时注意和传统金融之间的差异化合作。而对于目前业务还不那么成熟的互联网金融企业来说，会给出比较严格的政策底线政策的空间相对小一点，换的"大棒"会多一点。

互联网的监管，目前很难做到一致化、标准化，因为它不像

传统金融那样有一致的业务标准和风险控制规则，况且大多数还是线上的平台运营，前期需要一个标准化的过程。从目前的趋势看，除了"胡萝卜加大棒"的政策，管理层只能先拟定几个大的政策底线和原则，至于细则，则需要对每一种互联网金融的模式做细分定位。

| 6.3 | 监管新时代：风险容忍度与外部挑战的平衡

一般而言，监管的脚步是落后于当前的互联网金融发展速度的，这也是金融保持创新和动力的一种制度红利。同样，这也取决于监管机构和金融机构之间的利益博弈和风险、收益的衡量。监管机构是没有绩效指标的，唯一的考核渠道是保证金融体系的稳定，保护投资者利益，也就是一种保守的制度文化。而金融机构，特别是互联网金融，它的内在属性是用其他便捷、高效的方式来替代现有的传统金融运作方式，是一种基于利益和服务提升的相对比较激进的市场文化。

6.3.1 互联网金融与监管体制

每一次改革，不论是制度改革还是市场改革，首先受到冲击的，除了改革的直接利益集团之外，也有上层的监管机构，冲击的结果就是从管理的流程和组织架构上进行调整，比如证监会近期的司局调整，以及未来有可能进入一行三会联合监管的机构设置等。这也和目前金融机构的业务发展趋势相关，从八九十年代的部分混业经营，到 21 世纪初的严格分业，直到近几年重新出现的混业经营的趋势。从监管的角度来看，继续沿袭分业经营下的监管体制将不利于实现对金融监管的全覆盖，也就是一些交叉地带的监管责任比较难以明确。

互联网金融就是最典型的监管难题所在，从业务的布局来看，互联网金融不仅涵盖了银监会、证监会、保监会以及央行的监管领域，某些具体业务类型甚至是无准入、无门槛、无监管，这就要求监管机构对整体的监管职能进行更细化的梳理和分类，明确监管的责任主体。否则，一方面互联网金融的健康发展缺乏一个稳健的制度保障，另一方面，从传统金融机构的角度来看，互联网金融过于宽松的环境也不利于实现市场的公平竞争。

6.3.2 监管的步骤：从试探到归类

互联网金融正式进入监管层的视野是 2013 年下半年，彼时互联网金融正在从初创期进入高速的上升通道，各路资本都在抢占无监管的最佳进入空档期，以获得最好的市场准入环境。由于只注重发展速度而忽视风险控制，2013 年下半年出现了众多的互联网金融平台倒闭事件，最典型的就是 P2P 公司的乱象，由于缺乏专业的风险控制制度和流程方法，以及部分平台的自融、诈骗倾向，互联网金融在 2013 年年底进入了阶段性的风声鹤唳时期。

也就是从那时候开始，监管层不再止步于隔空喊话，通过会议和媒体来传输正确的监管观念了，而是采用了更切实际的调研和考察办法，在杭州、深圳、上海等地进行了相对比较密集的市场调研，了解互联网金融的主要类型和操作手法，为后期的监管定下基本的原则。总体而言，这个时期的监管是试探性的，一方面是监管机构对互联网金融还没有清晰的了解，另一反面也是互联网金融给传统金融带来的危机感还不足以触动其敏感的神经。

进入 2014 年，以余额宝为代表的互联网金融进入了更快速的滚雪球时期，规模开始呈现量级的增长，余额宝突破了 5000 亿元，P2P 整体行业规模也突破千亿元，平台成交量进入十亿元级别，电商信贷、第三方支付以及众筹等都开始进入了一个相对比较稳定、安全的快速发展通道。此时的互联网金融不仅扩大了覆盖面，也延伸了服务的层次，从简单的普通服务扩散到局部的高富帅等精英人士。所以，这时的高层监管已经不是落后一小步了，而是落后了好几步，需要在监管上突破原有的局限性，在建立几个基本原则的基础上（如不能非法集资，不能建资金池），进行更专业化的细分定位和制度归类。

所以说，这种监管的趋势是市场倒逼的，也是传统金融内部的压力所在。叫停虚拟信用支付和二维码支付等几个金融监管事件，以及央行成立的互联网金融协会，都是监管机构在市场压力下进行的正面和负面的监管互动。一方面通过昭示严格的安全底线显示监管的决心，另一方面通过积极的组织和沟通缓解市场猜疑，奠定监管基础。

6.3.3　监管的空间：风险容忍度

在博鳌亚洲论坛 2014 年年会上，中国银监会副主席阎庆民指出，对互联网金融的监管，应该做好四个方面的工作：一是适度监管，制定基本规则，避免不公平、不平等竞争；二是分类监管，对互联网金融进行不同类型的划分；三是协同监管，减少监管的套利；四是创新监管，用互联网技术提高监管有效性。

北京大学光华管理学院教授张维迎也表示，过度监管会扼杀创新，尤其是新事物处于初级阶段时。因此，政府过早制定监管规则，可能会扼杀互联网金融的创新。

这里就需要进一步谈到监管的核心了：监管的目的不是为了扼杀，而是为了促进与鼓励。在面对具体的互联网金融类型时，首先需要把握的就是监管的容忍度，这也是当前互联网金融监管的一个基础。风险容忍度，或者是风险文化，是金融机构进行市场定价和运作的核心。风险容忍度有两个层次，一个是风险最小化，一个是风险可控。

对于目前的互联网金融而言，已经从基本的银行业务的解构（存、贷、汇），扩展到了券商、基金网络化，甚至信托业务的销售网络化，互联网对现有的金融机构和业务基本上实现了全覆盖。当然，如果只是坚持风险最小化的原则，那么监管的基调很有可能就是用现有传统金融机构的监管办法来管理互联网金融，直接的后果就是扼杀新生事物的潜在发展空间。而采用风险可控的原则，就意味着在建立基本监管原则的情况下，允许互联网金融出现小范围的局部的风险，只要投资者利益可以得到覆盖，平台的收益可以承担风险成本，那么这种发展方式就是可持续的，值得鼓励的。

对于当前的互联网金融而言，企图避开监管的努力是不现实的，也是不可取的，更科学的态度是积极融入高层的监管节奏，通过对上层风险容忍度的影响和改良来提高自己的创新空间。对于监管机构而言，如何在风险监管的容忍度和挑战之间保持智慧的平衡，将是后期监管机构维持金融体系稳定与金融创新协调必须面对的问题。

| 6.4 | 余额宝——金融创新与风险容忍度之间的平衡

2014 年 5 月的第二个周末，有两个会议特别热闹，一个是 10 ~ 12 号举办的首届清华五道口全球金融论坛，央行、银监等高层的金融监管人士都做了发言；二是周末在杭州举行的阿里小微金服的年会，马云、彭蕾悉数到场。传统金融与互联网金融之间当然少不了在某些话题上的正面交锋，而上述两个"热闹非凡"的会议，也注定会带来更多的尖锐观点和思维的冲击。

首先来看看各家的主要说法吧。

首届清华五道口全球金融论坛上，嘉宾的部分观点如下：

央行副行长刘士余：

1. 存款搬家不是金融创新，有的金融创新，实际上是逃避监管，通过金融创新，进行规避风险合规等。存款搬家对全社会的经济结构调整没有正面贡献。

2. 要下决心整理金融的同业业务和理财业务，以往的银行同业和理财，对实体经济的帮助作用太小，很容易把公众带入追逐短期利益的道路。金融过热说明高烧已经影响到大脑的正常思考，这是一种不正常的状态。

马蔚华：余额宝对银行的负债是个比较大的冲击，银行又用

289

协议存款的价格把它买过来，银行也觉得这个事儿很窝囊。

而在阿里小微金服的年会上，马云和彭蕾的部分观点如下：

1. 马云认为，小微金服从第一天成立就没有逃避过监管，并且欢迎监管、拥抱监管，激活金融、服务实体。

2. 彭蕾对于小微金服战略指导方针的总结是十六个字：稳妥创新、欢迎监管、激活金融、服务实体。

3. 余额宝是一个创新，但余额宝不是小微金服的战略级产品，更不是小微金服的全部，小微金服是一个全面的、开放的金融生态系统。

虽然没有足够的因果或者相关关系证明上述双方的观点表达中存在一定的针对性，但作为高层监管和互联网金融主要载体之间的观点陈述，至少可以发现如今金融创新的环境到底如何，以及在中国本土化的金融实践中，到底什么样的创新才算是金融创新这些问题的一些新见解。

6.4.1　金融改革稳步推进，监管中的红脸和白脸

从如今的互联网监管态势看，早期高层监管对互联网金融的宽容和高容忍度有局部缩紧的迹象。为什么这么说？一来，2013年以来的互联网金融大潮一定程度上成为国家金融改革的排头兵，而监管层出于整体造势的需要，一定意义上开了更多的口子。二来，随着各种互联网金融类型的日渐成熟，模式更加清

晰，高层便开始考虑如何将体制外的金融纳入体制内监管，在监管的思路中，互联网金融的本质是金融，既然是金融，就需要纳入统一监管。

于是，从各种媒体的曝光程度看，监管从之前的唱红脸为主，转向了红脸和白脸兼备，并适时加大白脸来强调风险和合规的重要性。这从年份3月以来央行对第三方支付的监管从紧和支付额度的指导意见，以及央行、银监会联合下发的10号文可以看出来。这次央行高层在论坛上抛出"存款搬家并不是金融创新"的观点，实际上也可以作为高层唱白脸的一种表现。但从笔者个人的理解看，即便是监管有从紧的趋势，也改变不了互联网金融引领的这股理财自由化和多元化的浪潮，以及从顶层设计上开始往下逐步推进的宏观金融改革浪潮。

处在浪潮之巅的互联网金融，已然在监管的风险容忍度中找到了平衡的感觉，一个产品，一种渠道，一种类型遭遇了监管的从紧管理，却依然改变不了它的前进方向。一方面，底层的金融消费和体验需求已被激发，另一方面，传统金融将为互联网金融提供丰富的产品和渠道嫁接来源。

6.4.2 风险容忍度有降低的可能

高层对互联网金融的风险默许程度，其实是可以通过其在公开正式场合表达的观点来进行提炼的，当然也不排除部分是敲山震虎的打太极意图。余额宝，作为阿里金融的一个主要产品，也是 2013 年互联网金融的拳头明星产品，在发展的早期并没有引起高层的太大注意，一是规模尚小，二是初期高层的风险容忍度较大，相对而言较为宽容。随着互联网金融对主流金融在局部的冲击放大之后，面临的反冲击压力也就相对更大，作为监管方，也很有可能在类似于"缴存存款准备金"、"提前支取不罚息"、"控制货币市场基金投资于同业存款的比例到 30% 以下"等方面进行监管上的细化约束。

"存款搬家不是金融创新"，其实不仅仅是央行官员自己的一种观点表述，更是银行业对余额宝冲击存款的危机感的集中流露，因此，央行也在一定程度上成为传统银行的发声筒。当然，这也很容易理解，手心手背都是肉，作为监管方，其责任不是速度，而是效率和质量，只要能平衡利益，保证金融改革过渡期间的稳定，适当充当一下第三方的发言人，也未可厚非。

6.4.3 存款搬家算不算金融创新？

回到问题的核心关键点上，众所周知，央行和银监会鼓励的是金融创新，那么余额宝带来的存款搬家算不算是金融创新呢？在厘清这个问题之前，笔者觉得高层对金融创新的理解和金融机构从业者对金融创新的理解，以及底层民众对金融创新的理解都存在很大的差异。

金融创新，或者是提高了金融服务的效率，或者是提高了金融投入产出比，或者是弥补了某种金融服务的空白。从这个角度讲，余额宝是提高了散户理财的效率，增加了银行在同业市场资金拆入的来源，降低了单个银行揽储的时间和人工成本，当然，在整体的付息成本上，银行需要承担相对更高的同业存款利率。综合考虑，在整体市场利率上浮和资金市场从紧将成为一种常态的情况下，银行通过同业市场获取短期的流动性，相对于线下的银行网点揽储而言，具有更高的综合性价比优势。

此外，余额宝之所以能成为 5,000 亿规模和 8,000 万用户的一个互联网金融产品，笔者认为，主要的优势在于渠道上的创新和用户体验的改良，而这种创新很好地连接了互联网的资金沉淀和银行的资金沉淀，填补了国内对互联网理财服务的空白。余额宝是一种金融创新，这种金融创新是在 2013 年这个特殊的改革窗口下应运而生的，并且得到了大众理财者的热捧，从技术角度而言，第三方支付和货币市场基金的结合，已经达到了金融创新的门槛要求。

那么央行高层的"存款搬家"是什么概念呢？实际上，这是混淆了金融创新的现象和本质。举个最简单的例子，美国的金融创新是相当不错了吧，次级抵押贷款就是曾经的一个金融创新，但是由于后期对借贷者门槛的降低和信贷规模风险随着经济周期波动的集中敞露，次级抵押贷款成了一个颇具负面意义的金融词汇，但是却并不能否认"次级抵押贷款"这种金融创新的存在。本质上是创新，只不过在现象上产生了不好的结果而已。类比到余额宝，它的本质是第三方支付沉淀资金 + 货币市场基金 +T+0，本质上已经是一种跨越了具体金融产品条线的金融混合创新了，虽然在后期吸引了更多的银行资金来源流入，又通过余额宝的方式回流到了具体的各个银行，产生了一定程度上的"存款搬家"现象。但是，这并不能否认一个产品的本质创新属性。

退一步讲，银行同业市场本来就是"存款搬家"的一个集中表现，在参与方式上，大中型银行都有自己的资金拆入需求（形成负债），以及资金拆出需求（形成同业资产）。即便是遍布全国的中小商业银行，也通过同业业务扩展自己的资金投向渠道，获取较高的同业存款收益。从本质上说，存款搬家在银行间早就是一个再正常不过的现象了，在利率非市场化的条件下，储户进行存款搬家的动力不足，因为银行的服务和储蓄收益相差不大，所以，反而是银行成了存款搬家的主要需求者和推动者。按照这个逻辑，银行的业务除去揽储、放贷，以及同业业务，是不是可以说银行也没有多少金融创新产品呢？显然，这是有失偏颇的。根结在于表述方式的问题，把金融创新的外在现象当成了本质，然后用这种模糊的现象去衡量一个产品是不是金融创新，得出的结论当然也就有失公正了。

6.4.4 存款搬家的根源不在余额宝

再进一步，造成银行存款搬家现象的，并非是余额宝，而是以银行对同业资金拆借为主要需求驱动的资金传导链条，余额宝只不过是利用自身的第三方支付沉淀资金为其提供了一个接口而已。

实际上，可以进入同业拆借市场的，除了国内的银行，还

有外资银行、保险、证券、基金、信托、财务公司、融资租赁公司、金融资产管理公司等，余额宝所连接的天弘基金是其中的一个参与者而已。从参与主体来看，各种宝宝类产品都已经开发出来，这已经成为一个群体效应。

另外，余额宝之所以能够产生很好的市场效果，根源还在于银行业自身同业市场业务的扭曲。就银行同业业务的本源而言，应该是通过短期的头寸拆借来实现局部流动性的补充，是银行获取流动性、满足监管要求和部分指标考核的一种临时性补充需求。但是，在银行资产规模和信贷投放无序的行业环境下，为了绕开存贷比考核，以及资本充足率的规模限制性因素，银行的金融市场和同业业务成了某种变相扭曲的信贷和风险转移市场，从而偏离了初始的弥补头寸的定位。

在这种相对扭曲的金融市场业务背景下，银行同业业务实际上存在短期的集中资金需求的可能性，去年6月的钱荒正是这种可能性的集中爆发，央行为了规范坚决不注入流动性，而彼时的同业拆借市场，一度成为超越于银行信贷市场利率的一个怪圈。站在这个角度，余额宝和各种宝宝类产品，虽然造成了部分存款搬家的现象，但这是以银行为主的资金需求所驱动的，即便没有这些宝宝类产品，银行也会通过其他渠道获得这种流动性（之前是央行的公开市场业务和短期流动性工具、常备借贷便利等），而通过除央行注入流动性以外的其他方式，在表现形式上也会成为银行存款搬家的现象。

所以，综合而言，余额宝是一种渠道和服务上的创新，是一种跨越产品条线的创新。虽然造成了存款搬家的现象，但这是利率市场化过程中的一种必然现象，不能用这种现象去否认创新的实质性。只不过，在互联网金融进入一个相对稳定的通道之后，监管层的风险容忍度有可能降低，监管的要求会越来越严，而余额宝等产品，则需要在金融创新和监管容忍度之间保持一个适度的平衡，获得更多的创新空间和余地。

| 6.5 | 影子银行监管，互联网金融不应首当其冲

国务院办公厅 107 号文《关于加强影子银行业务若干问题的通知》发布，引发市场的热烈讨论。对于长久以来为金融界所诟病的"影子银行"体系，开始正式进入监管体系的考虑。对于影子银行的界定，从字面意义上看，就是能够发挥类似于银行信贷融资功能的非银行金融机构。但此次，国务院办公厅对影子银行给出了大范围的概念界定，可谓是无所不包。

107 号文将我国影子银行定义为三类：一是不持有金融牌照、完全无监管的信用中介机构，包括新型网络金融公司、第三方理财机构等；二是不持有金融牌照、存在监管不足的信用中介结构，包括融资性担保公司、小额贷款公司等；三是机构持有金融牌照，但存在监管不足或规避监管的业务。对于今年开始进入大众和监管视野的互联网金融，也理所当然被纳入了国办的新监管范围。

对于互联网金融，笔者认为，在没有进入正式的、稳定的发展渠道之前，就被冠之以影子银行的监管策略，未必是一件好事。况且现在金融体系的总体情况是，除了银行业这个绝对的"大佬"之外，信托、证券、融资租赁、保险等子行业都已基本

自成体系，并且在很多的融资渠道上仍然需要直接或间接地通过银行的渠道来嫁接。所以，笔者认为，谈到影子银行的监管，不应该首当其冲地把互联网金融作为标的，而是首先解决银行非标理财、信托以及资产池等传统金融外化的影子银行渠道，才是正常的解决办法。

■ 6.5.1　传统影子银行体系概览

中国社会科学院金融法律与金融监管研究基地发布的《中国金融监管报告2013》称，中国的影子银行体系主要分为了这么几个部分：一个是通过银行渠道产生的，包括银行部分理财产品，委托贷款，承兑汇票以及银行和信托、证券合作的资产管理产品，由于这部分产品是不计入银行的资产负债表的，因此在监管上就难以全面涉及；一个是通过非银行金融机构产生的，包括信托、券商资产管理、小贷、担保以及融资租赁等，属于社会直接融资的组成部分，与银行的间接融资体系相互配合；还有一个就是通过非金融机构产生的，包括私募和民间借贷，以及近两年开始风靡全国的互联网金融，相对而言非银行金融机构的风险更高，规范性还有待完善、加强。

2012年底中国影子银行规模或达到20.5万亿元（基于市场数据），占同期GDP的40%与银行业总资产的16%。即使采用最窄口径（银行理财与信托），2012年底中国影子银行体系也规模巨大，达到14.6万亿元（基于官方数据），占同期GDP的29%与银行业总资产的 11%。

2012 中国影子银行报告中截取的部分数据，仅供参考：

信用路径	计算口径	估算规模（亿元）	备注
银行渠道	银行理财产品	42,000	非保本型
	银信合作	21,000	
	银证信合作	3,000	
	银证合作（通道）	7,000	
	未贴现银行承兑	11,200	
	委托贷款	65,000	
非银行金融机构渠道	信托产品	70,000	扣除银信、银证信业务
	券商资管计划	15,000	不单独计入总规模
	融资性担保	15,000	不单独计入总规模
	小贷公司	5,330	
	典当行	3,000	
非金融机构渠道	私募基金	5,000	债权类规模
	民间借贷	40,000	狭义民间借贷

6.5.2 国办定义的"新"影子银行概览

对应 107 号文影子银行的第一类"不持有金融牌照、完全无监管的信用中介机构，包括新型网络金融公司、第三方理财机构等"，目前比较流行的电商金融、P2P、众筹以及网络货币都可以纳入监管范围。对于这部分基于互联网体验而产生的类金融操作，国办的监管状况定位是"无金融牌照，完全无监管"。

和传统的影子银行相比，这部分新成员在重量级上可以说是彻彻底底的小众，不可同日而语。电商金融、以阿里金融为代表的阿里小贷，到现在累计放贷规模也就 2,000 个亿，而作为在线理财的余额宝，目前规模在 5,000 多亿，P2P 全国稳健运行的并不多，行业规模在千亿级别。总体来说，互联网金融所产生的影子银行规模效应影响力远远不如传统金融体系。

况且，换一个角度说，互联网金融还没有拥有真正意义上的金融牌照，因此在产品端上并不具有优势，或者说是不完全的金融运作，大多数是在渠道意义上革新了传统金融的运作方式，并集合互联网的用户体验和数据基础，积小流以成江海。所以，给互联网金融以"影子银行"的称谓，并不符合当前国内的金融互联网金融现状，而从监管层的考虑，纳入互联网金融，更多的是一种全方位的考虑，并非是要重点监管。

6.5.3　界定107号文：理财、信托为重点

2013 年金融改革成为新任领导班子的重要课题，而对于金融改革，首先就要解决金融体系内部的流动性、风险性问题。对银行体系这个资产规模最大的金融实体进行监管调整成为重中之重，从 2000 年资产规模 10 万亿扩张到如今的 140 万亿，在快速跑马圈地的过程中，银行体系的自有风险和关联风险都在提高。

那么正常的监管逻辑应该是首先拿银行开刀，包括银行理财标的、银信合作、委托贷款等，然后由银行扩展到相关的信托融资以及资产池项目。这部分融资体系是脱离于现有监管体系的，并且占了绝大比重的影子银行成分。从市场的流动性风险看，由于理财、信托拥有更高的投资收益，其风险与要求的偿付能力也

更大。从稳定金融格局的角度，管理层不管坚持什么样的考虑，首当其冲的应该是调整银行理财、信托产品的发行规则，并出台监管细则。

2013年银监会下发的8号文要求：理财资金投资非标准化债权资产的余额在任何时点均以理财产品余额的35%与商业银行上一年度审计报告披露总资产的4%孰低者为上限。而2014年2月1日开始实施的9号文或将对银行同业融资业务的品种、会计核算、金融资产类型、信息披露、统计、开展同业业务的体系建设等进行规范，标志着银监会再次对银行非标资产打出重拳。从监管层的思路看，也是首先从银行业整顿入手，规范银行理财市场，把影子银行纳入监管通道。此外，此次107号文是由国务院办公厅签发的，在级别上高于银监、证监、保监，在实施路径上也进行了归口管理的初步定义，把各个条线的影子银行体系纳入确定的管理纠责机制，便于各个监管部门后期细化监管细则。

厘清了监管层的重点和思路，可以得出的结论是，互联网金融不论是重量级，还是当前的形势重点，都还算不上监管层的主要打压对象。况且金改的重点除了对传统金融体系进行风险改造和流程设置之外，还有一个重要的方面是鼓励金融创新。互联网金融已经成为金融创新的排头兵，所以，对于互联网金融，需要监管提供更多的空间支持，而不是在一开始就冠以"影子银行"的不正之名来进行过度的监管。

6.5.4 互联网金融：疏影阑珊

对于互联网金融来说，目前还不能用完全意义上的影子银行来概述，最多是稀疏的、斑驳的点影，况且短期内也形成不了传统金融机构的成片、成批的影子银行规模，在风险上也大多表现为局部的事件，而非传统金融的系统性和全面性的表现。因此，在监管定调上，对于互联网金融，不能急于用影子银行来盖棺论定，而是应该明确给出类似于负面清单的政策底线。对于新生事物，应该给予明确的鼓励。

此外，互联网金融在这个阶段主要表现为对传统金融机构的渠道性变革，不论是在线理财、P2P，还是平台搜索金融服务，最本质的特色在于利用互联网的平台和渠道来搭台唱戏，而唱戏的主角很多还是传统的金融产品，或者是从传统金融转移过来的享受不了服务的群体。如果一刀切，那么最后的结果就是，既让传统金融失去了良好的线上流量变现通道，也重新剥夺了二八定律中那弱势的80%群体享受廉价金融服务的权利。

剖析影子银行之来源，在很大程度上取决于一个国家的金融抑制程度。或者用经济学上的金融抑制理论来加以解释，影子银行之所以猖獗，就是因为之前中国传统金融严重的金融抑制：正规的银行体系的利率被压制。尽管经历了30年的金融市场改革，中国的金融体系至今仍然距自由市场机制还相差甚远：大部分金融机构仍像是政府机关，基准利率仍然由中国人民银行监管，政

府仍然对资金分配施加影响，资本市场仍然很不发达。

互联网金融是可以有效突破金融抑制的一种良好方式，特别是提供了普通投资者的高收益理财方式，间接提高了金融体系的资金成本，为利率市场化的推行提供了很好的外部环境。利率市场化一旦全面铺开，资金将由市场定价，融资环境将大大改善，而久久游离于传统金融环境之外的融资主体将获得更多融资机会，这将从底部直接降低影子银行的融资需求，把更多的资金与需求匹配起来。从这个角度上来说，互联网金融虽然被国办纳入了影子银行，但最多是"疏影阑珊"，它不仅不会有大的负面影响，反而更有积极意义。

| 6.6 | 四大行限制快捷支付，山雨欲来风满楼

2014 年 3 月，快捷支付交易量最大的建行也下调了单次对支付宝的转入额度，单笔 5,000，月最高 5 万，这标志者四大行开始了对支付宝快捷支付的全面限制，普通投资理财者通过快捷支付转账支付宝、余额宝将受到一定的限制。

从四大行的规定看，目前只是对快捷支付的流程和额度进行限制，但并没有限制通过银行自身的网银支付来转账第三方支付。所以，笔者认为，在银行这次调低快捷支付额度的行为中，有一定的渊源可循。

6.6.1 四大行联合限制，时机正好

从法理上看，第三方支付的快捷支付功能是和各家银行经过具体的商业谈判而确定的，各家银行的具体政策和额度也存在一定的差异。但是此次四大行步调一致地下调了快捷支付到支付宝的额度，说明了什么问题？

第一，以支付宝为代表的在线理财通过余额宝的产品创新和

快捷支付的便捷充值体验，为小额理财者提供了收益可观的理财方式的选择，银行的活期、定期存款在余额宝这个比较市场化的产品面前失去了竞争力。所以，对于银行来说，即便余额宝的资金最后大多还是回流到了银行，但却在一定程度上提高了银行的综合付息成本。因此，限制快捷支付的额度，至少能为银行的资金流出设限，尽量留住更多资金。当然，这种留住的方式不是收益上的竞争，而是政策的监管红利。

第二，从这段时间的监管对第三方支付的政策看，有从紧的趋势，主要是央行在第三方支付的准入和日常监管方面有更多严格和规范的考虑。主要的表现如下：

1. 有消息传出央行在第三方支付牌照上将减少发放的频率和数量，目前各种第三方支付牌照已经有200多张，内部竞争已经白热化，部分出现了竞争的失范和违规的嫌疑。所以，央行后期对第三方支付的整合和管理力度将加大。

2. 2014年3月13日，央行下发的《中国人民银行支付结算司关于暂停支付宝公司线下条码（二维码）支付等业务意见的函》，为第三方支付的线下市场开发设定了一定的阻力，叫停理由是安全问题和材料报备不足。

3. 2014年3月17日，央行发布《支付机构网络支付业务管理办法》的征求意见稿，其中规定"个人支付账户转账单笔不超过1,000元，年累计不能超过1万元"等规定，目前仍在征求意见中，从政策解读看，是央行态度比较强硬的一次调研。

4. 2014年3月21日，央行内部下发文件中，要求八家主流支付公司从 4 月 1 日起，线下收单全国范围内停止接入新商户。这八家支付公司分别为：汇付天下、易宝支付、随行付、富友、卡友、海科融通、盛付通、捷付睿通。

所以，在第三方支付整体的监管趋势偏紧的大环境下，四大银行在这段时间依次降低快捷支付的绑定额度，其实是为自己找一个良好的下调空档，或者说是从监管的角度找到一个更合理的理由。

6.6.2　调低支付额度，银行不违法理

从支付宝用户的个人情感上来讲，下调快捷支付的转入额度，确实为日常的理财和转账设定了诸多的限制，意味着同一笔支付可能要分成好几天，甚至分成几个月来完成，这也就迫使用户再度使用网银支付来完成剩余额度的转账。

但是，从银行方面的权限来看，下调快捷支付的额度并不涉及违规问题，对于本行资金的流出方式和额度，需要在第三方支付和银行之间通过快捷支付绑定时的商务合作协议来确定。当初，支付宝为了绑定这些大行的快捷支付功能，在条件上不得不接受一些更为严苛的要求。此外，银行对储户的资金安全和账户支付的安全有一定的监管责任，对资金的流出也有一定的管理权限，这是银行保护储户安全的责任所在。虽说快捷支付目前暂无安全问题，但在央行密集的监管政策下，银行完全可以拿安全说事。

因此，这次四大行下调支付的额度，其实也情有可原，第三方支付即便不满，也没有任何挑刺的理由。法理上看，银行的做法并没有不合法、不合规之处。

这也正说明了目前互联网金融所面临的共同问题，资金的沉淀和来源渠道大多还是银行和传统金融机构，虽然在产品的渠道创新上实现了很大的跨越，但互联网金融始终未能进入资金的上游和产品的上游，一方面是现有金融体系的稳健需要，另一方面也是互联网金融自身的定位问题。

6.6.3 第三方支付面临新一轮监管压力

从第三方支付的起源来看，最初是为了满足个人和商户便捷支付的需要，以实现交易和消费的安全便捷。第三方支付平台提供一系列的应用接口程序，将多种银行卡支付方式整合到一个界面上，负责交易结算中与银行的对接，使网上购物更加快捷、便利。消费者和商家不需要在不同的银行开设不同的账户，可以帮助消费者降低网上购物的成本，帮助商家降低运营成本。

对于第三方支付的监管，其实也可以分为几个阶段。第一个阶段，第三方支付开始成型，但是受限于具体的监管政策难度和行业的成熟程度，对于第三方支付处于默认上的管理阶段；第二阶段，随着 2011 年 5 月第一批支付牌照的发放，对提供支付服务的第三方非金融企业进行了正规的条文监管，目前已经发放了七批，最近的一批包括了新浪支付和百度支付等，第三方牌照总数为 250 家；第三阶段，随着互联网金融的深入发展，支付方式成为互联网金融渠道变革的一种核心内容，而支付领域的创新也成为互联网金融的主要创新，这个时期，出于安全和合规的需要，央行对第三方支付安全性的监管力度将会加大。

从宏观的金融改革趋势来看，第三方支付目前承担的是互联网金融的底层架构的服务功能，金融改革鼓励互联网金融的发展，但在具体的执行策略上，首先的前置条件是金融体系的稳健和客户资金的安全。从高层的定位看，互联网金融本质上是金融，所以需要采用金融的监管思路来约束，互联网的快捷、流量化、简约的支付方式并不能抹杀安全的重要性。

6.6.4　限制并非否定，支付仍然可行

此次四大行在快捷支付的额度上进行了限制，即便有自己的利益考量，但并没有彻底封死向第三方支付提供资金流动的口子，银行自身的网银渠道仍然支持方便的大额转账和支付服务。对于用户来说，本质的服务功能并没有改变，只不过是通过快捷支付的体验功能下降了一些，并不影响主要的支付和消费功能。例如，向余额宝的进行大额转账和充值的快捷支付额度受限（单笔 5000，单月 5 万，意味着 5 万需要连着充 10 天），但是网银依然不受这个限制。

当然，从央行的监管底线来看，其目的不是要彻底打压第三方支付的生存空间，而是希望通过新一轮的支付流程规范来约

束第三方支付的行为，在进度上慢一点，在流程上合规一点，在足够安全的前提下进行更多的支付创新和体验，使整个行业健康发展。而四大行即便出台了快捷支付的额度限制，也只是权宜之计，并不能改变利率市场化和市场利率水平抬高的整体趋势，资本是逐利的，市场化的配置会为资金提供自我的选择，而非是政策约束，政策红利迟早会过去。

对于一般消费者而言，虽说快捷支付的限额满足不了所有的支付需求，但日常的小额支付需求已经基本能够覆盖，剩下不能满足的部分可以通过网银支付来实现。对于第三方支付的快捷体验，这种发展的趋势是不会倒退的，因此也不必过于担忧，只需等待银行间博弈的结果和高层监管进入稳定通道阶段的时刻。

| 6.7 | 虚拟信用卡叫停，或许根在监管流程

2014 年 4 月，互联网金融领域最具有爆炸性的新闻莫过于支付宝和微信各自与中信银行合作，宣布推出 100 万张互联网信用卡的宏伟计划，而正当市场大力解读银行卡业务将再次被大幅度冲击之时，3 天之后央行的一纸暂停线下二维码支付和虚拟信用卡的令箭，给火热的互联网金融概念再次浇上了一盆冷水。

6.7.1 舆论各半，央行有责

笔者这里不再解读虚拟信用卡未来的发展前景，以及此次监管方叫停的个中缘由，网上对于二维码支付的流程和虚拟信用支付的安全隐患也做了全面中肯的解释。主要的观点可以归结为，如果纯粹是从严谨的金融安全技术角度，信用卡虚拟发卡和授信确实存在一定的操作风险，但由于第三方支付已经通过大电商平台积累了丰富的实名认证信息，本身在操作流程上有一套相对完善的约束机制，只不过这种机制是线上的，和银行的线下"亲见申请人签名"、"亲见申请人"、"亲见身份证原件"的约束机制有

流程上的差异。

所以，舆论也不能完全一边倒，央行此次叫停业务有自己义正词严的原因：央行的部分职责是发行第三方支付牌照，并对第三方支付的安全性和业务流程、规范性进行管理，以保证第三方支付业务的合规性，打击洗钱和非法套现。所以，从这个角度来看，央行此次暂时叫停虚拟信用卡支付其实也是监管职能的一种延伸。

只不过这种手段一旦用多了，本身的市场公信力就会下降。再来看一看支付宝、腾讯自己发表的申明，在正式推出虚拟信用卡业务之前，确实缺乏和央行进行更细致的沟通，这也导致了目前央行回应的"只是暂时叫停"的态度，监管机构的意图是希望每一个大跃进的互联网金融创新在制度流程上能先和上层进行沟通，而非每次都是倒逼监管机构进行最后的防御：先叫停，合规了再来。

6.7.2 分业监管，创新跨界

就中国的金融市场监管来看，目前还是严格的分业，也就是央行三会的传统监管体制，一个业务如果是在某一个领域还好，只要和对口的监管机构做好报备和事前审批沟通就可以了，但关键是互联网金融的创新往往不是局限于一个监管领域，而是横跨两个甚至好几个领域，这也就形成了目前互联网金融监管缺失的局面。一方面是不知道怎么管，另一方面是涉及面比较广，不知该不该管。

所以，对于宏观金融改革趋势之下如火如荼的互联网金融，监管层的着力点还是把注意力放在几个主要的点上，如第三方支付、在线理财、P2P等，在具体的监管细则上，也只是和传统监管机制做对比，找到风险聚焦点，或者设定几个原则性的底线。所以，央行这次叫停虚拟信用支付，其实也有更深层次的含义，就是给烽火连天的金融创新降降温，使之步子慢一点，合规的程度再高一点。

6.7.3　虚拟信用卡的监管地带

那么，支付宝和腾讯的虚拟信用卡涉及哪些监管机构呢？主要是银监会和央行。从虚拟信用卡的业务流程来看，采取的是互联网的第三方支付＋传统银行的信用卡模式，只不过信用卡是虚拟的，由电商的第三方支付提供申请的渠道，银行后台设立信用卡账号，进行绑定授信。这就等于是把传统银行的信用卡发卡、资料审核、授信都前移给第三方支付了，而第三方支付通过电商平台汇集的实名认证信息、消费记录和邮寄地址进行资料的审核和授信，银行提供信用卡业务资质和资金，而第三方支付提供业务流程，双方的合作就跨越了银监会和央行两个机构。

从最基本的归属看，央行监管第三方支付，监管内容包括支付安全、流程和反洗钱等，而银监会监管银行业务，包括授信、风险控制的合规和流程规范。把虚拟信用卡的业务流程拆开了看，前半部分是央行的监管地带，后半部分是银监会的监管空间，双方都有责任。从此次合作方的中信银行发布的消息看，中信银行在与两家互联网平台合作虚拟信用卡业务之前，就已经向银监会报备，应该是获得了某种程度的默许。但是，对于央行来说，由于支付宝、微信双方此前一直忙着业务竞争，都忽略了在最短的时间内向央行做一个详细的材料报备，也给了央行叫停此项业务一个较好的理由。

6.7.4　互联网金融创新，须摸清监管脉络

从金融创新的正常发展规律来看，一项创新必然是缺乏现有的政策监管作为配套，也正因为如此，创新才有风险。联系到总理对金融创新的定调"法无禁止即可为"，可以为目前的互联网金融带来更多的创新动力。但是，对于金融创新，都有监管的底线存在，一旦冲得太猛，就容易导致监管机构的叫停式的直接反应，有可能在局部对互联网金融的发展造成一定的负面影响。

此外，中国现有的监管体制相对是比较保守的，缺乏各部门的沟通协调，虽然混合监管沟通机制的改革已经在逐步推开，但短期内还难以形成联动效应。这种分业监管的模式一方面将使监管更加滞后于实际的金融业务发展（互联网金融业务是跨越了银行、券商、互联网等多个部门的），另一方面也提高了金融创新

的适应成本（互联网金融机构需要和多个监管部门对接），在这种情况下，如果互联网金融创新还是采用不顾一切的冲击式思维，那么遇到的阻力也会更大。

所以，在高层确定支持互联网金融创新的前提下，具体的业务创新还应摸清监管的脉络，不应顶风冒进。虽然这次支付宝和微信的虚拟信用卡业务称不上顶风冒进，虚拟信用支付的概念从去年就开始被市场所期待，但从细节把控上，此次支付宝、腾讯双方确实没有从管理脉络上做更多工作，而中信银行此次则略显成熟。这和传统金融机构的监管习惯不无关系，银行是习惯了先报备再实施，而互联网企业往往是在基本方向确定的基础上，先实施了再报备。

| 6.8 | 银行应该俯一俯身，互联网金融应该勒紧裤腰带

从目前的趋势看，互联网金融既不是安分的小弟，也不是脾气暴躁的入局者，而是在政策监管这层天花板下进行有限的金融创新，至于极少数规则破坏者所引发的舆论和负面影响，不能代表整个互联网金融，但可以作为风险提示。

银行作为传统金融的代表，仍然占据着传统金融资源的绝大部分，即便是互联网金融，加上民营资本，以及金融脱媒的冲击，短时间内对银行也不会有实质性的影响，更多的冲击是在银行的经营概念和产品设计上。但在可以预期的未来，银行的客户、资金必然会面临分流，不仅仅是银行体系内部的差异化分流，更在于互联网金融所拥有的网上渠道的分流。

6.8.1 银行和互联网金融之间该有怎样的互动？

银行有必要俯下身段吗，向互联网金融学习？不用说，银行业的大佬们已经做出了选择。在中国的金融体系内，银行的资源

是最丰富的，只不过没有很好地利用起来。互联网金融如今所成就的小额信贷、在线理财、P2P以及第三方支付、数据征信服务，都是在银行领域内的细枝末节上衍生出来的。

银行传统的经营逻辑是服务大客户，拉大存款，发大项目信贷，规模大、利润空间也大。而中小客户的零散资金在很大程度上被忽视，或者弱化了。某人一句话道出了银行业的内在逻辑：拿普通投资者的钱给高富帅玩。所以，很长一段时间，普通投资者们忍受着银行的低收益和高货币贬值，实在是因为社会的投资渠道太少，仅有的一些理财产品还得通过银行的发售渠道。在过去的十几年，银行基本上垄断了金融产品的渠道。

互联网金融，从一开始就对银行的渠道造成了较大的分流，特别是对于一般的小额投资者，而这都得感谢互联网技术的普及和电商生态的发展。电商购物和安全支付，出现了银行渠道以外的另一个资金支付渠道，这个渠道可以提供一定额度的消费、理财甚至是信贷支持，完全可以满足小额投资者和资金需求者的需要。普通投资者们猛然发现，选择的机会来了。

从渠道开始，银行的客户慢慢习惯了把线下的商品交易搬到了线上，并通过第三方支付的担保信用顺利实现了交易，起到了类似银行信用背书的作用。商品交易捆绑着资金，部分资金流开始脱离银行存款账户，进入电商和第三方支付生态圈，形成了资金池。

到现在，银行业已经觉察到了互联网金融对于传统银行的结构性威胁和挑战，为什么是结构性的呢？这取决于互联网金融的本质特征和业务属性，一般而言，互联网金融的优势业务在于小额的资金理财和投融资，但是公对公的大额资金依然被银行所垄断，而互联网本质上也不是太适合为大额项目提供这种高富帅服务：成本高、进度慢，且面临监管上的非法集资的风险。这就造成了互联网金融对银行的冲击上是结构性的：冲击了小额的零售业务，但是对公业务基本影响不大。相对而言，互联网金融的业务定位还是比较明确的，那就是首先服务好普通客户，让小额的资金流动，投融资活动能够通过互联网的渠道获得满足。但是，对于银行而言，不仅要高富帅业务，也要屌丝业务，如果再不进行银行的互联网化，想必不仅是习惯于互联网逻辑的普通客户开始离去，高富帅也有被慢慢分化的风险。

在这个阶段，银行不论是试水 P2P、开网上直销银行，还是开电商、办微信银行，都是为了避免在渠道之争中失去客户，失去银行业务的前端。互联网运作的思维是银行在未来竞争中必须要学会的一点。从这个角度来说，银行应该俯下身段，多和互联网企业谈谈心。

6.8.2　互联网金融要不要勒一勒裤腰带？

互联网金融要不要勒一勒裤腰带？答案是肯定的，为什么？互联网金融的先天缺陷在于风险控制，一旦业务规模做大了，很容易沾沾自喜，放松在流动性风险和流程方面的把关。2013 年9 月以来接连出现的 P2P 倒闭危机（至今已经倒闭了 100 多家），就反映了这个现象。虽然 P2P 不能代表整个互联网金融，但互联网金融的先天缺陷是客观存在的。

再者，银行业之所以在改革和金融创新上赶不上互联网金融的速度，并不是人家没能力、没想法，而是因为银行是如今金融体系内接受监管条件最多的金融实体之一，大到流动性、准备金、存贷比、不良率，小到客户运营和内部制度，都需要接受银监会和地方金融机构的监管。人家是在戴着枷锁和你赛跑，而互联网金融很大程度上是无门槛、无政策、无监管，说得严重点是在政策缺失的情况下"裸奔"，前期虽然可以在市场和客户布局上占得先机，但一旦监管政策出来，同样需要接受监管，到那时候，发展中的问题就会慢慢显露出来。

从这个意义上说，互联网金融应该在合适的时机勒紧自己的裤腰带，不要路都还没走稳，肚子就开始肥大起来了。严谨点说，就是要学习一下金融机构的风险管理制度，把自身平台的风险降下来，把平台的信用和流程建设提上去。

此外，对于眼前十分燥热的互联网金融来说，不论是从业者、投资者还是普通的消费者，都需要给它降降温。做互联网金融，真正做得好的眼前就那么几家，绝大多数还是在趁着这一波浪潮在试探，或者说是尝试。阿里金融是目前互联网金融领域的集大成者，其金融模式可以细分为第三方支付、信贷、数据征信、平台在线理财等。P2P 领域内的拍拍贷、人人贷、平安陆金所、宜信、积木盒子等则是这一领域内的行业引领者。在金融服务平台内，融 360、91 金融超市等也可以作为代表。但除了这些，其他的平台都还难以成为一个相对比较标准的，或者信用体系比较完善的互联网金融模式。

在互联网金融的生存字典里面，竞争同样激烈，同样要遵循互联网一般企业的生存逻辑：行业第一把交椅往往占据了近半数以上的市场，第二名则是 20% 左右，到了第三名往往就只有10%，后面的参与者则只能争抢那极少数的市场份额。在这个角度上说，互联网金融领域内的竞争不会比银行轻松多少，经过了前期的跑马圈地，后期肯定会经历一波大整合，倒闭的倒闭，收购的收购，最终形成几个寡头。

所以，互联网金融企业也没必要太高兴。第一，传统金融业依旧是老大；第二，自身平台风险需要严格控制，勒一勒裤腰带；第三，时刻准备应对其他互联网金融企业的竞争。

6.8.3　良性互动

从银行和互联网金融之间的互动来说，眼前还是很正面的，双方的沟通和交流也在进一步加强。银行可以学习互联网的运营思路，通过学习了解前端消费者的认知体验和需求，把银行业务前端化；互联网则可以沉下心来学学银行的风险控制和流程建设，时刻准备接受管理层的监管。金融改革的最终目的是提高社会的金融服务水平，降低金融体系风险，从这个角度来说，银行和互联网金融之间可以达成默契：你做你的，我做我的，由市场和客户确定谁的服务好，收益高。

| 6.9 | 互联网金融戴上光环，希望不是紧箍咒

两会期间，国务院总理李克强所做的 2014 年政府工作报告，强调了互联网金融在整个国民经济中的积极作用。李克强总理在谈到 2014 年政府工作规划时指出，要促进互联网金融健康发展，完善金融监管协调机制，密切监测跨境资本流动，守住不发生系统性和区域性金融风险的底线。让金融成为一池活水，更好地"浇灌"小微企业、"三农"等实体经济之树。

回想到之前有部分金融机构、人士向互联网金融行业施压，提出加强监管，甚至抛出予以取缔的论调。例如，央视财经评论员钮文新发文称余额宝扰乱利率市场，认为应该"取缔余额宝"。我们有理由相信，互联网金融在经历了 2013 年的风波之后，乘着宏观金融改革的大趋势，已经进入了国家最高领导人的视野，从默默无闻成为如今戴上"金融创新"光环的新金融。从互联网金融的生存环境来看，目前已基本摆脱了行业的政策性风险问题，开始进入纵深发展期。

互联网金融从业者，在看到行业获得官方正式认可之后，欣喜之余不应过于渲染这层政策的光环效应。对于这个新生的事物

来说，一旦最终进入管理层的日常决策范围，不论是粗放式行业监管还是类似"负面清单"的细分排除式监管，都有可能成为互联网金融日后发展的一种天花板。

问题还在于，目前互联网金融的成熟模式并不多，且谁也不能保证其不会随宏观经济周期而波动而产生较为剧烈的阵痛。如果按照严谨的金融风险控制手段进行分析，互联网金融的抗风险能力并不优于传统金融机构，这也正是金融需要一定准入门槛的原因。事实上，这个门槛直到目前也没有降低，互联网金融冲击的主要是传统金融的下游产业链，也就是 C 端，而在上游目前还基本没有影响力。所以，给互联网金融戴上光环是值得鼓励的，但希望这种鼓励不是紧箍咒，而是一种正向激励。

一方面，互联网金融应该明确自己的角色定位，不应是颠覆整个金融体系，而是在优化现有金融服务的前提下进行渠道变革和产品创新。另一方面，也不应过度渲染这层光环效应而给自己带来太大的声誉压力和市场期待。互联网金融有自己的发展轨迹，前期是从互联网端的创新进行传统金融的渠道变革，后期则是带动传统金融进行自我改良。但从本质上说，不论是从互联网业务创新进入传统金融的渠道变革，还是后期传统金融被带动近而进行自我渠道改良，两种趋势的前提是保证金融属性的稳健，不论这种稳健是传统金融嫁接的还是互联网平台自己培育的。

从以下几个方面来说，互联网金融有必要在获得高层认可之后，保持更清醒的行业姿态，毕竟，金融行业是一个运营风险的行业，而市场化改革的目的就是把风险定价的决定权还给市场，而不是由体制来扭曲、计划。互联网金融也须时刻注意风险的定价和核算。

第一，目前各种互联网金融创新，大多是在互联网渠道上的创新，是用互联网便捷高效的购买体验取代了传统的银行、券商、第三方理财机构的线下销售方式，而并没有从金融的本质上加以改变。余额宝改变的是购买的渠道，却并没有改变购买的标的和金融产品的运作流程，况且仅仅是这一个渠道上的改变，余额宝当初也是冒了很大的政策风险。互联网金融目前大多数还是用互联网的体验来迎合传统金融的大佬，改变不了传统金融的本质，只是给他们披上了更好看、更平易近人的礼服。掀开一看，本质还一样，毕竟，这是金融，是安全监管最严格的行业之一。

第二，互联网金融是否需要监管？这是肯定的，只要是金融，就涉及资金流动和安全性问题，这是整个金融体系都要考虑的问题。目前的互联网金融是三无状态，无政策、无门槛、无监管，这种状态在互联网金融发展的早期是有利的。正所谓无利不起早，在这个独特的、政策没有明确归口的红利时期，竖起了大旗，开始了运作，只要不超越"非法集资、非法构建资金池"的底线，一般都是可以绕过监管的。但是，这种状况不会太长久，目前的监管真空主要是上层还没有明确的对口监管部门，银监、证监、保监、央行都不能完全囊括互联网金融的所有环节。一旦某一天上层专门设立了针对互联网金融的对口监管部门，这种没人管的日子也就过去了。虽说有了监管可以剔除一些乱来的搅局者，洗掉白粥中的老鼠屎，但也会给所有的互联网金融戴上紧箍咒，越了雷池，就要接受惩罚。

第三，互联网金融的优势在于信息沟通的便捷、透明和交易成本的降低，但是剔除掉阿里、腾讯、百度这些大的平台（因为对于一般的创业者来说，压根没有这么好的底子），那么剩下的互联网金融有多少能够产生诸如 BAT 这么大的平台优势呢？更多的互联网金融实践还是相对比较弱势的。另一个优势在于满足小微企业和个人的融资、投资需求，如阿里小贷、P2P，但仍然是沧海一粟，比重很小。况且目前银行也在抓紧布局小微业务，扩大市场覆盖面。还有一个就是监管宽松的优势，传统金融此前一直都是戴着紧箍咒的，而且由于监管体制和金融运转的固化，没有远见也缺乏动力去补上互联网金融所服务的客户这部分漏洞。随着目前利率市场化和金融改革的推进，内外部双方的压力将迫使这些传统金融的大佬们放下姿态，进入大众阶层与互联网金融开展竞争。

第7章

未来趋势探讨

| 7.1 | 互联网金融不仅是渠道，早晚进入产品端

互联网金融，包括第三方支付、P2P、金融服务平台等，在表现形式上更像是金融产品和资金支付的一个渠道，所对接的产品和资金大多数都不是互联网金融自有的，而是传统金融所提供的。那么，互联网金融的作用难道仅仅就是渠道吗？就业内的讨论来看，一些传统银行业内人士认为互联网衍生出的金融应该守好本分，做好渠道即可。其他金融业人士，包括市场舆论则一直强调互联网金融的跨界和冲击：它的功能绝不仅仅是渠道，完全可以获得更大空间。

笔者认为，互联网金融的本质属性在于减少了信息不对称，提高了效率，降低了成本，并积累了平台数据和运营能力，从发展轨迹看，眼前只是互联网金融的第一个阶段，主要表现为传统金融的渠道和入口。渡过了这个磨合期之后，互联网金融的表现形式会深度扩展，进入资产管理端，获得管理和创造金融产品的能力。从这个意义上说，互联网金融的革命意义绝不仅仅是在渠道，更在下一个阶段的产品端。

7.1.1　互联网金融发迹于渠道

从最早的第三方支付，到最近炙手可热的 P2P，互联网金融之所以能够获得极大市场关注，并引起高层重视（从央行组织的高规格、密集调研可以看出），主要还是因为互联网金融所依托的平台掌握了大量的用户、数据和分析方法，能够在某些程度上解构传统金融的业务，并取得了不错的市场反响。

在互联网时代，渠道入口之争十分激烈，掌握了渠道和入口，就能掌握客户的详细使用数据，包括客户信息、交易数据、选择偏好、消费规律等。而互联网金融的逻辑，在最初的阶段也是一样的，也需要海量的客户、账户和数据，没有这些，互联网金融的优势也就发挥不出来，也就不能去服务传统金融所看不上的那部分尾巴上的客户了。所以说，互联网金融的迅速发展肇始于渠道，正因为有了传统金融所不能提供的渠道，才能为之提供通道服务，获得合理的生存空间。

比如第三方支付，不论是线上还是线下的，由于掌握了一定优势的支付渠道，和银行之间合作的话语权也在慢慢增强。从做专业的支付渠道起家，第三方支付媒介甚至掌握了部分银行获取不了的数据，把银行部分地后台化，使银行的资金流和商品交易数据流相互割裂。而第三方支付却可以利用这部分数据开展小额信贷、数据征信服务以及供应链金融等，已经从小范围上摆脱了渠道的角色，开始进入产品创造端。浙江阿里强势入主天宏基金更是诠释了互联网金融的扩展路径：渠道只是开始，但绝不是终点。

📦 7.1.2　互联网金融下一步：进入产品生产端

互联网金融最本质的优势在于良好的用户体验、便捷的信息和支付渠道，以及平台积累的海量数据。如果仅仅是作为渠道，互联网金融的深度发掘也就停留在了第一个阶段，而第二个阶段才真正是彻底摆脱了传统金融的束缚，开始建立自己的金融生态圈，形成产供销的整套流程操作。

从目前的表现看，互联网金融还停留在第一个阶段，但行业内的领头羊已经在逐步尝试向产品生产端扩展。进入下一个阶段，互联网金融面临的总体压力会更大，但也不乏积极因素，主要由以下几点：

1. 金融改革走向深水区。从十八大改革的总体布局来看，金融业的改革是放在第一位的，高层对互联网金融的关注也提高到了前所未有的程度。在上海自贸区挂牌的同一天，中央政治局常委集体考察了中关村，并调查了相关互联网企业的金融状况，充分说明了互联网金融已经取得了比较重要的地位。而近期央行组织国务院多部门联合组成的调研组也先后在上海、深圳考察了互联网金融典型企业，有关互联网金融的法律和监管条例也在紧密磋商中。互联网金融完全有可能在这一轮政策窗口中，抓住机遇，获得进入产品端的权限，获得稀有的金融牌照。

2. 传统金融业业内骚动，不满足于仅仅生产金融产品，也在探索走向金融前端，建立自有渠道，获得海量客户和数据。如民生银行关联股东发起成立的民生电商，招行涉水 P2P 业务，民生的网上直销银行，以及之前的手机微信银行等。传统金融业意识到数据和客户的重要性，开始争夺以往看起来不入眼的小额、零散客户，一方面说明掌握渠道的重要性，另一方面也不正提供了互联网金融走向产品端的合理性吗？既然传统金融可以"不务正业"，发展渠道，跨界经营，那互联网企业为什么不能从渠道走向产品呢？况且阿里金融已经在这一方面实现了突破。未来的金融业态，朝着混业和全产业链方向发展的可能性很大，而互联网企业可以利用这一机遇。

3. 互联网金融从渠道走向产品，在一定程度上，优势更加明显。银行之所以急了，就是因为银行缺少掌握市场一线消费数据和趋向的能力。而互联网金融可以，它可以利用大数据的分析方法，对自身海量数据进行分析，发掘用户的消费需求和产品需求特点，匹配针对性更强的金融产品。并且，对于金融产品，不仅可以营销，还可以重构，进行业务重组，前提是互联网金融自身的风险管控能力、流动性运作能力获得大幅度提高。大数据不仅使得互联网金融进入产品成为可能，也能为风险管控提供更多的安全性。

7.1.3　未来的金融业态：渠道和产品的打通

从金融业改革的趋势来看，混业经营和业务交叉是一个重要方向，而互联网金融则是目前最有革命意义的互联网和金融进行"混业"的代表。与以往金融业内部银行、保险、证券、基金之间的混业不同（表现为产品的混业），互联网金融的混业则是产品和渠道之间的混业，是产业链上游和中游之间的结合。其扩展趋势的下游到上游，也就是C2B，更能满足用户需求体验。在获得一定的风险管控能力之后，互联网金融的全渠道性将成为历史，产品则成为全新的现在。

| 7.2 | 再谈互联网金融

在本书 1.7 节"互联网金融的另一种魅力：全民理财意识的觉醒"中，论述了互联网金融如何降低了金融理财的门槛，并结合互联网平台的数据和流量来传播大众理财的理念，获得了不错的启蒙作用。从这个影响上说，互联网金融带给普通国人的是一场全民理财的盛宴。当然，类似余额宝的 8,000 万客户不能代表整个用户体系，但至少能说明一种趋势：在互联网时代，金融理财不再是高富帅的特权，普通投资者同样可以玩转金融理财，成为实打实的投资者。

对于互联网金融而言，前期是提高了金融运作效率，特别是在渠道端进行的创造性变革。但是，一个事实必须承认，即便是如今火热的互联网金融，在中国这个特殊的政治经济背景下，也显得并不那么成熟。或者说，更像是一个弱者不满于强者的淫威而展开的主动式反击，但反击的工具和材质仍然和强者的没有太大的差别，而只是运作方式的区别。

为什么这么说呢？放眼望去，全国的互联网金融，包括电商金融、P2P、众筹、金融服务平台以及部分互联网货币，没有一个获得监管层正式颁发的金融牌照，当然也有少数几个获得了类似于擦边球的金融服务牌照或者信息服务牌照，但是这和正统的金融牌照相比相差是很大的。没有正规的金融牌照，意味着什么呢？就是互联网金融形成不了自己的产品研发体系，而只能在外围的渠道和销售方式上服务于传统金融，或者提供数据处理的工具，就像一个经销商，只负责产品的批发销售，没有权利去生产。

互联网金融目前大多是处在渠道端，日后能不能走向产品端，既需要政策当局的某种开明与认可，也需要互联网金融自身的金融产品运作能力。从目前的发展情况看，即便是阿里，也不具备充分的、可以单独运作金融产品的能力，包括余额宝与天弘基金的成功合作，包括阿里小贷通过资产证券化来做大规模，以及未来的支付宝钱包，如果没有现有传统金融的合作，没有产品的来源，再好的渠道也只能沦为空谈。因此，互联网金融目前是借助了传统金融的变革需要，才趁势而起，既为传统金融提供了渠道，也成就了自己，是"成也萧何"的辩证逻辑。

"成也萧何，败也萧何"，作为对互联网金融的比喻再恰当不过了，倒不是说互联网金融会面临失败，这里阐释的是一种可能性。正如美国版余额宝失败的原因一样，一旦传统金融体系发布局部风险，或者金融危机波动，在线理财的资金就有可能难以保全，在这种情况下，互联网金融的保障能力不如一些传统金融的产品，道理很简单，互联网公司的资本充足率和资金规模是难以和传统金融的体量相匹敌的。这也正是为什么余额宝这段时间限制转入支付宝金额量的原因，规模太大，垫付的压力太大了。目前，传统金融内部信托、理财以及部分平台债等区域风险有爆发的可能性，如果互联网金融的资金恰好投向这些领域，那么收益就很有可能保全不了，这就是"败也萧何"的逻辑。

7.2.1　互联网金融的依赖性

目前监管层对互联网金融还没有完全定调，但总体上持开明的支持态度，前提是明确互联网金融的几个红线：非法集资、资金池等。因此，在没有获得金融牌照的情况下，互联网金融目前需要做好的是自己的角色定位：通道＋有限的产品接入。这是一种相互的依赖，但互联网金融的依赖性更强，因为传统金融的渠道建设已经比较完善，是因为互联网诞生了新的网民融资、理财渠道，才盖过了原有银行、证券、第三方机构的销售渠道，成为传统金融业不得不学习、改进的新趋势。

站在俯瞰整个金融体系的角度，传统金融仍然是社会融资的主体，仍然占据着主要的资金融通，仍然服务着绝大多数的融资者。通过互联网金融融资或者投资的群体，要么是在传统金融面前碰了壁，要么是在进行多元化的融资选择，降低成本，或者索性是进行一种全新的尝试，所以互联网金融并不能完全颠覆已有的银行为主的信贷与融资体系，至少这个状态在未来几年是颠覆不了的，这一方面取决于传统金融的改革能力，另一方面也取决于监管，给你多大空间，你才能做多大的事，不能指望每一个互联网金融创新都可以先斩后奏，这不符合中国的监管哲学。

二八定律是目前盛行的传统金融与互联网金融的客户服务分类方法，但这只是一个通识，并不能证明银行只服务于 20%，互联网金融就能服务好 80%。换个角度来说，对于客户，不论是传统金融也罢，互联网金融也罢，关键是能提供收益与安全性能匹配良好、性价比高的金融服务。随着利率市场化的推进，银行触网速度的加快，传统金融未来也会推出更多的类互联网金融服务，而互联网金融一旦背上了监管的条例，就需要和传统金融一样，接受更多的约束。

所以，互联网金融目前对传统金融的依赖性还是比较强的，其一是传统金融的相对低效给互联网金融提供了机会；其二是传统金融为互联网金融提供了产品和收益的对比；其三是传统金融仍然是社会融资的主体，互联网金融眼前不可能完全撇开金融体系，渠道上、产品上、资金流动上都是。

7.2.2　跳出"成也萧何，败也萧何"的逻辑，关键在于牌照

既然互联网金融目前更多的是渠道，依赖于传统金融，并且无法从产品上摆脱金融体系的支持，那么有没有这样一种可能，有朝一日互联网金融可以完全自成体系呢。这需要从资金募集、资金沉淀、资金流向等三个方面都彻底自有化，至少在没有获得金融牌照之前，互联网金融是不能自成体系的。

从表现形式来看，不论是 P2P 也好，第三方支付也好，还

是金融服务平台，由于都没有正规金融机构颁发的金融牌照，主要是银行牌照，资金的来源和最终的去向只能是存放在银行，因此，即便传统金融被互联网金融局部后台化了，数据被截断了，传统金融还是会有底气在，因为互联网金融目前还不具备传统金融的一些功能，一些无法涉足的业务短期只能通过银行渠道来解决。本质上说，互联网企业还不具备银行的资质，不能合法吸储放贷，沉淀资金。

在美国，传统银行在互联网金融面前的底气就的足的很。因为美国的大银行十分关注流动账户的所有权，掌握了账户就掌握了资金流向。而且，美国的银行强势表现在于：网上的第三方支付必须和银行的流动账户连接，到一定程度，就会进一步要求第三方支付公司提供客户资金和去向数据，否则就面临被中断账户联系的风险。

可见，互联网金融实现资金流在自有体系内沉淀的关键在于获得金融牌照，特别是银行牌照，互联网企业如果能够办银行，那么就拥有了一个可以合法管理、沉淀资金的平台，通过互联网连接的用户前端和资金去向就可以直接在互联网银行的平台上进行，没必要将账户托管在传统银行上。这才真正实现了对银行的资金分流，而不是仅仅在渠道了的分流。

7.2.3　历史的终结，互联网金融结局？

两种情况，一种是互联网金融没能获得自己独立的牌照，仍然需要借助传统金融体系的支撑，开展渠道服务和有限的产品辅助创新服务。这种情况下，互联网金融难以形成彻底独立的体系，小弟依旧是小弟，只不过比原来强大了一些，大哥仍旧是大哥，只不过比原来谦逊了些。

第二种情况是，互联网金融获得了监管当局认可的金融牌照，可以合法沉淀资金，合法开展信贷业务，合法进行金融产品的研发，那么这就超越了目前最好的互联网金融的阿里模式，"存、贷、汇"都完全和银行站在一个起跑线上，或者说取得了在互联网上的起跑线的权利，那么，互联网金融将彻底摆脱"成也萧何，败也萧何"的逻辑，真正成为独立人格的金融体系分支。

历史究竟会如何走呢，是互联网金融服务于传统金融，依旧依赖着呢，还是互联网金融后发先至，和传统金融平起平坐呢？这取决于选择的智慧。监管层面需要选择，参与方也需要选择，投资者更需要在两种模式之间做出选择。出于金融体系稳定的考虑，这个过程会比较漫长。

| 7.3 | 2014 年互联网金融趋势：应用场景化

2013 年曾经有一个非常热闹的讨论，是关于互联网金融的本质问题，甲方认为本质上是互联网，乙方认为本质上是金融，说起来也怪，对于一个新生事物，为何急着去认祖归宗呢？给它一定的合法空间，自由发展不行吗？是涉及监管上的分类还是法律上的空白？

自古新生事物都面临这样的困境，要么其前进速度超越社会平均改革水平而停滞，要么在社会可以容忍的形势下获得长足发展。目前中国的互联网金融，是趁着这轮金融改革和新任领导班子的某种开明，才取得目前较好的开局。

从发展阶段来看，2013 年，大多数互联网金融平台都经历了一个喧嚣的躁动期，从无到有，从激昂到稳定，从业务到风险控制，互联网金融之风席卷了传统金融界，并获得极大关注。这个阶段，互联网金融的特征更多的表现是其"金融"属性，也就是寻找到传统金融和互联网的渠道对接口。因为目前大多数互联网金融产品的来源仍旧是传统金融及其服务不了的客户。

2014 年，随着互联网金融渠道对接的稳定，以及传统金融对互联网的某种意义上更大的开放，互联网金融的发展趋势又会怎么样呢？笔者认为，这就是第二个阶段的来临，它的特征是"互联网"。也许有人会反驳，互联网金融不是一开始就有互联网的特征吗？要不怎么会获得消费者的喜爱呢。对，第一个阶段，互联网金融是在完善了金融属性的前提下进行了基本的、满足网络用户群体的使用习惯的改良，但这只是初步的。更加完善的、更加场景化的互联网金融体验有望在 2014 年获得新的传承。

7.3.1 应用场景化的基础：金融稳健

互联网金融，笔者认为应该是这样的逻辑，先是金融，而后才是互联网。为什么？中国绝大多数的互联网平台是没有金融牌照的，也没有相关的业务资质，目前 P2P 是一个特例，是在没有金融牌照的情况下开展了类银行信贷业务，但这并不能抹杀它的金融属性。

就是说，在没有获得金融产品生产资质的前提下，大多数互联网金融起到的是一个渠道的作用，利用互联网的人才和技术优势进行对接，解决的是传统金融产品的营销和体验上的改良问题。

因此，互联网金融必须首先解决自身的金融属性问题，包括和监管层的沟通，获得某种认可，包括在自身系统性风险建设上做好防控，维持平台的正常运转，也包括对客户信用体系的维护和建设。金融属性是基础，互联网属性是延伸。因此，应用的场景化需要建立在金融属性稳健的基础之上，否则，一旦出现风险，即便渠道再好，也很难获得投资者的信赖，美国版的余额宝就是最好的例证。

7.3.2 何谓应用场景化？

对于互联网金融来说，场景化就是把复杂的、相关联的、需要做风险评估的产品和服务用互联网化的简单思路表现出来，同时做好产品的收益与风险提示。而应用场景化就是把互联网金融的快捷、便利、通俗的投资方式用合适的途径传播给广大的投资者和消费者，并融入日常生活。注意，是融入日常生活，把金融的门槛降低，把环绕在金融周围的神秘大幕全部扯开，让金融接触日常百姓生活。

当然，这里的金融是指大概念的金融，包括存、贷、汇，包括第三方支付，包括相关的金融产品延伸服务。2014年伊始，互联网金融的应用场景化已然开始了实践。微信支付的马年发红包活动，已经在短短的春节假期期间做了最好的示范，上亿用户，近乎零成本的推广，给微信支付的应用场景化做了最好的产品实践。

7.3.3 场景化革了谁的命？

既然互联网金融是对接传统金融产品的渠道，那么，至少在渠道上，应用场景化对传统金融造成了一定程度上的分流。受影响最大的便是银行了，在快捷支付、银行卡、理财、小额信贷等银行零售业务上，互联网金融的应用场景化将分得一杯羹，甚至是全盘的颠覆。最后，银行很有可能丧失业务的前端、中段，只在和虚拟账号绑定的终端占有主动权（因为有金融牌照）。金融服务的链条，不再由传统金融独占，而是由金融、互联网共同分享，各得其所。

目前，场景化做得最好的是余额宝，8000多万客户，5000多亿的规模，2014年春节期间每日的转入量达到百亿规模，完胜所有的基金，已经远远超过最大的基金公司华夏（不管是客户还是规模）。正因为余额宝通过互联网和移动支付的手段提供了很好的应用场景，提高了理财和支付的便捷性和效率，所以对于金融服务而言，在满足风险控制要求的同时，更要注重对金融效率和服务的提升，尽可能降低沟通渠道成本，只要这种成本不有害于系统的风险控制。

传统金融自然不会坐以待毙，不管是之前已经推出的民生电商，还是民生直销银行、招行微信银行、P2P，以及银行在线下领域力推的社区银行，从广义上来说，无非都是为了满足用户体验的需要，拉近与客户的距离。而平安壹钱包则是线下场景化具有积极意义的又一个实践，不论效果如何，值得鼓励。

2014年，互联网金融将在应用场景化上进一步丰富、完善自身的用户体验，并在此基础上进行争夺客户的拉锯战，道理很简单，用户熟悉了投资理财平台并习惯其上的互联网金融应用，这个平台才能获得更长期的用户黏性，这和互联网公司抢流量是一个道理。

| 7.4 | 互联网金融的几个大趋势

对于互联网金融，网上的各种解读文章已经基本分析得很透彻了，但从分析的角度看，大多是对以往的模式和业务、产品的总结，缺乏一种前瞻视角。相对而言，对于互联网金融未来发展趋势的分析较少，在这一方面，本节希望能理清几个发展方向。

互联网金融，目前已经正式进入高层视野，也就是监管的视角。从 2013 年的一炮走红，到 P2P 平台的部分失范，再到央行、银监会等部门的联合调研，直到两会期间互联网金融正式进入了政府工作报告。可以说，互联网金融完成了从"丑小鸭"到创新新势力的转变。一来社会的舆论关注更大了，二来行业内对自身发展的信心也更足了。这种上升的趋势从风投机构对互联网金融的钟爱就可以看出来。

就发展而言，互联网金融经历了以下几个阶段：第一阶段是从传统金融的渠道变革方，到有限的金融产品设计方，比如在线理财、第三方支付金融，以及 P2P 的融资渠道的再造；第二阶段是遍地开花，横向扩展，争夺市场热点，互联网金融模式层出不穷；第三阶段是互联网金融入局者越来越多，竞争的重点向深度上扩展，比如拓展更多的应用场景，提供更高的投资收益，以及在细分市场上进行用户的争夺等。

那么，对于互联网金融而言，未来的发展潜力在哪里呢？有哪些发展的趋势可以让互联网化的金融获得更大的空间呢？

7.4.1　趋势一：应用场景化

应用场景化是互联网金融发展的趋势，目前可以看到的是，大多数互联网金融，如电商小贷、在线理财、支付、P2P、众筹、金融服务平台、互联网货币等，都还是在传统互联网的框架内做互联网和金融的嫁接，而下一个阶段，就需要把这种嫁接场景化，融入日常生活。支付宝钱包和微信支付在线下打的市场的争夺战，以及平安一账通的入场，都是为了把电子钱包融入日常生活，是账号虚拟化的表现。

所以说，现在的互联网金融还没有达到家喻户晓的地步，也还没有完全覆盖传统金融服务不了的客户，下一步，就是需要用应用场景化来实现更高级别的、嫁接于互联网的产品宣传。

应用场景化和移动支付的概念是相伴随的。互联网金融如果没有第三方支付机构的成熟支付方式，也就失去了最核心的资金快捷融通的功能，无法继续发展下去。在以电商金融为基础的成熟模式上，互联网的第三方支付等于是为电商小贷、在线理财、P2P以及其他互联网金融模式提供了最好的基础架构。而应用场景化的概念，在互联网金融领域，大趋势是把客户从PC端的体验转移到手机移动端的体验，让互联网金融成为一个随身携带的理财钱包、融资工具和支付方式。从这个意义上说，互联网金融还有很大的市场空间，不论是在渠道还是客户的培养上。

7.4.2　趋势二：城市包围农村

金融是个有门槛的行业，主要是出于风险和系统稳健的考虑。互联网金融从目前看，也是个有门槛的行业，倒不是说创业者的门槛，而是在客户的定位和分层上。在中国这片广袤的大地上，互联网思维和使用习惯并没有完全覆盖，特别是大多数三四线城市和农村，对互联网金融概念知之不详的还大有人在。

从互联网、电子商务的发展趋势来看，客户的认知、认同和习惯的培养需要一个长期的过程。而互联网金融是互联网和金融的结合体，对其比较了解，也愿意投资理财的更多是一二线城市的群体，一方面是因为信息比较透明，安全约束机制比较完善，另一方面也是因为中心城市的消费、支付方式电子化程度高，容易在现有客户的基础上做成本更低的培养和迁徙。

举个例子，目前大城市的互联网理财服务竞争已经十分激烈，有各种宝，标的物是货币市场基金，有银行的传统理财产品，有信托产品，还有P2P，除此之外还有各种非正规渠道的民间私人借贷和小范围的基于信用的融资链条。可以说，一二线城市已经成为主要的社会资金吸收渠道，这个口子，可以是银行，也可以是互联网金融、信托、理财等。而衡量这些渠道的竞争标准，无非是两个，一个是收益率，一个是风险程度。随着利率市场化大幕的开启，资金成本和风险控制匹配将更加市场化，收益水平将呈现上升趋势，而融资方的成本压力将更大，投资方的选择也会多元化。

但是，在三四线的城市和农村，一般人群对多样化的理财渠道还没有一个相对完全的认识，信息沟通也不完全通畅，加之互联网的使用并不普及，互联网金融的市场空间还很大。2014年春节期间，微信红包的成功已经成为一线城市向农村地区普及互联网理财和支付的一种绝妙的公关，让农村用户熟悉使用互联网金融产品，是下一个可以大力普及的方向。

城市的蛋糕，体量有限，瓜分者多；农村这块蛋糕，还可以做大，竞争不足。这就是互联网金融的下一个市场前景。

7.4.3 趋势三：互联网征信更加成熟

与传统金融业相比，互联网金融企业，特别是电商金融，其掌握的核心优势在于支付渠道和海量的数据积累，其数据的活性高、变化频繁，能够对借款人的资本信用做即时、快捷的评估，并进入贷款操作流程。传统金融业的放贷流程则需要对实体资产、债务、流动性情况做严密分析而后做出评估，对数据的依赖程度相对不高。所以说，互联网金融的一大优势在于基于互联网的线上征信技术。

这种线上的数据征信是互联网金融的本质属性之一，也是其区别于传统金融的主要特点。成本低、效率高、信息透明，这是互联网数据的优势。目前，由于国内的数据资源还不尽完善，数据征信只能在少数几个比较完好的生态圈内实现，如阿里电商等，其他的平台要么需要传统金融的信用记录做支撑，要么需要从其他生态圈内进行数据的引流，所以互联网征信还不是很成熟。

这和中国的信用环境不无关系，社会整体的信用程度不高，大多还是依靠传统的线下信用积累方式来实现融资的通畅，其信用的建立方式是实物和资产的抵押，或者债权的质押。目前的互联网金融，能够真正进行纯粹数据征信的平台也不多，大多还是在线上和线下的信用之间做一个比较融洽的结合。

但就长远发展而言，以数据征信为代表的互联网金融在运作效率和成本上更胜一筹。即便是传统的金融机构，如银行，目前也在借鉴数据征信的方法，进行纯信用贷款的实践。民生电商的概念是最好的例子，将民生银行业务和电商平台结合起来，用电商的方式使得银行获得数据的前端，使银行获得这种数据征信的能力，并和传统的依据资产和负债、抵押物等的征信方法结合起来，共同推动银行业务发展。从这个角度来说，基于互联网数据思维的数据征信有更持久的生命力。

简单概括一下的话，数据征信是内核，提升核心的竞争能力；应用场景化是提供更多的入口，是渠道策略；而城市包围农村则是一种战略路径，目的是让互联网金融扎根土壤。

| 7.5 | 互联网金融塌陷论

看过一本书，说的是世界是平的，而抹平世界的力量便是科技，是畅行无阻、改变世界的新科技。2013 年，互联网金融这股东风吹进中国，也在主要的大城市里面掀起了金融的革新运动，挟金改之大势而倒逼传统金融进行自我改良。那么，互联网金融所吹的地方，是否正如《世界是平的》这本书中所描绘的一般，被带有互联网思维的金融产品所彻底改造呢。笔者觉得并不一定如此。

从以下两个方面进行简要分析：

一是中国的金融构成。占据金融资产绝大部分的仍旧是传统金融，并且控制着金融命脉，包括资金的来源、融通和投向，都是由传统金融的渠道衍生而来的。即便是互联网金融的渠道性，也是建立在传统金融的渠道基础上的，否则，任何的创新都是赤裸裸的金融失范。

二是中国的金融布局，大城市与中小城市，一线城市与二三线乃至四五线城市的金融需求和发展阶段是不尽相同的。因此，即便互联网思维能够席卷整个中华大地，用户的需求也是相对稳定的，很难产生脱离于当地经济发展水平的互联网金融需求。故互联网金融目前还主要是在一线和大城市扩张，还没有进入真正的下沉阶段。

7.5.1　互联网金融的多样性

也许没有哪一种金融业态能够像互联网金融这样，从多个角度，多个方向，或者多个传统金融的"漏洞"开始，向传统金融发起挑战。这样的结果是一个复杂、无标准、无监管、发展相对比较混沌的互联网金融业界状态，这也造成了监管的困境：上无文件可以溯及，无经验，无从下手，下无具体平台可以实践，完全靠调研来摸索大致情况。

互联网金融不是从一个点，一个方面开使入局，而是同时从好几个方面，好几个层次开始"搅局"。从互联网金融运作模式上，既有P2P，也有第三方支付的电商金融，还有金融服务平台等；从影响的金融机构看，包括传统银行业、基金行业、证券行业、保险行业等；从受众群体看，既有小额理财的普通客户，也有高端客户的大额投资，还有涉及了部分机构业务客户；从监管的底线看，也面临着以下几个问题：互联网金融能否获得最终的金融牌照，特别是银行牌照；能否允许互联网企业全面涉及金融业务，控股或者收购金融牌照；在具体金融业务操作上，管理制度、流程规范和风险控制体系该如何建立？

互联网金融的多样性，一方面说明中国传统金融业确实难以承担起整个经济的融资和投资需求，金融产品特别是信贷在中国还是结构性的过剩，需要互联网金融产品提供支撑；另一方面也说明中国互联网金融还远不能用一刀切、全流程化、标准化的思路来发展，多样性背后其实隐藏着区域与细分差异。或者形象点说，至少在一段时期内，互联网金融的世界都不可能是平的，而是有阶段性和层次性的差异。

7.5.2　中小城市的互联网金融化：暂时的塌陷

对于中小城市来说，互联网金融还是一个弄潮儿，特别是游离于城市之外的中小城镇与农村，还没有完全普及传统金融的电子化运营，手机银行、网上银行以及互联网的用户体验还缺乏一定的经验积累，因此对互联网金融自然知之甚少。

对于这部分不了解互联网思维、不具有互联网使用习惯的区域与群体，互联网金融是缺乏一定影响力的，如果用同心圆表示其辐射范围，那么在这些地区，互联网金融是完全塌陷的，需要一场理财和投资意识的互联网金融启蒙。正如本书第 1 章 1.7 节"互联网金融的另一种魅力：全民理财意识的觉醒"中阐述的一样，首先需要意识的觉醒，才会有不断涌入的用户和不断增加的流量。

对于中小城市的暂时性塌陷，可以尝试用两种办法来解决，要么学学银行开社区银行的思路，争取弯道超车，互联网金融平台也可以采用线上、线下结合的方式，把线下的客户流和资金流引导到线上，并培养客户的线上投资理财习惯。要么加大特定区域的电商化运营，或者和本地化的电商、O2O、论坛等平台资源合作，加快互联网思维的普及力度。

2014 年，不出意外的话，互联网金融将获得高层的更大认可，可能会产生几家获得互联网金融经营资质的平台，同时其在一线大城市的业务和品牌运营将更加稳健，会产生向二三线城市下沉的扩张需求。这个阶段，中小城市的互联网金融塌陷的状态将会得到某种程度的抹平。但是，这不是绝对的，相对一线来说，塌陷区域的互联网金融业务、风险标准和规则制定的难度将会更大，也会影响到互联网金融从一线城市扩展到二三线城市的速度和力度，原因在于以下两点：一个是各个地方的区域性经济和风险差异，另一个是业务扩张的同时容易忽视风险控制建设。

7.5.3 抹平塌陷，城市包围农村

互联网金融主要对接的是资金的供给者和需求者，以及中间环节的支付，而这些服务，传统金融的"势力范围"在农村并不能全覆盖。在中部区域的县城，几大行的网点是相当有限的，而信用联社的定位在很长时间内是为了凸显服务农村，却在业务走向上趋同于商业银行，农村的资金并没有更多地服务于农村，而是变着法儿流向了城市。于是乎，互联网金融有了进入农村市场的正当理由，取三农之资金，服务三农之需求。

所以，在塌陷状态中的互联网金融，城市和农村应该采取不

同的策略，城市是要攻坚的，要深耕的，每一个具有互联网思维的消费群都是可以深度挖掘的价值链条；而农村则是要培育的，是为了日后客户流的继续引入和未来潜在客户的培养，要用城市的策略来慢慢包围农村。

有所不同的是，互联网金融的城市包围农村策略，取决于几个要素：当地的金融需求现状（视经济水平差异而不同，但大多数为原生态客户，即没有银行信贷记录和金融往来的全新客户，需要互联网金融提供一定的信用记录）；二是需要一定的传播者，包括在一线城市有着熟悉经验的白领（如利用过年传播微信红包，同样能在农村取得好的效果）等。

| 7.6 | 新三国时代：金融、电商与物流

物流是国民经济的基础产业，也是电商和零售行业赖以生存的必要配套条件，随着社会商品交易规模的扩大和消费金融的发展，物流领域成为下一个积累数据和衍生金融属性的行业。在这一方面，有远见的电商和金融企业已经开始谋划涉足，并开展大数据时代的物流战略。从传统金融机构的资金流，到电商企业的商品交易信息流，再到物流供应链的物资流通和商品信息流，三者如能合一，便能从中获得整个社会单元或者细分行业的详细数据，从信贷需求，到信用审核，再到物流信息的分析预测，整个产业链的不同环节得以贯通。

从目前的竞争态势看，物流行业涌现出了三股力量，一股是传统的快递和运输企业，一股是金融行业，还有一股是电商企业，三者都有入局大物流的正当需求，也都是三国杀时代有利的竞争者。

7.6.1 物流重要性凸显

在 2014 年中国快递协会的换届中，其官方协会的组织结构发生了较大变化，以往是由卸任官员担任会长，本届则首次由在

任的交通部副部长担任，这也是快递协会重要性升级的表示。此外，一个值得关注的细节是，快递协会的理事成员面孔大变，原来邮政占据多个席位，而今，金融、电商，甚至汽车业和印刷业都挤了进来。可见，不仅高层对物流的重视程度在增加，扎堆布局物流领域的企业和行业也在增加。物流在整个经济社会中的认知程度和重要性都在增加，也极有可能成为下一个具备互联网金融般的影响力与号召力的新蓝海。

物流行业是目前发展速度最快的产业之一，年均增幅超过60%，在中国快递协会成立之初的 2009 年，快递企业才千余家，一年业务量不到 20 亿件，从业人员也仅 10 多万，如今快递行业的规模已经增至一万多家公司，从业人员超过 100 万人，年的业务量预计可突破 90 亿件，与民众生活休戚相关，已经成为必不可少的基础产业。

7.6.2　物流入局者的各自考虑

物流入局者都有各自的考虑。

1. 金融企业

金融企业，主要是中国银联（中国快递协会成员，由国内各银行持股），与物流之间的联系较少，关系也没有电商与物流之间的联系那么紧密。但是，银联与物流之间在具体的业务合作上有很大空间。作为第三方支付的银联商务，拥有线下 POS 机的收单业务，而在传统快递业内，物流的收费形式大多是通过现金交易完成的，并没有完全实现 POS 机刷卡收费。这一块市场很大程度上还是未开垦的处女地，随着快递行业的迅速增长，物流产业的收费业务必然会朝着便捷化和安全性的第三方支付渠道发展，银联作为线下最大的收单机构，必然会力争快递收单这一业务，以获取不菲的手续费收入。

除了银联，银行也具有收单业务资质，作为一个很好的连接消费者和企业的渠道，银行完全可以在提供收单服务的同时提供一些其他的金融服务，比如便捷的小额支付、银行理财产品的销售以及银行客户的开发等，实现对这一渠道的多元化利用。在这一点上，金融业入局物流行业的逻辑和入局互联网行业的逻辑是类似的：资金流虽然交易和使用频繁，但是需要借助类似电商和物流这种前端的渠道来实现其他两种数据的积累和用户的集聚。

2. 电商企业

最开始，电商和物流是天然的合作者，一个提供具体的商品交易行为，另一个提供绑定的物流运输服务，两者在完成物品交易和运输合作的同时建立了密不可分的联系。在电商企业的物流战略中，主要有两种方式，一种是自建物流，如京东、苏宁、1号店、亚马逊等，一种是和现有的传统物流企业合作，如淘宝和天猫专注于平台，将专业的物流服务外包给快递公司（顺丰、三通一达）。电商企业入局物流的意图十分明显：在提高物流安全性、服务质量的同时，实现电商平台对物流的自我掌控，并且尽可能降低物流成本，避免在物流领域内被快递公司掐脖子。

电商跨界入局物流，表现也分为两种，第一种是纯粹意义上的自建战略，如京东，完全采用自由渠道铺设快递途径，实现货物的自由运输，在货物运输拥堵的节假日能够实现对一般快递业的超越：效率更高，安全性也更好，并且能够成为京东价格策略的一部分。第二种是和传统快递公司合作，如阿里的"菜鸟网络"，虽然不自建物流，但阿里通过大物流网络的整合，实现对物流行业的进一步涉足、控制，为阿里的电商提供完善的后备支撑。一种是自己建设，一种是整合同时保持控制权。但两种方法的最终目的都是一样的，电商企业需要一个稳定、高效、安全的物流途径来满足电商业务爆发增长的需求，更关键的是掌握物流行业的数据，在大物流的数据蓝海中取得主动权。

3. 物流企业

快递公司、运输公司是物流行业的开拓者，在物流快速发展的今天，面临的威胁也较大。快递行业内部的竞争相对无序，在大电商平台面前缺乏一个团结一致的声音。特别是快递行业在物流和货运量高峰期所表现出的失序和延迟，更使部分电商下决心自建物流。传统快递一方面受到电商自建物流的挤压，另一方面也面临内部竞争失序的威胁。

除了加强行业一致性的协调之外，快递行业也在利用自身掌握的线下运输渠道和终端配送渠道，开始布局电商，甚至是金融领域。比如，顺丰速运旗下的购物网站"顺丰优选"于2012年5

月份上线运营，随后，申通的电子商务网站"爱买网超"也悄然上线。

具体的考虑是：快递行业利润微薄，面对油价、人力成本持续攀高，快递公司利润率持续下降的现状，传统快递在夹缝中求生存。而利用多年成熟的物流体系和完善的配送系统，快递可以争取供应链的控制权，实现对电商业务的超越。

在不久的将来，快递业极有可能会谋划布局金融领域，利用快递掌握的企业物流数据和日常消费品流动的地点、频率、使用人群，开展对口的金融服务，如小额信贷、数据征信以及客户金融资源的深度开发等。

7.6.3 三国杀的表现

快递行业目前仍然占据着物流的主要市场份额，但在电商企业自建物流的冲击下，不可避免会失去一部分市场。而金融企业涉足物流行业主要是提供金融服务，而非对物流业务的冲击。从长期看，银行正在布局电商，表现为金融互联网化，银行系电商短期以涉足电商业务为主，对物流行业涉足较少，但却可以提供配套金融服务。

所以，快递在物流行业中的实力目前还最强，是老大；电商是老二，发展迅速，和老大之间的差距在逐步缩小，服务质量也较好；金融是老三，目前还未开始，但发展潜力巨大，可以为老大、老二提供金融服务。

除了这种力量之间的对比，金融、电商、快递之间的三国关系还表现为：谁也不满足于固守现有的阵地，一直在寻求机会跨界，涉足对方的主营业务。比如电商做快递，快递做电商，金融做电商，电商做金融等，三国杀不仅仅是物流领域，更是全方位的综合领域的竞争！

| **7.7** | 开源做资产管理，互联网金融要换大口径的水管

打个形象的比喻，互联网金融刚开始就像是一条毛细血管，在整体社会融资中的比例可谓是微不足道，服务的人群也相对比较狭窄，在这样一种窄口径的流水下，互联网金融通过 2013 年的几个"明星"产品和高层的金融改革默许成为一个全新的、正在努力扩大流水量的新型投资和融资通道。

有一天，这个水管里面的水流越来越大了，不光可以吸收散户的资金进行小额信贷和项目的匹配，以及相关的理财搭配，还可以为某些大中型的项目和金融产品搭建网上的资金流动通道和融资渠道，也就在规模和数量级上进入了一个新的阶段，成为传统金融以外的一个可以在某些方面与之进行较量的新型金融中介。

互联网金融是一个渠道，这一点毋庸置疑，但是一旦进入较高级别的阶段，也就是一般金融所掌握的产品端，进行有限的金融产品设计或者是配置，也就成了另一种意义上的金融。不再是简单的渠道，而是转型做专业化能力更强的资产管理，抑或是配置。

7.7.1 开源的方向： 融资端＋资产端

对于银行而言，利率市场化将带来的最大冲击是存贷利差的缩减和营业、获客成本的大幅上升。精细化的资产管理能力，也就是负债端和资产端的成本收益匹配能力将成为核心竞争力的体现。而对于互联网金融而言，由于目前并没有正式的金融牌照下发，所以讨论资产管理能力实在是套用现有监管体制的无奈之举。

互联网金融进行类似于资产端和负债端的开源，同样要进行两个端之间的匹配，如果不具备这种能力，没有资产配置的成本利润核算能力和风险预估模型，大多数互联网金融还只能处于目前相对来说比较简单的阶段：提供一个与传统金融对接的服务入口，渠道是自己的，风险控制和流程是对方的，或者是与对方进行合作的。

这里需要对现有的几种互联网金融的开源的可能性进行探讨，笔者认为，最有可能进行互联网金融开源式探索的是三种类型：第三方支付金融、P2P、金融服务平台。它们的共同特点是有基于金融和资金、信息交易的流量化平台。这个平台的作用就类似于银行的资金中介作用，当然，银行由于存在国家的隐形担保，进行开源基本不存在监管上的风险。

而互联网金融目前并没有进入成熟的监管时期，在监管的方向上也只是基本达成了原则上的底线，并没有细化到执行阶段，所以，在这个特殊的窗口时期，互联网金融进行开源式的尝试也就具备了某种可能性。

模式分析一：第三方支付金融

首先是第三方支付金融，或者称为电商金融，在发展的过程中逐渐衍生出了具有一定存款属性的在线理财、贷款属性的电商小贷，以及汇兑属性的便捷支付。就结构和框架而言，电商金融是第一个能够覆盖基本的银行业务的互联网金融机构。所以，在进行开源的尝试之中，电商金融的空间是相对比较大的。

电商金融在没有申请网络银行之前，类存款端的在线理财还只能投资于中短期的银行间市场以及金融债，将手中的客户资金转移出去，充当了资金渠道的作用。类贷款端的小贷业务则是通过严格的杠杆限制和严谨的资产证券化来实现贷款资金的投向和规模的增长。也就是说，传统的电商金融，在一进一出之间是不能相顾的，否则就是在干着银行的营生了，既然没有银行的牌照，就只能将业务切为条块，用小贷公司的牌照、第三方支付的牌照和基金的支付结算牌照勉强实现了的业务框架的搭建。在这种情况下，进行开源式的资产配置是不现实的，要么像P2P一样，干脆没有任何牌照，还可能有更多的试探空间。

目前，作为电商金融代表之一的腾讯已经获得银监会颁发的民营银行准入牌照（阿里虽没有获得第一批的民营银行牌照，但后续获得的可能性很大），虽然这是严格限制经营模式和方法的功能极其有限的银行牌照，但至少打通了电商金融的"任督二脉"，成了一个能让自身毛细血管全部贯通的平台。在负债端获取的资金既可以走现有的通道，也可以将部分配置到电商金融现有的贷款体系中，而贷款的投向也可以尝试跳出现有的电商信贷圈，进行更多的外源式开发。

模式分析二：P2P

相对于电商金融而言，P2P是目前监管环境和试错空间最大的一种互联网金融类型，从最近的几个监管趋势可以看出来。一是高层虽然划定了P2P的对口监管部门为银监会，但是银监会迟迟没有动作；二是P2P类型众多，模式各异，导致监管存在较大困难，监管只能先划定几个基本的底线，只要不碰底线，操作的空间比较大；还有一个就是2014年4月媒体披露的P2P的监管拟采用内容的形式，而不是牌照的形式，说明高层有意无意在放松对P2P的范围限定，让更多的平台可以开展运营服务。

就P2P的开源式服务而言，其优势也是比较明显的。虽然P2P的两个P本质上应该是点对点的投资者和融资者，但是在中国现有的社会信用生态和融资环境中，往往达不到左右两个P的要求，在很多的平台，B的特色反而更明显。比如深圳某P2P平台进行的亿元标的融资，分成10个一千万元，共有3,000多笔投标金额，完成了这个亿元融资项目的融资过程。监管层并没有叫停，也没有就此做任何说明。这种相对比较明显的P2B模式已经实现了某种意义上的资产管理和配置，因为它已经超越了P2P的"点对点"。

就目前P2P的发展趋势而言，P2B很有可能只是开始，未来还有B2P，甚至是B2B的可能，根源就在于目前的P2P的监管环境还是比较宽松的，只要你不非法集资，不搞自融，不建资金池，进行资金来源端和投向端的开源创新是非常有可能的。从这个角度来说，在P2P明确的监管细则没有出来之前，它的资产外延式配置的能力和潜力都是较大的。

例如，左边的这个P，也就是来源端，除了散户的线上投资外，还可以与现有的基金、信托等传统金融机构进行资金来源的对接，毕竟P2P的回报率相对其自有产品比较有优势。在右边的这个投向端的P，也可以和银行、信托、资产等机构进行对接，强化风险可控的项目来源。当然，这一切的前提都是在现有监管机构可以容忍的创新程度之下。在这个过程中，P2P应该尽量避免不同机构之间的风险传递，减少本平台的通道作用，而加强直接的资产管理能力培养。

7.7.2　口径变大，也要适当引流

这个引流的过程和银行在资金融通中的地位有一定的相似性，引流既是监管的后期考虑，也是平台自身的业务规范和流程分控需求。这个就像是银行内部的FTP一样，银行未来需要的不是越来越多的存款，而是成本相对更低的、存贷利差空间较大的存款，其中的核心就是存款与贷款的匹配。

对于互联网金融而言，目前的主要优势是较高收益率和相对安全的内部环境。随着利率市场化的展开，市场的资金水平将会水涨船高，银行业利率市场化，外部的市场化资金也会市场化，

而互联网金融的收益将会有一定的下浮空间，这就对各个平台的收益率测算和成本利润考核提出了更高的要求。因为就平台本身而言，与银行的审核与风险控制相比，并不具有优势。目前大多数互联网金融平台，其生存的空间在于用现有融资不畅的市场环境所能承受的较高小额信贷利率，除去给投资者的回报外，平台自身的服务费空间还较大，能覆盖成本（也就是不良率加上各种运营成本）。一旦这个空间缩小了，平台的生存压力也会变大。

所以，在整个市场进行利率化转型的过程中，互联网金融绝对不仅仅是绝缘体，而是一个重要的参与者与受影响者，自身通过资产配置可以扩大平台的资金和客户流量，管子的口径是变大了，但同时也需要具备"引流"的能力，做好资金的两端定价和匹配，才能在精细化的管理中实现更好的盈利和发展。

第8章

互联网金融与信用生态

8.1　信用生态的重塑：看大电商金融如何作为

| 8.1 | 信用生态的重塑：看大电商金融如何作为

何谓信用，信用指的是能够履行诺言，说到做到。再深化一个层次，信用也可以成为一种履约的背书和担保，成为社会与商业活动中的一种信用承担方式，从而延伸服务链条，建立合作双方的一种互信联系。

在古老的贸易中，信用是依靠契约来实现的，也就是通过签署一定约束力的商业合同来实现信用的保证。近代银行业的兴起，使银行为中介的信用逐渐成为社会的主要信用嫁接方式，主要的金融衍生品也围绕着银行信用而展开。随着互联网金融和大数据的兴起，以技术和数据为依托的数据生态成了信用生态时代的新力量，并成为改善现有社会生态的重要力量。

社会信用，看似一项政府使命，其实背后承担着更多的商业机会。信用从哪里来？无非是能产生信用记录的载体，这包括银行的信贷记录、电商的交易记录以及社会的诚信记录等。但是，这些信用记录是否引起重视了呢？没有。在原有的社会管理模式和金融重实物的信用模式下，调用的仅仅是部分可以物化的信用，也就是传统的资产抵押所衍生出的信用，而非是更广义上的社会信用。

在这种社会信用机制不完善的情况下，紧随着国家金融改革的铺开，以互联网金融为代表的新金融类型，却能够利用互联网与大数据的信息优势，通过更多数据平台与信用的嫁接，为信用生态中的弱势群体提供建立信用记录的机会，正如以阿里金融为代表的全金融模式，通过大数据建立了平台的信用，而这种信用可以成为小微企业日常经营的另一种无形资产。

8.1.1 现有的信用生态：破碎而隔断

目前中国的数据社会生态是怎样的呢？可以用这么几个关键词来概括：破碎化、不完整、相互隔绝。中国的社会信用机制不完善，缺乏脱离于线下抵押担保的、更多的、有效的约束机制，而仅有的一些有数据积累的平台，却又大多缺乏一定的数据分析和转化能力（除了相对比较成熟的阿里金融以外）。这也就造成了在整体的信贷审核方式中，传统信贷方式的抵押、担保仍然占据了统治地位，即便是目前模式比较先进的 P2P，也难以摆脱线下征信的辅助。纯数据征信和大数据分析的征信方式，目前在中国并不普遍，阿里小贷生态圈内的信用可以说是一个比较特殊的个例。

此外，从信用审核机制的主要布局来看，两个主要的拥有者是商业银行与大电商平台，政府部门拥有的数据或出于安全性考虑相对封闭，活性不高，短期内对社会生态的促进作用不大。银行的信用生态除了破碎、不完整和相互隔离之外，还有另外一个特征，那就是信用门槛较高，一般的小微企业和有过不良记录在案的个人往往难以迈过这道门槛。也就是说，银行的信用生态是有选择性的，并非是面向所有的个体，只面向在社会信用中的优势群体：资产充足、信用记录良好、收入稳定的人群。

这和目前中国的大数据分布状况的特点有很大关系。数据虽然在最近才进入大部分企业的视野之中，核心数据也被作为重要的资产进行管理，在商业合作中更是少有地将数据列入了合同条款，但是，在运营习惯中，各个行业、企业的数据依然还是处于一种数据孤岛的状态。一方面是缺乏有效的数据积累平台，在大数据中叫数据仓储，另一方面，也是由于数据运营和管理的积极性不强，大多数有效的数据为了沉睡的封闭数据，在时间和空间的过渡中慢慢失去了价值。

所以，在一定程度上来说，目前的信用生态是畸形的、扭曲的，甚至是不公平的。这种以资产为主要思路的社会信用，已经将人的软实力剥离得一丝不挂。而一贯依赖于硬资产的信用审核方式，在商业运作中，也容易造成另一个极端：信用生态资源分配失衡，马太效应开始出现。信用记录良好的即便是出现了重大的不良事件，也依然会得到更多的弥补机会。而没有信用社会介入机会的个人和弱势企业，即便有几笔成熟的信用实践，也依然面临被拒之门外的窘迫境地。

8.1.2 如何补救：大电商与数据征信

在互联网金融的具体业务模式中，以阿里为代表的电商金融，之所以能够依赖电商平台开展内部的商户信贷业务，并通过频繁的资产交易做大规模，最本质的优势在于依托电商用户的交易数据和频率所建立的电商数据生态，这种生态具有较好的黏性、约束性和内部的评级能力，能够确保平台的小额信贷不良率控制在 1% 以下甚至更低，优于大多数银行的小微贷业务。阿里金融通过数据化的平台开展征信操作，用这种方式，将商户的信贷风险控制在较低的程度，从而能够实现日均 100 万左右的利息收入。

对于阿里的"平台、数据、金融"所建立的电商信用生态而言，虽然其信用约束机制主要留存在自有的电商生态圈内，但是其金融衍生价值却已经开始外溢出传统的电商金融圈。在国内的电商金融中，阿里小贷是目前仅有的一个可以在金融市场中发行资产支持证券以扩大小贷业务杠杆的企业。一般来说，金融监管通过设立小贷公司的规模杠杆比例来限制风险外溢，但是阿里金融的数据平台所提供的信用生态将这种风险降到了可以突破这种监管风险的考虑之外的程度。可以说，这种信用生态其实是建立了一种内部循环的信用维系机制，而这样运行的结果是，将一向不甚熟悉电商信用征信的传统金融机构也融入进来，这也说明大电商平台的信用生态可以和目前传统金融机构的信用生态进行一定程度的对接。

对于信用生态的建立而言，阿里金融为代表的大电商起到了怎样的作用呢？主要是两个：一个是更加全面，一个是更加公平。

对于全面而言，以银行为主的金融机构，存在信用机制上的片面性，在信用机会的分配中，往往有选择性的接触优质客户，而优质客户的标准也往往是根据各个银行自己的信用生态而建立的，如有的银行在动漫行业具有很好的细分市场业务拓展和行业分析能力，那么这个细分行业的信用生态可以通过本行的业务触角进行维系。但是，对于其他行业的信用生态而言，该银行可能就缺乏具体的执行力和审核评级标准，这种情况下，银行的审核能力也就只能依靠传统的信贷审核方式了：看资产，看财务报表以及可抵押物。但是，对于大电商金融平台而言，由于掌握了海量的数据和交易材料，而这些数据和材料基本上涵盖了所有的细分行业类别，因为大电商通过 B2B，B2C 以及 C2C 的模式已经将行业的触角伸向了底层，在降低行业电商化门槛的同时也提高了以电商金融为模式的数据资料的全面性，并最终形成了更为全面的信用生态。

对于公平而言，大电商平台的信用生态是基本没有门槛的，只要有可以查询的消费记录，有良好的消费习惯和还款记录，那么，你的个人信用记录就可以完整地记录下来。阿里金融的信用生态，也主要是通过电商支付、消费、转账、还款的个人数据和小微企业的订单、销售、流量数据的积累而产生的。在这个过程中，阿里金融的信用生态除了满足各种信用记录的需求外，主要是建立了一种金融服务需求上的公平性。在这个平台上，信用的高低不取决于你的资产多少，财务报表是否完整，企业是盈利还是亏损，而是取决于你的个人消费流水和资金记录，取决于你的信用参与能力。因此，在阿里电商的交易模式中，即便你手上只有 1 元，依然可以通过这 1 元实现消费、支付、还款等金融功能，并在反复的流通中建立了自己的个人信用。但是，对于银行而言，信用水平的建立和维系很大程度上是依靠资产规模和资金大小以及企业的盈利状况，很难想象一个在银行只有 1 元存款的客户会得到很高的银行信用评价，相反，银行长期以来抓住的是拥有较高存款和资产的优质客户，而对于一般的资产较少但是消费记录良好的客户却不那么重视。

8.1.3　信用生态与社会优化

类似于阿里金融等商务平台所建立起来的生态圈内的信用社会，与生态圈外的信用社会，存在怎样的联系呢？在促进社会融资生态更加全面与公平的同时，对一般的社会生态存在怎样的促进作用呢？

举一个例子，一个穷人本来是没有信用的，而一旦通过大电商建立起了某种信用，即便最开始是通过纯粹信用担保的方式给予社会融资上的便利，那么，对于这个穷人而言，他的信用记录就完整了起来，开始有据可查。如果有一家姑娘要嫁给这个建立信用记录的穷小子，一查他的信用生态记录不好（通过阿里金融之类的电商信用生态外延到可以对接一般社会评级的信用评分等量化的数字），那么姑娘就会犹豫，甚至是拒绝。道理很简单，电商金融领域肇始的信用生态标准在一定程度上也可以外化为社会信用的评价标准，这就从电商金融圈走到了社会圈。在未来，这种标准不仅可以运用于金融领域，对于非金融领域同样适用。从这个角度来说，大电商金融平台的信用生态不仅弥补现有生态的不足，还可以成为整个社会生态的量化评价标准。

从长远看，大数据和信用生态建设将成为一项社会使命，并存在巨大的潜在市场价值。大数据的金融属性只是一个方面，未来还可能衍生出医疗、交通、安全等其他属性，而拥有大数据和良好信用生态的平台将成为社会信用建设的输出渠道。什么概念？就是在合适的条件下，类似于阿里的信用生态可以和外部的其他渠道进行对接，进一步提高大数据的交叉验证和活性的激发，这个过程，即使是商业化的，也是对社会整体数据开发能力和信用生态建设的一种促进。

就国家的社会信用体系建设规划而言，建立一个完整的信用约束和评价体制，已经成为社会建设的一个主要任务。最近，由国家发改委和中国人民银行牵头，国家信用体系建设联席会议各成员单位编制完成的《社会信用体系建设规划纲要（2014—2020）（送审稿）》已上报国务院。从信用生态的建设趋势来看，以电商金融为模式的信用生态模式可以在其中发挥一个重塑的作用，即便是传统金融机构，也在采用某些互联网思维的运作方式来实现自身信用生态的完善。

互联网金融在融合中发展

对于中国整个社会的融资服务体系而言，互联网金融是对现有的利率分轨制的一种突破和冲击，一方面提高了金融服务行业的内部竞争压力，以互联网的大流量、大数据和大平台来进行更多方便、快捷的应用场景化的尝试，给客户以积极的享受金融服务的权利。另一方面，互联网金融从现有的体制上冲击了以银行为主的、占有垄断地位的金融服务链条，在支付、理财、信贷、储蓄等多个角度解构了银行业务，为底层的社会融资弱势人群和中小企业提供了更多样化的融资选择。

在这种突发性的互联网金融趋势的冲击下，传统金融机构在现有的运营和业务框架下，已经显示出部分细分市场上的"疲态"，比如在第三方支付与电商金融、小额信贷投放和数据分析处理领域以及互联网金融长尾理论论及的部分客户的使用黏性上，都呈现出"力不从心"的状态。如果说利率市场化之前，银行还有稳定的利差业务收入和客户选择上的优势，那么在市场化之后，银行将不得不重新审视自身的各个细分领域内的客户，对客户进行重新细分、分层，大客户要抓，小微客户同样需要维护。正因为如此，传统金融机构的金融互联网化成为另一个发展趋势。

互联网金融与金融互联网化，共同构成了以互联网化的金融来改良传统金融机构业务运作流程和机制的两种趋势，这两种趋势的核心在于金融，渠道在于互联网，目的在于促进金融用户体验的提升和金融机构内部效率的提高。在短期内，互联网金融带来的主要是概念上、渠道上和用户体验上的冲击，同时还占有互联网流量和用户转化黏性上的优势；从长期来看，互联网金融对现有金融体系的融资成分、融资比例的冲击并不大，而以债券、信托、融资租赁、小贷、担保等其他分支对以银行为主的融资体系的替代性正在不断提高。

从这个角度来说，互联网金融与其说是一种对传统金融机构的业务冲击，倒不如说是一种对现有社会融资和服务体系的改良和促进。从根本上说，金融业也是一种服务业，只不过是一种门槛较高、风险控制要求严格，并且以风险和收益之间的准确计算为业务准则的服务业。以往的金融服务业，更像是一种半市场化半官僚的体制内行业，一方面整体社会融资需求一直很旺盛，而融资渠道的相对缺乏导致社会融资市场是一个供给不足的卖方市场；另一方面，以银行为主的融资体系存在某种天然的客户选择性，也就是关注于长尾理论的头部核心客户，而对尾部的小微企业和个人的融资服务相对不足，这也进一步导致了影子银行的泛滥和民间融资体系的失范。

互联网金融给传统金融机构带来了一场很好的"视觉"和"听觉"盛宴，这种盛宴倒还够不上"鸿门宴"的高度，更多的是一种观念的冲击和业务模式的创新。对于银行而言，现有的互联网金融体系更多的是银行原有业务在互联网渠道上的再现，并结合了电商、支付和数据征信上的一些做法，以较低的成本来满足银行所认为的具有高风险、高不良可能性的小微客户。所以，银行一旦掌握这种互联网渠道的入口，积累了用户的支付和高频数据，或者银行通过网上业务平台实现了对小微企业的数据采集和业务的下沉，在结合银行现有的风险控制模型下，也可以涉足互联网金融的业务，例如银行电商、直销银行、银行 P2P 等模式。

所以，互联网金融更应该被看成是一种融入者和变革者的角度，而不是单纯意义上的冲击者，体现在以下几个方面：

1. 从互联网金融的发展阶段而言，前期是传统金融机构的渠道嫁接者，到后期才逐渐衍生出了自己的独立产品，虽然这部分产品目前在监管背景下还有待进一步规范，但是，从目前互联网金融的发展速度和阶段而言，依托于传统金融的产品仍将是互联网金融的主要产品来源。

2. 就目前中国的信用体系建设而言，互联网金融发展的土壤并不是那么肥沃，征信数据缺乏，信用机制不完善，仍旧存在较高的道德风险。一些互联网金融平台在数据处理和征信模式上，也主要是采用线上征信和线下征信相结合的方式。其中，传统金融机构的征信方式和引入第三方金融担保的模式还比较流行，互联网金融征信的模式并没有完全独立，只存在于少数几个电商平台上。

3. 从整个社会的融资服务角度而言，互联网金融的融资服务是有效的补充，构成了多元化融资体系的组成部分。随着互联网金融逐步进入监管时代，标准化、模式化、数据化和监管化将成为后期的发展方向。在对个人的融资环境和信用做评估，以及个人关联金融活动的查询和认证中，银行的信贷数据、资产情况和互联网金融的理财、投资数据都有望统一起来，形成一个全面的融资数据库。

4. 互联网金融目前还无法完全脱离现有的传统金融体系，不论是客户、产品、资金还是风险管理，一般来说，银行还掌握着几个互联网金融渠道的"门限"，比如对第三方支付的限额绑定，对互联网信用卡的授信约束，以及用户在互联网金融领域投资理财的征信缺失等，目前互联网金融的一些业务，如 P2P 业务对接银行项目，金融服务平台对接银行产品，各种宝宝类产品对接银行的协议存款，都还需要和传统金融机构之间保持良好的合作关系。

所以，目前的互联网金融虽然说在局部的几个方面实现了弯道超车，比如快捷安全的用户体验和场景化的界面等，但是，在一些核心的产品来源和业务架构上，并没有超过现有的金融体系，只是一种渠道和流程上的优化。互联网金融与传统金融，更多的是在融合中共同发展，而并非是在此消彼长中进行低效的博弈。

2014 年 7 月 21 日

书于上海办公室